"双新"名校名师助学丛书

生物学必修1学历案
分子与细胞

本书编委会

主　编　张秀珍

参编人员（以姓氏笔画为序）

土　双　韦玉红　孙　静　白　琼　李苗苗

李娟娟　李科杰　陈　萍　张金鑫　张　烈

吴菊香　陈　鑫　周义道　钟彬彬　剧建芳

章蔼然　黄久虎　曾　平

上海交通大学出版社
SHANGHAI JIAO TONG UNIVERSITY PRESS

内容提要

本书以《普通高中生物课程标准(2017年版2020修订)》和现行普通高中教科书《生物学·必修1·分子与细胞》为依据,对高中生物学每一课时的学习设置了不同功能栏目,栏目包括"内容出处""课标要求""学习目标""评价任务""学习过程",并且设置了与学习目标相匹配的评价任务来获取学生学习结果的证据。学生在本书的指引下,能经历课前、课中、课后学习的全过程,从个人尝试、合作学习到自我评价和学后反思,从专注倾听、动手实验到参与讨论等,经历多途径、全方位的习得过程,从而建构生命观念,提升科学思维和科学探究能力,培养社会责任意识,为终身发展打下坚实的基础,能更好地应对未来社会发展的挑战。本书适用于高中学业水平等级考学生和高中生物教师。

图书在版编目(CIP)数据

"双新"名校名师助学丛书.生物学 必修1 学历案
分子与细胞/张秀珍主编. —上海:上海交通大学出
版社,2024.6
 ISBN 978-7-313-30277-9

 Ⅰ.①双… Ⅱ.①张… Ⅲ.①生物课-高中-教学参
考资料 Ⅳ.①G634

 中国国家版本馆 CIP 数据核字(2024)第 042925 号

生物学必修1学历案分子与细胞
SHENGWUXUE BIXIU1 XUELI AN FENZI YU XIBAO

主 编:	张秀珍		
出版发行:	上海交通大学出版社	地 址:	上海市番禺路951号
邮政编码:	200030	电 话:	021-64071208
印 制:	上海景条印刷有限公司	经 销:	全国新华书店
开 本:	889 mm×1194 mm　1/16	印 张:	16.5
字 数:	386千字		
版 次:	2024年6月第1版	印 次:	2024年6月第1次印刷
书 号:	ISBN 978-7-313-30277-9		
定 价:	69.00元		

前　言

学习是一种自我成长的方式,高中阶段的学习是学生形成生命观念、发展科学思维、提升探究能力、关注社会生活并承担一定社会责任的重要时期。为引领学生科学地安排高中生物学的课程学习,提升自己的学习能力,我们以教育部颁布的《普通高中生物课程标准(2017年版2020修订)》和高中《生物学·必修1·分子与细胞》(SKJ版)为依据精心地编写了本书,希望本书能引领学生经历《生物学》学习的课前、课中、课后全过程,并进行目标定位、任务驱动、享受过程和学后反思。

本书的主要特点有:

一、内容呈现,关注学习主体

学历案是指教师在班级教学的背景下,为了便于学生学会自主建构知识体系,在继承发展学案的基础上,围绕某一具体的学习单位,从期望"学会什么"出发,设计并展示"可以学会"的过程,给学生提供了一种认知地图,一种通向目标达成的脚手架。整个学历案的呈现过程都是以学生为主体,符合学习者的思维习惯,体现了以学科内容为单位,以如何学会为中心,帮助学生分解学习过程达成学习目标。同时,本书注重过程评价,构建了目标明确、方法多样、既重视结果亦重视过程的评价体系,帮助学生认识自我、建立自信、优化学习方式。

二、学习资料,呈现科技热点

本书注重生物学与科学、技术、社会的联系,通过资料收集、图片呈现等反映当代科学技术的发展,同时关注生物学的技术应用带来的社会问题,培养学生的社会参与意识和社会责任感。本书还注重生活化的问题探究,通过设计问题,引导学生自主学习和多样化发展,理解生物学知识的本质,形成科学思维的良好习惯,增强科学探究能力和解决实际问题能力。

三、栏目设计,指向素养培育

本书在生物学核心素养的引领下构建了一套完整的教、学、评体系,设置了不同功能栏目。每节的学习栏目包括"内容出处""课标要求""学习目标""评价任务""学习过程"。通过各栏目的指引,帮助学生不断建构生命观念、提升科学思维和科学探究能力、培养社会责任意识,为学生的终身发展打下坚实的基础,引导学生更好地应对未来社会发展的挑战。

内容出处:本栏目指出本节的内容属于普通高中教科书《生物学·必修 1·分子与细胞》第几章第几节,帮助学生理解这一节在该章中的地位。

课标要求:本栏目基于课程要求和学习要求,指出本节的核心概念、主要概念,有助于学生抓住本节的核心知识和重点知识内容。

学习目标:本栏目参照教科书中的学习目标,结合学习实际和教材内容,形成素养导向的学习目标,是学生学习过程中要达成的学习结果。

评价任务:本栏目对标学习目标,引领学习方向,检测重要学习活动的完成和课后检测的完成情况,学生在优秀、良好、合格和不合格对应的等第内打勾,自主评价学习任务的完成度。

学习过程:本栏目分为学习建议、课前预学、课堂学习、课后检测和课后反思。学生首先通过阅读学习建议,认识本节知识的地位和作用,掌握本节知识的学习路径和重难点,对本节知识的学习有整体的把握;再通过课前预学 10 分钟左右,为本节学习做好铺垫。课堂学习通过 3~5 个学习活动,如阅读资料、图片、实验操作等活动的完成,掌握本节的核心概念;最后通过课后检测和课后反思来测试自己对于核心概念的掌握程度。

此外,本书的参考答案经过作者仔细斟酌,力争做到准确、规范和详细。这既是检验和评估学生复习质量的直接依据,也是学生规范答题的语言范本和重要的思维导向。

认真、严谨的编纂过程,负责、资深的作者队伍,使编者有信心向广大师生推荐本书,深信本书定能成为学生学习道路上的良师益友。

本书编写组

目　录

第 1 章 走进生物学

第 1 课　生物学是与人类生活密切相关的自然科学、实验探究是学习生物学的重要途径

内容出处

普通高中教科书《生物学·必修 1·分子与细胞》(SKJ 版)(以下简称"必修 1")第 1 章第 1、2 节。

课标要求

1. 内容要求:(1)通过对生物学研究成果的了解,增加对生物学前沿领域的感性认识。(2)能够发现现实世界中的生物学问题,针对特定的生物学现象,进行观察、提问、实验设计、方案实施以及对结果进行交流和讨论。

2. 学业要求:在给定的问题情境中进行分析讨论,设计解决简单问题的方案。

学习目标

1. 举例说明生物学研究成果推动人类社会的进步。
2. 通过了解现代生物学研究成果与人类的密切关系,感悟学习生物学的价值所在。
3. 说出生物学实验探究活动的基本步骤。

评价任务

表 1-1-1

评价内容	等第(在对应的等第内打√)			
	优秀	良好	合格	不合格
1. 举例说明生物学研究成果推动人类社会的进步,并制作相关展报				

(续表)

评 价 内 容	等第(在对应的等第内打√)			
	优秀	良好	合格	不合格
2. 说出生物学实验探究活动的基本步骤,并设计实验				
3. 课后检测和自我反思的完成情况				

学习过程

— 学习建议 —

1. 本节课学习内容的地位和作用

本节课作为高中生物学的第一堂课,主要目的是帮助学生初步了解生物前沿知识和生物学技术,能初步建立生物学态度,同时初步掌握科学研究的方法,为学生未来职业发展提供参考。

2. 学习路径

如图 1-1-1。

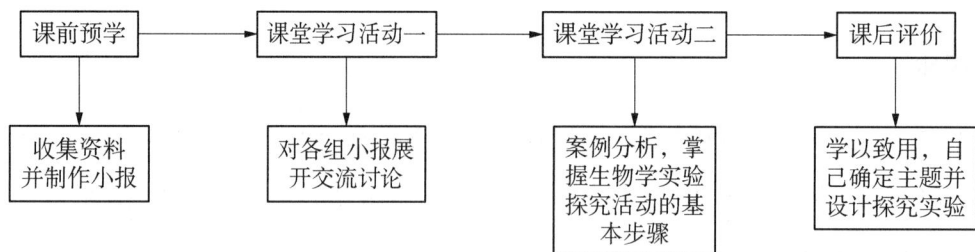

图 1-1-1

3. 学习重点和难点

重点是学生能结合案例说出生物学实验探究活动的基本步骤,难点是探究实验的设计原理、实验方法和原则等。可以通过完成"探究 NaCl 含量对小麦幼苗生长的影响"的实验或其他主题来突破重点和难点。

4. 评价标准

学生通过完成小组展报、小组探究活动并写出实验探究报告来判断自己的知识掌握程度。

— 课前预学 —

(时间:30~60分钟)

任务:阅读课本 P3~P7,了解杂交水稻、转基因食品、基因编辑、免疫治疗、生态文明等生物学研究成果,并任选一个方面,通过查阅资料,结合自身生活,思考这些生物学研究成果的价值以及对我们生活的影响,然后制作成展报,并将展板张贴在教室后面黑板上,各小组之间相互参观交流。

下述资料作为参考。

资料1:杂交水稻,让世界相信饥饿终将退却消除。越南的湄公河畔、印尼的苏门答腊岛、巴基斯坦的印度河平原、尼日利亚的丘陵河谷地带……杂交水稻已经推广种植和引进试种到数十个国家和地区。

资料2:基因编辑"杀死"小鼠癌症,不久的将来或可用于人类。推动这项研究的是以色列的科研人员,科研人员利用CRISPR-Cas9基因编辑技术,修改了实验小鼠体内癌细胞的DNA,此后小鼠体内的癌细胞被彻底消灭,而正常的细胞却丝毫没有受到影响。

资料3:免疫治疗,CAR-T细胞治疗是近10年来快速兴起的一种神奇的、强有力的治疗难治复发血液肿瘤的新疗法,为免疫治疗领域的突破性进展,挽救了众多患有威胁生命疾病的患者。采用CAR-T治疗的难治复发性慢性淋巴细胞白血病患者已经无病生存10年,采用CAR-T治疗的难治复发急性B淋巴细胞白血病的患者也已经无病生存8年。

图1-1-2和图1-1-3是往届学长、学姐的展报,仅供参考。

图1-1-2

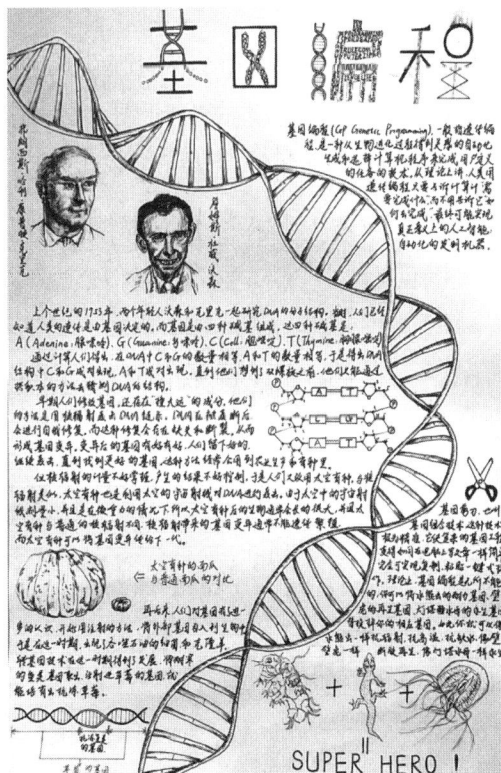

图1-1-3

课堂学习

活动一:讨论生物学研究成果对我们生活的影响(达成学习目标1、2,对应评价任务1)

小组代表以"杂交水稻""基因编辑""免疫治疗""生态文明"等为主题阐述展报内容。其他同学可以对于以上主题进行提问和交流。

活动二:小组讨论并设计实验探究活动(达成学习目标 3,对应评价任务 2)

详见课本 P9~P11 案例"探究 NaCl 含量对小麦幼苗生长的影响",完成以下内容。

1. 归纳实验探究的基本步骤

生产或生活实践——提出问题——(　　　　　　)——设计方案——实施方案——

(　　　　　　)——得出结论——解答问题——(　　　　　)——进一步探究

2. 完成下述实验设计

金鱼是常见的观赏性驯养动物,取材容易,观察现象明显,常用作实验材料。实验小组观察员发现在饲养金鱼时,鱼缸窄小或鱼饲养量过多都会使鱼浮上水面直接呼吸,即发生浮头现象。为确定鱼缸内金鱼适宜饲养量,小组确定了以下实验方案。

课题:探究不同溶氧浓度对金鱼呼吸的影响

【假设】_____。

【实验试剂与器材】隔夜自来水、保鲜膜、漏网、计时器、若干塑料方盒、家用增氧泵等。

【实验过程】(1)制作冷却沸水。为了_____,将部分隔夜自来水煮沸后冷却,密封备用。

(2)筛选适用金鱼。为了获得客观、准确的结果,应选择_____的金鱼投入塑料方盒中。(选填 1~3 个关键词编制答案)

关键词:大小　体色　pH 梯度　过量　水温梯度　泳姿　应激反应　食欲　种类　健康状况

(3)测定不同溶解氧浓度下金鱼每分钟的呼吸次数。

表 1-1-2　实验金鱼呼吸频率记录

实验组号	溶氧量/(mg/L)	培养环境	观察指标					
			呼吸频率(第 1 次统计)	呼吸频率(第 2 次统计)	呼吸频率(第 3 次统计)	……	呼吸频率(第 n 次统计)	Y1(次/min)
A	0.2	X1	160	152	156		161	
B	6.2	X2	78	80	80		83	
C	8.0	X3	57	61	60		63	

表 1-1-2 中,如果 X1 代表冷却沸水,利用实验试剂与器材创建的条件 X2 应为_____,X3 应为_____。

【结果分析】(1)利用 3 种不同溶氧浓度的前 3 次呼吸频率数据,用柱状图表示溶氧量和呼吸频率的相关性。

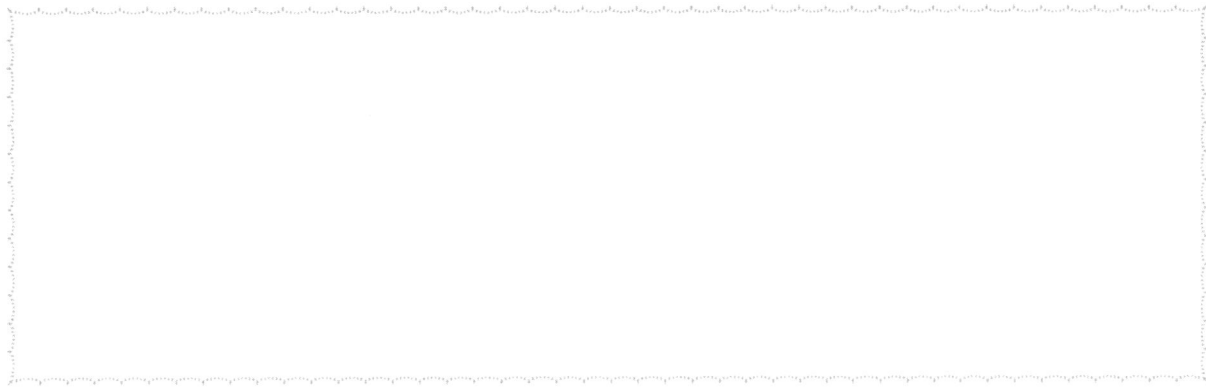

（2）用简要的文字分析实验结果并得出简要结论：_____。

3. 归纳实验设计的基本原则：

_____。

—— 课 后 检 测 ——

小组合作，自选探究主题，探究步骤参考课本 P9～P10，设计探究过程，备选主题如下，也可自定主题。

主题 1：探究光照对蚕豆种子萌发的影响。

主题 2：探究酸雨对绿藻生长的影响。

—— 课 后 反 思 ——

1. 请以概念图的形式自主梳理本节课的知识结构。

2. 还存在哪些疑惑或者还需要解决的问题有哪些?

第2课　探究·实验1-1　用高倍镜观察动植物细胞

内容出处

普通高中教科书必修1第1章第2节。

课标要求

1. 内容要求:说明有些生物体只有一个细胞,而有的则由很多细胞构成。这些细胞的形态和功能多样,但都具有相似的基本结构。

2. 素养要求:使用显微镜观察多种多样的细胞,结合观察结果说明动植物细胞具有多种形态和功能,但同时又都具有相似的基本结构。

学习目标

1. 能够使用高倍镜观察细胞。

2. 运用显微镜观察蚕豆叶下表皮细胞、保卫细胞、人血细胞等动植物细胞,以图文等方式说明实验观察结果。

3. 观察比较动植物细胞,概述细胞结构与功能的相统一关系,初步形成细胞结构与功能观。

评价任务

表1-2-1

评价内容	等第(在对应的等第内打√)			
	优秀	良好	合格	不合格
1. 能够正确并熟练操作光学显微镜				
2. 能够观察并绘出蚕豆叶下表皮细胞、保卫细胞、人血细胞的简图				
3. 能够归纳蚕豆叶下表皮细胞、保卫细胞、人血细胞的结构与功能,并分享展示				
4. 通过对蚕豆叶下表皮细胞、保卫细胞、人血细胞的功能资料的分析,进一步概述结构与功能的关系				

(续表)

评 价 内 容	等第(在对应的等第内打√)			
	优秀	良好	合格	不合格
5. 课后检测和自我反思的完成情况				

学习过程

——学习建议——

1. 本节课学习内容的地位和作用

第 1 章"走进生物学"是必修 1 的开端,介绍了生物学是与人类生活密切相关的自然科学,具有重要地位。学习生物学的重要途径是进行实验探究,其中显微镜的使用是实验探究必要的基本技能。本节课你将从显微镜的使用方法开始学习,观察蚕豆叶下表皮细胞、保卫细胞、人血细胞的结构,绘制其简图,归纳结构与功能的关系,初步形成结构与功能观念。

2. 学习路径

如图 1 - 2 - 1。

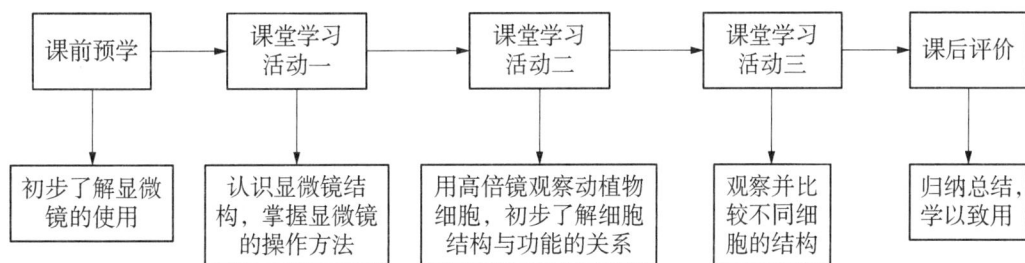

图 1 - 2 - 1

3. 学习重点和难点

本节课学习的重点是运用高倍镜观察动植物细胞并绘制简图和进行简要说明,难点是认识细胞结构与功能的统一。你可以通过课前的预学,参与课堂的学习活动和课后检测,形成"细胞结构与功能相统一"的观念;通过"评价任务"和"课后检测"的完成来判断自己对学习目标的达成程度。

4. 评价标准

完成课前预学,初步了解显微镜的使用。

完成课堂学习活动一,学会正确并熟练使用光学显微镜。

完成课堂学习活动二,用高倍镜观察并绘出蚕豆叶下表皮细胞、保卫细胞、人血细胞的简图,归纳不同细胞的结构与功能。

完成课堂学习活动三,分析表皮细胞、保卫细胞、人血细胞的相关资料,进一步概述细胞结构与功能的关系。

— 课前预学 —

（时间：15分钟）

任务一：自主阅读教材内容和观看老师提供的显微镜使用视频。

任务二：查阅书籍或网络，收集蚕豆叶下表皮细胞、保卫细胞、人血细胞的结构与功能的资料。

— 课堂学习 —

现在，想必你已经准备好如何进行实验探究了。你是否正在摩拳擦掌，期盼亲眼看看细胞的样子呢？要完成这个愿望，你需要学会使用显微镜。

活动一：认识显微镜结构，掌握显微镜的操作方法（达成学习目标1，对应评价任务1）

1. 你已经预学了显微镜的结构与操作使用步骤，请根据显微镜结构示意图（图1-2-2），在方框内填写出显微镜的相应结构。

2. 请你利用蚕豆叶下表皮细胞永久装片，使用显微镜先在低倍镜下观察蚕豆叶下表皮细胞，再转换为高倍镜观察蚕豆叶下表皮细胞。待能够清晰观察细胞后，概述运用低倍镜观察与高倍镜观察细胞的步骤。

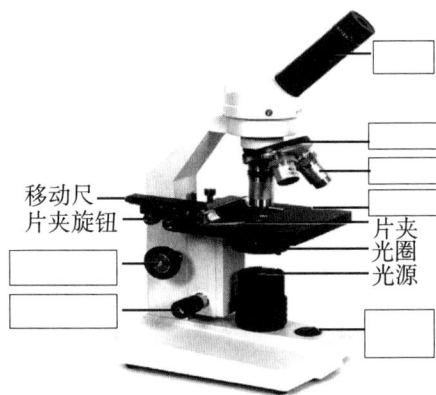

光学显微镜结构示意图

图1-2-2

课堂检测：表1-2-2为学习显微镜的各部分功能的"自我评价表"，请按相关提示检查自己是否已学会显微镜的使用。

表1-2-2

学习显微镜的各部分功能	是否完成，"否"需要说明理由	
1. 电源开关和光亮度调节旋钮的位置	是（　）	否，理由：
2. 目镜和物镜位置与放大倍数	是（　）	否，理由：
3. 粗准焦螺旋和细准焦螺旋的旋转方向与载物台升降的关系	是（　）	否，理由：
4. 片夹旋钮旋转方向与玻片移动方向的关系	是（　）	否，理由：
5. 按操作过程完成先低倍镜，后高倍镜的转换	是（　）	否，理由：
6. 视野明亮程度与放大倍数的关系	是（　）	否，理由：
7. 视野中目标移动方向与旋转夹片旋钮移动方向的关系	是（　）	否，理由：

活动二:用高倍镜观察动植物细胞,初步建立细胞结构与功能的关系(达成学习目标1、2,对应评价任务2、3)

资料:实验材料:蚕豆叶下表皮细胞、保卫细胞、人血细胞永久装片若干。实验器材:显微镜。

1. 请使用显微镜的高倍镜观察到清晰的蚕豆叶下表皮细胞、保卫细胞,人血细胞的形态结构,并完成表1-2-3中的①②空。

2. 请用铅笔画出你观察到的蚕豆叶下表皮细胞、保卫细胞,人血细胞的细胞形态(简图),完成表1-2-3中的③空。

检测:请你简要说出观察到的这些细胞的形态结构特点,完成表1-2-3中的④空。

表1-2-3

细胞名称	① 是否有细胞核	② 与周边细胞连接是否紧密	③ 细胞形态(绘制简图)	④ 形态结构特点
蚕豆叶下表皮细胞				
保卫细胞				
人血细胞				

活动三:观察并比较细胞的结构与功能(达成学习目标 3,对应评价任务 4)

资料:(1) 蚕豆叶下表皮细胞的主要作用是保护,同时还兼有其他功能,如分泌角质层等。

(2) 有些种类植物的保卫细胞是半月形,有些像是一对哑铃,保卫细胞的细胞壁厚度不均匀,可以膨胀和收缩,控制气孔的开放和闭合。

(3) 人血细胞主要含下列三个种类:红细胞(主要功能是运送氧)、白细胞(主要扮演了免疫的角色)、血小板(止血过程中起着重要作用)。

1. 请你通过资料梳理蚕豆叶下表皮细胞、保卫细胞,人血细胞的主要功能,完成表 1-2-4 中的①空。

2. 请你结合高倍镜观察到蚕豆叶下表皮细胞、保卫细胞,人血细胞的结构,以及相应细胞功能的资料分析,概述细胞结构与功能的关系,完成表 1-2-4 中的②空。

表 1-2-4

细胞名称	① 主要功能	② 结构与功能的关系
蚕豆叶下表皮细胞		
保卫细胞		
人血细胞		

通过本节课的学习,相信你一定学会显微镜的操作了,能够通过高倍镜亲眼观察到动植物细胞的形态,学会比较不同细胞形态与功能的差异,归纳出细胞结构与功能相统一的关系。你是不是已经准备好运用显微镜进行实验探究活动了,试一试课后检测吧。

———— 课后检测 ————

一、单侧光对小麦幼苗生长的影响

小明在探究 NaCl 含量对小麦幼苗生长的影响实验时,意外发现小麦幼苗会出现朝向窗外弯曲生长的现象(图 1-2-3),这是怎么回事呢? 为探究其中的原因,他进行了如下的研究。

小麦幼苗弯曲生长现象

图 1-2-3

1. 提出问题:窗外的光(单侧光)对小麦幼苗的生长有怎样的影响?

2. 作出假设:_____。

3. 制订计划:①选取 20 粒大小基本相同的小麦,平均分成 A、B 组;②将两组小麦分别放在盛有清水的盘中;③将 A 组放在窗前,将 B 组放在_____

_____;④A、B两组的其他条件保持相同且适宜,目的是遵循_____原则;⑤重复实验。

4. 观察与记录:大约8天之后,A、B组小麦均生长,A组呈_____,B组呈

_____。

5. 分析结果,得出结论:_____。

在学习了显微镜的使用后,小明使用显微镜对该实验进一步研究时,遇到如下问题,请你帮忙一起分析。

6. 使用光学显微镜观察细胞时,如果有下列目镜与物镜可供选择,用哪一物镜与目镜时在一个视野中看到的细胞数目最多:_____。

① 目镜10×　② 物镜10×　③ 目镜16×　④ 物镜40×

7. 图1-2-4是低倍镜下的一个视野,要放大观察区域a,正确的操作顺序是_____。

① 转动粗准焦螺旋　② 转动细准焦螺旋　③ 调节光圈　④ 转动转换器　⑤ 向左移动装片　⑥ 向右移动装片

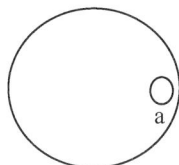

图1-2-4

8. (多选)小明发现显微镜的视野中央存在一污点,为了确定该污点的位置,下列操作与结论正确的是(　　)

A. 若移动装片后污点并未移动,说明污点不在装片上

B. 若移动物镜后污点消失,说明污点在物镜上

C. 无须任何操作,可以确定污点不可能出现在目镜上

D. 若移动装片、物镜、目镜后污点并未移动,说明污点可能在显微镜的其他玻璃镜头上

为进一步分析A组发生变化的原因,小明取小麦胚芽鞘弯曲部位(图1-2-5)制作临时装片,用显微镜观察细胞大小(图1-2-6和图1-2-7),通过比较向光侧与背光侧细胞的长度,得出相应结论。

胚芽鞘

图1-2-5

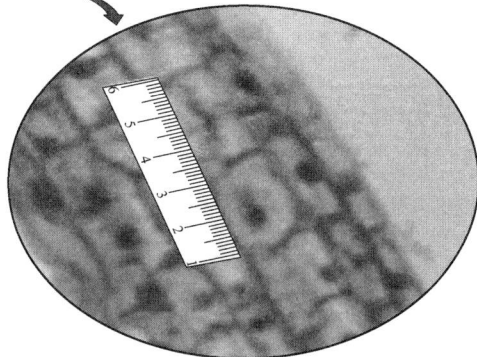

向光侧细胞(40×)

图1-2-6

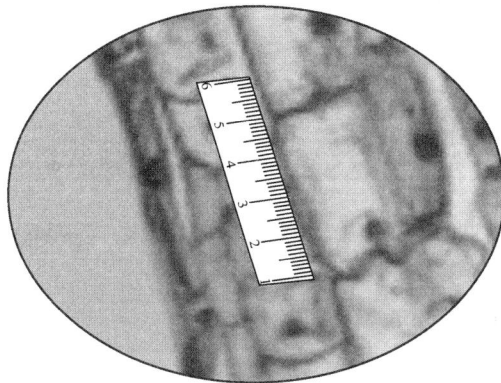

背光侧细胞(40×)

图1-2-7

9. 根据显微镜观察结果可知,向光侧细胞相对长度_____,背光侧细胞相对长度_____。请你帮助小明将数据转化为下面的柱状图(图 1-2-8)。

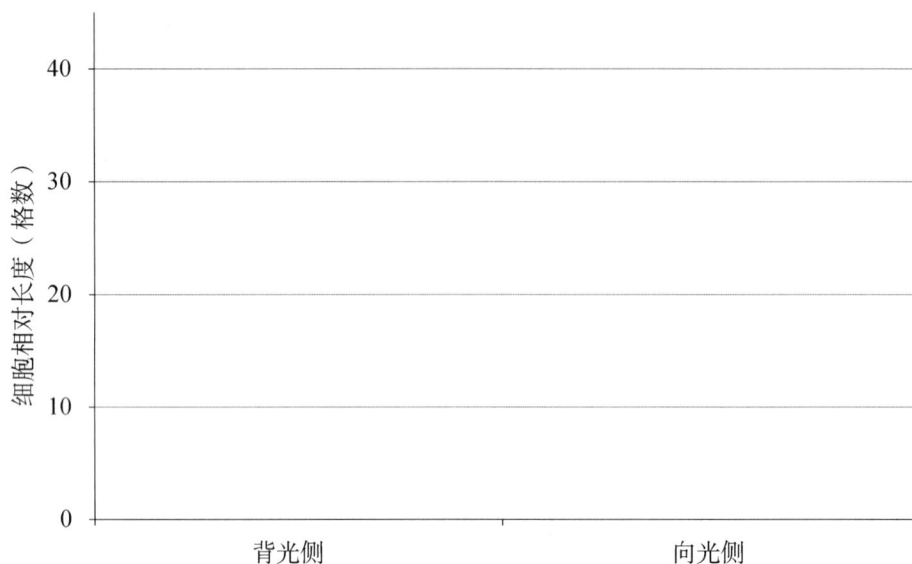

图 1-2-8 胚芽鞘两侧的细胞相对大小

10. 根据上述实验分析,从细胞层面来看,直接导致小麦幼苗向光弯曲生长的原因是什么?

_____

11. 小麦幼苗向光弯曲生长有何生物学上的适应意义?

_____

12. 拓展:查阅相关资料,简述植物向光弯曲生长的原因?

_____

二、神经细胞和肌细胞

请你查阅图书或网络,收集神经细胞和肌肉细胞的形态与功能的相关资料,完成以下问题。

1. 画出神经细胞与肌细胞的简图。

神 经 细 胞	肌 细 胞

2. 归纳神经细胞与肌细胞在形态结构上的异同点,说明细胞的形态结构与其功能的关系。

—— 课后反思 ——

1. 请自主梳理本节课的知识结构(如思维导图或概念图的方式)。

2. 还存在哪些疑惑或还需要解决的问题有哪些(结合重难点和易错点)?

第 3 课 　细胞是生物体结构的基本单位

内容出处

普通高中教科书必修 1 第 1 章第 3 节。

课标要求

1. 内容要求:(1)说明有些生物体只有一个细胞,而有的则由很多细胞构成。这些细胞形态和功能多样,但都具有相似的基本结构。(2)描述原核细胞与真核细胞的最大区别是原核细胞没有由核膜包被的细胞核。

2. 学业要求:观察多种多样的细胞,说明这些细胞具有多种形态和功能,但同时又都具有相似的基本结构。初步形成结构与功能观。

学习目标

1. 举例说明有些生物只有一个细胞,而有的生物则由很多细胞构成。说出细胞是构成生物体的基本单位。

2. 观察不同的细胞图片,说明细胞形态与功能的多样性,阐释细胞形态与功能之间的关系。

3. 观察不同细胞的结构模式图,说出各种细胞具有相似的基本结构。

4. 观察动植物细胞与细菌细胞模式图,描述真核细胞与原核细胞的区别。

评价任务

表 1-3-1

评 价 内 容	等第(在对应的等第内打√)			
	优秀	良好	合格	不合格
1. 举例说明有些生物只有一个细胞,而有的生物则由很多细胞构成				
2. 尝试描述特定细胞的形态结构与功能,并阐释这些结构特点与功能之间的关系				
3. 说明不同形态的细胞具有相似的基本结构				
4. 列表比较并说明原核细胞与真核细胞的区别				
5. 课后检测和自我反思的完成情况				

学习过程

— 学习建议 —

1. 本节课学习内容的地位和作用

本节课是必修 1 第 1 章第 3 节"细胞是生物体结构的基本单位"内容,继前面用高倍镜观察动植物细胞实验学习之后,初步建立"细胞是生物体结构与生命活动的基本单位"这一概念,为后续"细胞的分子组成""细胞的结构"以及"细胞的代谢"的学习打下基础。

2. 学习路径

如图 1-3-1。

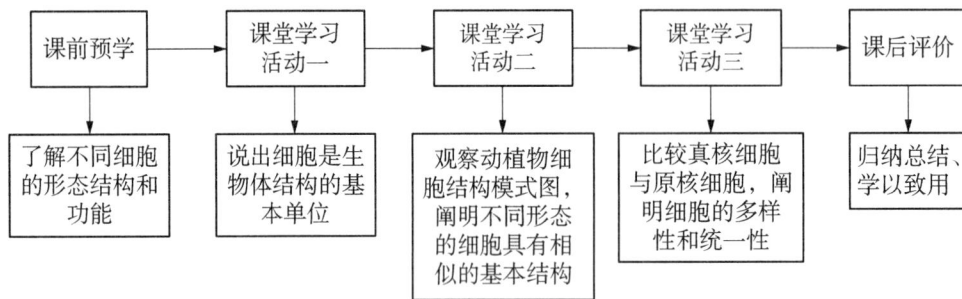

图 1-3-1

3. 学习重点和难点

真核细胞的基本结构及原核细胞与真核细胞的区别是本课内容的重点和难点,在学习中你可以采用以下方法突破重难点:通过仔细观察动植物细胞模式图,找出细胞的共同结构,并绘制细胞结构简图;通过观察细菌、蓝细菌细胞的结构模式图,找出这些细胞与动植物细胞的区别,理解真核细胞与原核细胞的本质区别。

4. 评价标准

能够准确无误地列举出单细胞生物和多细胞生物为优秀等第,有错误为合格,不能列举为不合格;能够以某种细胞为例,准确描述其形态和功能,并解释其形态特征与对应功能之间的关系为优秀,只能描述细胞的形态结构与功能,未能解释关系为良好,描述有错误之处为合格,不能完成为不合格。能够准确描述动植物细胞的各部分结构为优秀,植物细胞缺少细胞壁为良好,有 1 处错误为合格,不能完成为不合格。能够准确无误完成原核细胞与真核细胞比较的表格为优秀,错误 1 处为良好、2 处为合格、3 处及以上为不合格。

—— 课 前 预 学 ——

(时间:15分钟)

任务一:预习课本 P15"显微镜下的细胞",仔细观察各种细胞形态,通过信息检索查找它们的功能,并完成表 1-3-2。

表 1-3-2

细　　胞	形　态　结　构	功　　能
绿眼虫		
草履虫		
柿的胚乳细胞		
植物叶片横切		
小肠上皮绒毛细胞		
哺乳动物骨骼肌细胞		

任务二:阅读以下材料,了解归纳法并回答问题。

归　纳　法

归纳法是指由一系列具体事实推出一般结论的思维方法。例如,从观察到植物的花粉、胚珠、柱头等的细胞都有细胞核,得出植物细胞都有细胞核这一结论,运用的就是归纳法。归纳法分为完全归纳法和不完全归纳法,根据部分植物细胞都有细胞核而得出植物细胞都有细胞核这一结论,实际上是运用了不完全归纳法;如果观察了所有类型的植物细胞,并发现它们都有细胞核,才得出植物细胞都有细胞核的结论,就是完全归纳法。科学研究中经常运用不完全归纳法,由不完全归纳法得出的结论很可能是可信的,因此可以用来预测和判断,不过也需要注意存在例外的可能。

归纳法可分为哪几类? 科学假说(理论)的提出通常建立在哪种归纳法的基础上?

— 课 堂 学 习 —

活动一:分享交流,认识多种多样的细胞,理解细胞是构成生物体结构的基本单位(达成学习目标 1、2,对应评价任务 1、2)

1. 分享交流预习作业"显微镜下的细胞",按照细胞数量对课本图 1-11 中的生物进行分类,可以分为哪些种类?

2. 如图 1-3-2,把你认为相匹配的内容连起来。

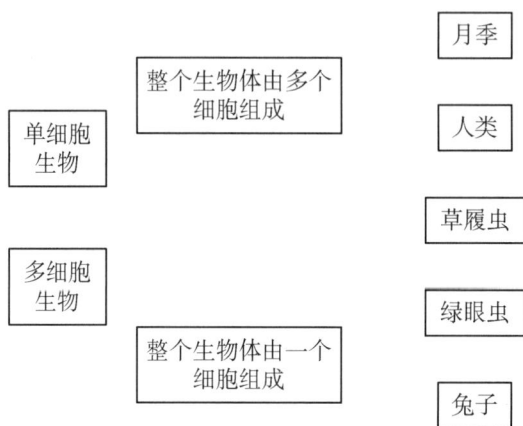

图 1-3-2

3. 你认为构成生物体结构的基本单位是什么?

活动二:观察图片,学习真核细胞的结构(达成学习目标 2,对应评价任务 2)

1. 根据细胞形态尝试在图 1-3-3 中写出 A~F 中细胞的名称。

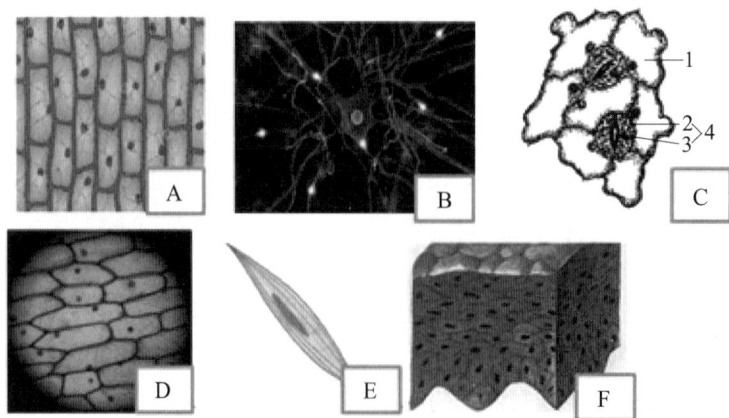

图 1-3-3

2. 如果将这些细胞分为两类,该如何分类呢?

3. 通过观察细胞的形态,说说造成细胞形态不同的原因是什么?

4. 尝试画出一个细胞结构简图。

活动三:阅读资料,观察原核细胞结构,辨析原核细胞与真核细胞的区别(达成学习目标 3,对应评价任务3)

资料:"太湖美,美就美在太湖水",然而 2007 年 5 月 29 日,太湖蓝细菌大规模爆发造成近百万无锡市民生活用水困难,再次敲响了太湖生态环境恶化的警钟。无锡市各大超市纯净水供不应求,无锡街头零售的 18 升桶装纯净水的价格从平日的每桶 8 元上涨到 50 元。无锡市委、市政府随即启动应急预案,开辟纯净水供给绿色通道,从常州、苏州等周边城市调运大量纯净水,同时加大"引江济太"的供给量,以达到稀释太湖富营养化水质的状况,并紧急邀请国内治理水华的相关专家会商改善太湖水质的有关对策。

1. 太湖的污染是由于什么生物造成的?

2. 仔细观察图 1-3-4 中细胞 G 和 I 的结构,并与动植物细胞结构进行对比,有何差异呢?(所有的细胞都有细胞核吗? G 和 I 细胞质与动植物细胞有何区别?)

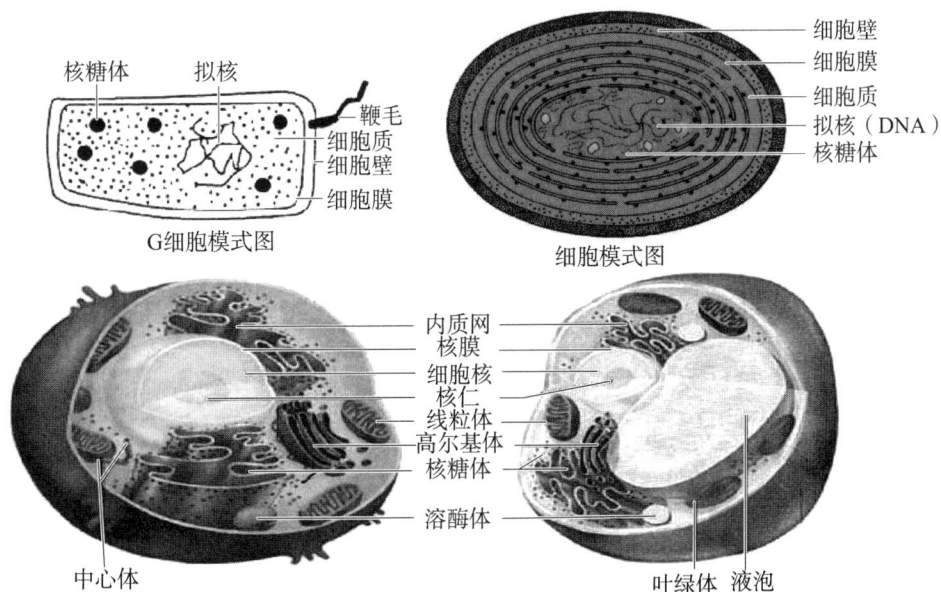

动物细胞(左)和植物细胞(右)亚显微结构模式图

图 1-3-4

3. 比较归纳真核细胞与原核细胞,填写表 1-3-3。

表 1-3-3

区　　别	真核细胞	原核细胞
细胞大小		
细胞壁		
细胞膜		
细胞核		
染色体		
举例		

—— 课后检测 ——

一、细胞的发现历程

美国细胞生物学家威尔逊曾经说过:"一切生物学问题的答案最终都要到细胞中寻找。" 1675 年,列文虎克用自制的显微镜第一次看到了完整的活细胞,人类对于生命的探索开始进入微观世界。1838 年,德国人施莱登和施旺基于显微观察提出 19 世纪最重大的自然科学发现——细胞学说,自然发生说宣告破产,"神创论"开始受到挑战。随着后人不断探索,人们发现生物体的一切生命现象,如生长、发育、繁殖、遗传、分化、变异、代谢和应激等都是细胞活动的体现。某生物兴趣小组利用显微镜完成了以下三个实验:

实验一:在载玻片上滴一滴采自某公园池塘的水样,并加少许棉纤维,然后盖上盖玻片,先后用显微镜的低倍镜和高倍镜观察,最后在高倍镜下所看到的图像如图 1-3-5 甲。

实验二:用显微镜观察某植物叶表皮,看到的图像如图 1-3-5 乙。

实验三:用显微镜观察人体的组织切片,看到的图像如图 1-3-5 丙。

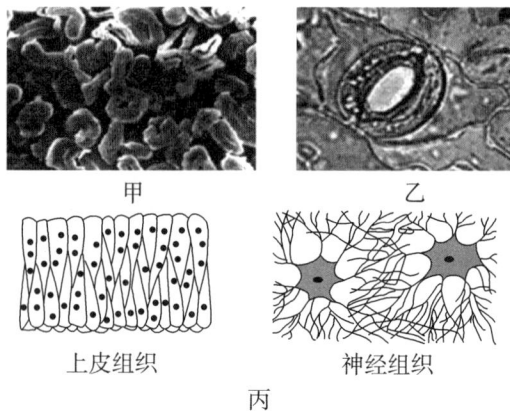

甲　　　　　乙

上皮组织　　　神经组织

丙

请分析回答下列问题:　　　　　　　　　　图 1-3-5

1. 实验一观察样本中的生物在结构上呈现出＿＿＿＿＿＿＿＿＿＿＿。

2. 图乙中的叶表皮保卫细胞的形态结构特点有利于＿＿＿＿＿＿而实现气体交换,图丙中的神经细胞与完成神经冲动的传导功能相适应的结构特点是＿＿＿＿＿＿＿＿＿＿＿＿

＿＿＿＿＿＿。

3. 图 1-3-5 中看到的细胞形态各不相同,说明了＿＿＿＿＿＿＿＿,但它们拥有共同的结构,如＿＿＿＿＿＿＿＿＿＿＿＿＿＿＿(至少写出两个),表现为结构的

_____性。

二、最早的生命体

它们是地球最早的生命,是地球种类最多、规模最大的存在,它们上天入地无所不在,它们可以承受许多人类无法承受的极端条件。也正因为如此,它们的存在,是我们人类无法避免的,也给我们生活带来了不少的麻烦。

1. 猜猜文中的"它们"是指_____。

2. "面色苍白、身体消瘦、撕心裂肺的咳嗽",这是鲁迅的小说《药》中提及的"痨病",它是由结核杆菌侵入肺部引起的一种传染病。下列物质和结构中,结核杆菌细胞具有的是
（　　）

① 细胞壁　② 细胞核　③ 染色体　④ DNA　⑤ 细胞质　⑥ 核糖体　⑦ 细胞膜

A. ①④⑤⑥⑦　　　　　　　　　　B. ①②③④⑤⑥⑦

C. ①②③⑥⑦　　　　　　　　　　D. ①②⑤⑦

3. 支原体感染引起的传染性尿道炎比较难治愈。图 1-3-6 是支原体的结构模式图,下列相关叙述正确的是　　　　　（　　）

A. 支原体细胞不含有核膜

B. 支原体细胞质中不含有核糖体

C. 支原体细胞体现原核细胞统一性的结构包括细胞壁、细胞膜、细胞质、拟核等

D. 支原体细胞含有一个大型线状 RNA 分子

图 1-3-6

4. 中国疾病预防控制中心发布信息:"近期检测出三株 NDM-1 耐药基因阳性细菌。其中,疾控中心实验室检出两株来自宁夏的新生儿,一株来自福建某老年患者。"下列关于"NDM-1 超级细菌"的叙述,不正确的是
（　　）

A. "NDM-1 超级细菌"具有与真核细胞相似的细胞膜、细胞质

B. "NDM-1 超级细菌"与人体细胞相比,在结构上的主要区别是没有 DNA

C. "NDM-1 超级细菌"的生命活动离不开细胞

D. 从生命系统的结构层次来看,"NDM-1 超级细菌"既是细胞层次也是个体层次

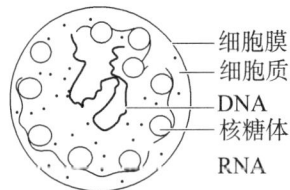

三、水华

近些年来,由于工业污染、化肥不合理施用等原因,很多湖泊富营养化严重,夏季易爆发水华。图 1-3-7 是从被污染的水体中检测到的几种生物的模式图,请回答下列问题:

A.蓝细菌　　　　B.水棉　　　　C.大肠杆菌　　　　D.噬菌体

图 1-3-7

1. A、B、C 3 幅图中具有细胞结构的生物共有的细胞器是_____。

2. 4 幅图中属于原核生物的是_____（填字母），判断的依据是_____

_____。

— 课后反思 —

1. 请自主梳理本节课的知识结构。（如思维导图或概念图的方式）

2. 还存在哪些疑惑或者还需要解决的问题有哪些？

第 1 章　学业评价

一、大肠杆菌与胃病

2022 年 8 月，美国疾病控制与预防中心（CDC）报告称，不明原因的大肠杆菌疫情在美国中西部 4 个州暴发，已导致 84 人感染。大部分患者表示，他们都曾食用过带罗马生菜的汉堡，且在三到四天后，便会开始出现严重的胃痉挛、呕吐和急性腹泻等症状。图甲是大肠杆菌的结构模式图，图乙是人体胃腺细胞的结构模式图，图丙是罗马生菜叶下表皮细胞的结构模式图，请分析回答下列问题。

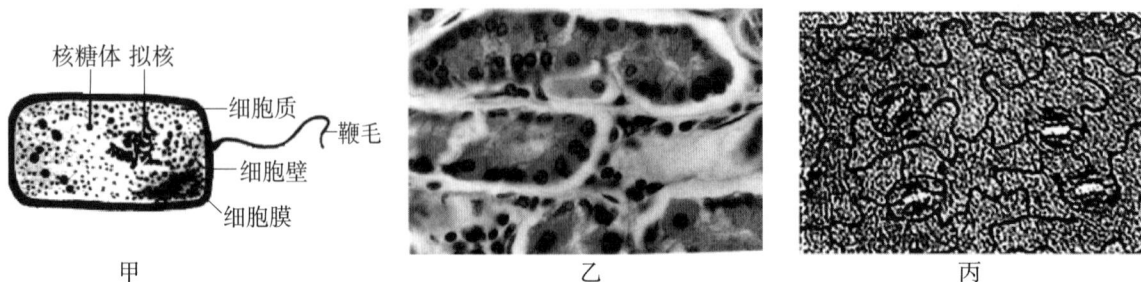

甲　　　　　　　乙　　　　　　　丙

1. 根据上图判断，大肠杆菌是_____（填"真核"或"原核"）细胞，判断的根本依据是

_____。

2. 上图中能表示生命系统细胞和个体层次的是_____(填"甲""乙"或"丙")。

3. 根据图中和所学知识,在下表中用"√"和"×"表示大肠杆菌、人体胃部细胞、罗马生菜叶下表皮细胞中相关结构的有无。

	幽门螺杆菌	人体胃腺细胞	罗马生菜叶下表皮细胞
细胞壁			
细胞核			
核糖体			

4. 图丙中含有哪些种类的细胞,简要说明各种细胞的形态与其功能之间的关系。

_____

在观察人体胃腺细胞和罗马生菜叶下表皮细胞都用到了光学显微镜,在观察过程中,遇到了下图所示的情况,请结合你使用显微镜的过程,回答下列问题。

5. 为了进一步仔细观察图中视野的A细胞,我们需要向_____移动装片,以使A被移至视野中央。

A. 左下方　　　　B. 左上方
C. 右上方　　　　D. 右下方

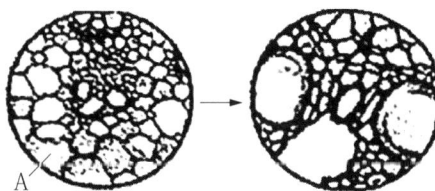

6. 欲从图中清晰的左图视野得到右图视野,必须进行的操作顺序是_____。

① 调节亮度　② 转动转换器　③ 转动目镜　④ 调节细准焦螺旋

7. 现有目镜标有"5×"和"15×"字样,物镜标有"10×"和"40×"字样。若要最大限度仔细观察细胞的形态,显微镜的目镜、物镜组合为(　　　)。

A. 5×、10×　　　B. 5×、40×　　　C. 15×、10×　　　D. 15×、40×

二、洗洁精与健康

生活中的洗洁精能很好地清除餐具上的污渍,但残留的洗洁精可能会对人体健康有所影响。为了探究这一问题,某校生物社团的几位同学以草履虫为实验对象,设计了如下实验。

【提出问题】洗洁精对草履虫生活状态是否有影响?

【作出假设】一定浓度的洗洁精会抑制草履虫的行动、影响其生活状态。

【实验材料】某牌子的洗洁精、草履虫培养液、已培养若干天的草履虫、蒸馏水、脱脂棉、吸管、量筒、小烧杯、大烧杯、玻璃棒、培养皿、光学显微镜。

【实验步骤】

(1) 配置洗洁精浓度分别为 10×10^{-6} g/mL、20×10^{-6} g/mL、30×10^{-6} g/mL、40×10^{-6} g/mL 的草履虫培养液,分别标号。

(2) 在1号培养皿中倒入_____,在2号、3号、4号、5号培养皿中分别倒入 10 mL 上一步骤中配制好的溶液,并放少许脱脂棉丝。

(3) 向1~5号培养皿中分别加入20只草履虫,静置一段时间,观察草履虫的生活状况并记录。

【实验记录】

培养液标号	1	2	3	4	5
洗洁精浓度/(g/mL)	0	10×10^{-6}	20×10^{-6}	30×10^{-6}	40×10^{-6}
生存状况	全部存活	全部存活	18 个存活	10 个存活	全部死亡
	行动迅速	行动迅速	行动缓慢	行动缓慢	静止不动

【数据分析】

【实验结论】

请你帮助生物社团的同学完善实验内容。

1. 生物社团同学在设计实验时,选取的变量是_____。在实验中,应设置的合理实验条件是_____(填写下列编号)。

① 保持洗洁精品牌相同　② 保持培养温度相同　③ 保持洗洁精浓度相同

④ 选取同一品种的草履虫　⑤ 所选取的草履虫生长发育状况保持基本一致

2. 请完善实验步骤:_____。

实验时,为清晰观察草履虫的生活状态,生物社团的小嘉同学将草履虫放在光学显微镜下观察,在镜头选择时,他碰到了困难。

3. 在右图所示的镜头中,若合理选择镜头组合,理论上能将草履虫最多放大_____倍,当目镜不变,选择物镜镜头_____(填"③"或"④")时,镜头距离标本最近。

4. 小嘉同学在低倍镜下发现一个异物,当移动草履虫装片时,异物不动;转换高倍镜后,异物仍然存在,则此异物最可能存在于　　　　　(　　)

A. 目镜上　　　B. 物镜上　　　C. 装片上　　　D. 反光镜上

5. 通过本实验得出的结论:_____。

6. 由此给我们的生活启示:_____。

三、青蒿素与疟疾

青蒿素是目前世界上唯一有特效的抗疟疾药物,是从菊科艾属植物青蒿中提取出来的一种化学物质。我国山西的青蒿资源非常丰富,以下研究为开发利用青蒿资源提供实验依据。

【实验目的】比较同一植株不同组织叶片、不同方式干燥样品中青蒿素含量的差异。

【实验方法】采集青蒿不同组织,如根、茎、老叶(叶龄 21 d)、新叶(叶龄 7 d),共采集 3 次,每次在同一地方随机采样。所有样品均采用烘干和自然干燥 2 种方式干燥,粉碎后备用。

【实验结果】青蒿素含量(mg/g)。

第 1 次采集:根:1.02(晒干),0.74(烘干);茎:0.09(晒干),0.04(烘干);老叶:3.91(晒

干),2.66(烘干);新叶:4.57(晒干),3.49(烘干)。

第 2 次采集:根:1.05(晒干),0.72(烘干);茎:0.11(晒干),0.09(烘干);老叶:4.02(晒干),2.71(烘干);新叶:4.65(晒干),3.69(烘干)。

第 3 次采集:根:1.14(晒干),0.79(烘干);茎:0.10(晒干),0.02(烘干);老叶:4.05(晒干),2.95(烘干);新叶:4.58(晒干),3.59(烘干)。

1. 本实验的研究目的是(　　)(填编号,多选)

① 不同植株中青蒿素含量的比较

② 不同干燥方法对青蒿素含量的影响

③ 不同组织中青蒿素含量的比较

2. 根据研究目的,实验的自变量是＿＿＿＿＿＿＿＿＿＿＿＿＿＿＿＿＿＿＿,需要测量的数据是＿＿＿＿＿＿＿＿＿＿。

3. (多选)实验时需控制的因素是(　　)

A. 叶片干燥的程度　　　　　　　　　　　B. 采集叶片时的气温

C. 叶片的着生位置　　　　　　　　　　　D. 采摘时叶片中含水量

4. 进行 3 次同一地点随机采集的目的是＿＿＿＿＿＿＿＿＿＿＿＿＿＿＿＿＿＿＿＿＿＿＿＿＿＿＿＿＿＿＿＿＿＿＿＿＿。

5. 在实验中,需对所得的原始数据进行处理,如应对三次采集的数据求＿＿＿＿＿＿,并统计结果。

6. 本实验的结论:应该选择青蒿的＿＿＿＿＿＿部位作为提取青蒿素的原料,并且采用＿＿＿＿＿＿方式干燥青蒿样品。

第 2 章 细胞的分子组成

第 1 课 C、H、O、N、P、S 等元素组成复杂的生物分子、蛋白质和核酸重要的生物大分子

内容出处

普通高中教科书必修 1 第 2 章第 1、2 节。

课标要求

1. 内容要求:(1)说出细胞主要由 C、H、O、N、P、S 等元素构成,其中以碳链为骨架形成复杂的生物大分子。(2)概述核酸由核苷酸聚合而成,是储存与传递遗传信息的生物大分子。

2. 学业要求:说出核酸结构与功能的关系,初步建立结构与功能观。

学习目标

1. 说出组成细胞的主要元素,初步学会用比较归纳的方法建构生物学概念,认同组成细胞的元素都来自自然界,培养科学思维。

2. 说出核酸由核苷酸组成,能储存与传递遗传信息。

3. 通过 DNA 指纹技术资料分析,理性分析 DNA 作为储存与传递信息的生物大分子的结构特点,培育社会责任。

评价任务

表 2-1-1

评价内容	等第(在对应的等第内打√)			
	优秀	良好	合格	不合格
1. 对比人体细胞和玉米细胞以及地壳中元素的分布数据,初步得出生物界和无机自然界的元素具有统一性和差异性的结论				

(续表)

评 价 内 容	等第(在对应的等第内打√)			
	优秀	良好	合格	不合格
2. 理解生物大分子以碳链为骨架形成的				
3. 观察 DNA、RNA 模型,说出 DNA 和 RNA 都是由核苷酸聚合而成				
4. 课后检测和自我反思的完成情况				

学习过程

— 学习建议 —

1. 本课学习内容的地位和作用

本节课内容是必修 1 第 2 章"细胞的分子组成"第 1 节和第 2 节的内容,共包括细胞主要由 C、H、O、N、P、S 等元素组成,元素以碳链为骨架形成生物分子,核酸由核苷酸聚合而成,共 3 部分内容。通过本节课的学习,理解细胞是由元素和分子组成,为下一节课蛋白质、糖类和脂肪等生物大分子的学习奠定基础,也有助于理解下一章细胞的结构内容。本课时内容与生活息息相关,知识点较多,但是相互之间联系密切,因而学生在学习中要注重知识点的迁移,注意多个知识点的关联,并能够举一反三。

2. 学习路径

如图 2 - 1 - 1。

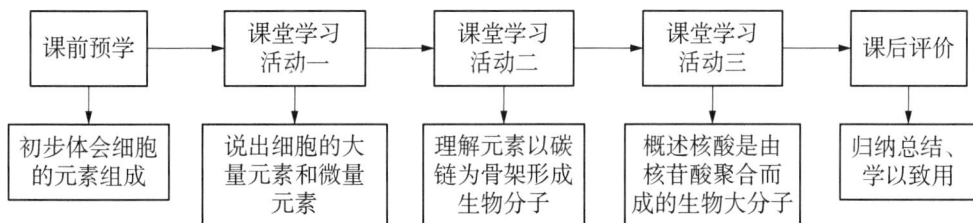

图 2 - 1 - 1

3. 学习重点和难点

本节课的重难点是在理解 C、H、O、N、P、S 等元素,特别是以碳原子为骨架,认识 DNA 和 RNA 的结构。可采用以下方法突破重难点:通过动手搭建碳原子的球棍模型,采用合作讨论的方法,理解生物大分子都是以碳链为骨架组成。通过观察 DNA 模型及其制作,采用对比分析的方法,区别 DNA 和 RNA 中的核苷酸组成。学生学习过程中可以独立探究,也可以参考学历案中给出的建议进行探究学习。

4. 评价标准

完成课前预习,能得出人体细胞和玉米细胞元素种类相同,但是含量不同,能结合课本完成核酸内容的基础知识梳理。

完成课堂活动一,能说出糖类、脂肪、蛋白质和核酸作为组成细胞的主要化合物,它们都含 C、H、O 元素,认识大量元素和微量元素。

完成课堂活动二,能认识到碳与碳之间能以单键(C—C)、双键(C═C)相连接,形成长短不一、形状不同的碳骨架。

完成课堂活动三,能列表对比 DNA 和 RNA 中脱氧核糖和核糖、胸腺嘧啶和尿嘧啶的差异,并且认识 DNA 的功能。

课前预学

(时间:10 分钟)

任务一:阅读课本 P24 表 2-1 中“比较人体细胞和玉米细胞以及地壳中的元素分布”的相关数据,回答下列问题。

1. 比较分析表中数据,尝试归纳人体细胞和玉米细胞中元素分布的共同点。

2. 比较表中人体细胞和地壳中各种元素的组成和含量,你认为生物界和无机自然界的元素统一性表现在哪里? 差异性表现在哪里?

任务二:阅读课本 P32~P33 内容,完成下列填空。

1. 核酸包括两大类:一类是_____,简称 DNA;另一类是_____,简称 RNA。真核细胞的 DNA 主要分布在_____中,_____和_____内也含有少量 DNA;RNA 则主要分布在_____中。

2. _____是核酸的基本组成单位,由_____、_____和_____组成。DNA 和 RNA 中组成核苷酸的五碳糖不同:DNA 中为_____,RNA 中为_____。组成 DNA 的核苷酸是_____(简称脱氧核苷酸),组成 RNA 的核苷酸是_____。不同的脱氧核苷酸(或核糖核苷酸)分子区别在于_____不同。

3. 核酸是细胞内_____的生物大分子(核酸的功能)。

4. (选做)写出图 2-1-2 中各核苷酸的名称。

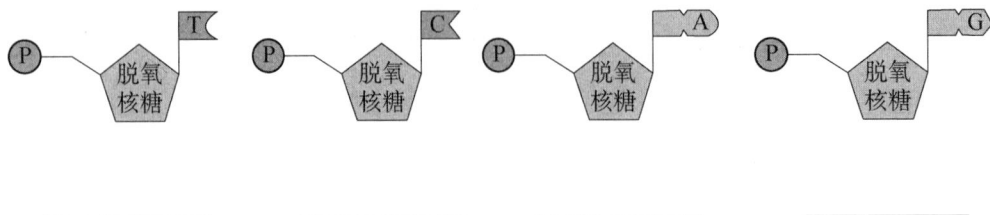

_____ _____ _____ _____

图 2-1-2

— 课堂学习 —

活动一：阅读资料，认识细胞主要由 C、H、O、N、P、S 等元素构成（达成学习目标1，对应评价任务1）

资料1：如图 2-1-3 是陆生动物体化合物组成的大致比例示意图及部分有机化合物的元素组成。

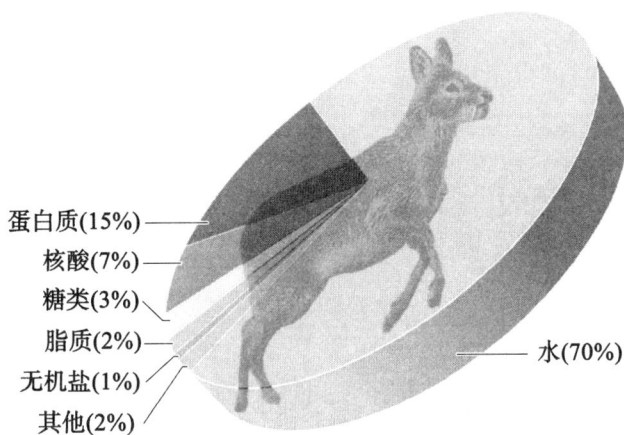

蛋白质(15%)
核酸(7%)
糖类(3%)
脂质(2%)
无机盐(1%)
其他(2%)
水(70%)

图 2-1-3

1. 由上图可知，组成生物体的主要化合物有哪些？

2. 分析上图，说出组成细胞的主要元素有哪些？

资料2：甲状腺位于气管前端两侧，紧靠甲状软骨，其分泌的甲状腺激素可以促进人体的新陈代谢、生长发育和兴奋中枢神经系统。碘（I）是合成甲状腺激素的重要元素，儿童缺碘会导致呆小症，成年人缺碘或长期碘摄入量不足会导致地方性甲状腺肿大（俗称大脖子病）。

1. 请结合资料，说出碘元素在生物体细胞中的作用。

2. "碘是构成甲状腺激素的重要元素，因此人体需要适量摄入碘元素，以防止大脖子病的发生"，这种说法正确吗？请说出理由。

活动二：阅读资料，认识元素以碳链为骨架形成生物分子（达成学习目标2，对应评价任务2）

资料3：图 2-1-4 是碳骨架示意图。

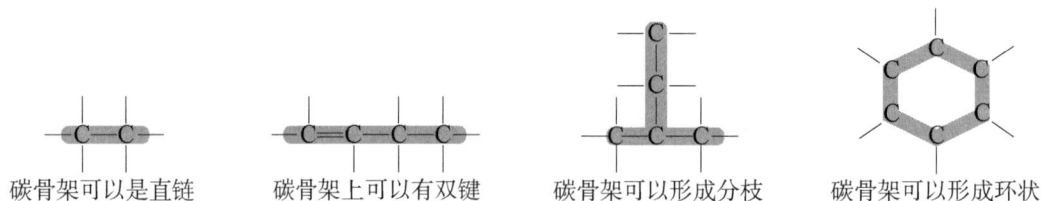

| 碳骨架可以是直链 | 碳骨架上可以有双键 | 碳骨架可以形成分枝 | 碳骨架可以形成环状 |

图 2-1-4

对比上图 4 种碳骨架,思考碳与碳之间能以几种化学键相连接?

活动三:阅读资料,认识核酸(达成学习目标 3,对应评价任务 3)

资料 4:核酸和核苷酸分子示意图。

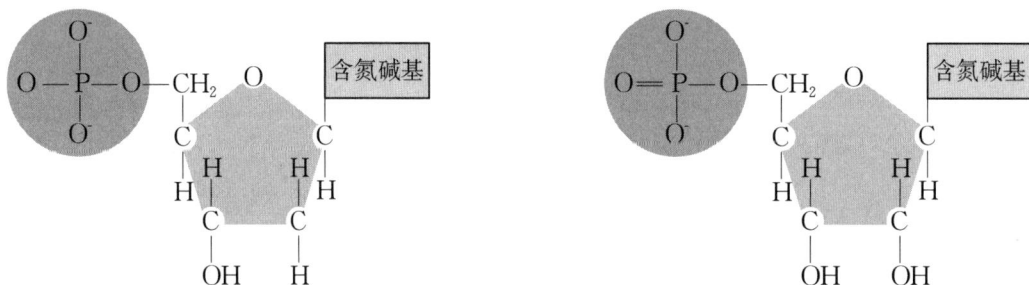

核苷酸分子结构示意图

图 2-1-5

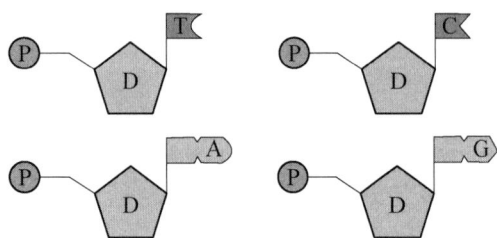

组成 DNA 的 4 种脱氧核苷酸

图 2-1-6

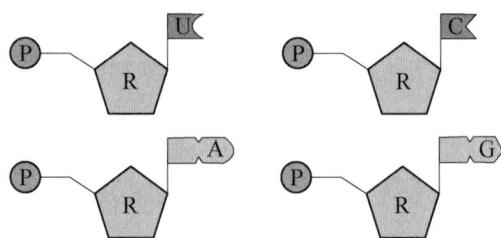

组成 RNA 的 4 种核糖核苷酸

图 2-1-7

1. 结合图 2-1-5 中核苷酸分子结构示意图,写出核苷酸的元素组成有哪些?

2. 结合图 2-1-5 中核苷酸分子结构示意图,写出核苷酸的组成部分有哪些?

3. 通过对比图2-1-6和图2-1-7,写出脱氧核苷酸和核糖核苷酸的差别是什么?

资料5:DNA的分子结构示意图。

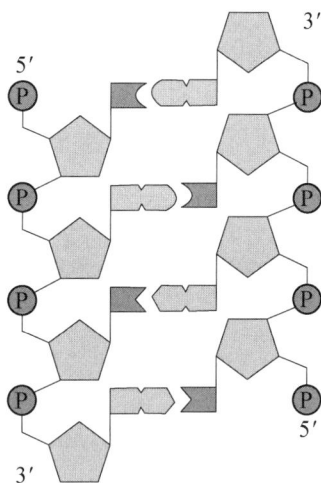

DNA分子结构示意图

图2-1-8

1. 请描述脱氧核苷酸是如何连接成双链结构,并最终形成DNA?

2. DNA形成双螺旋结构有什么意义?

3. 请将若干个核糖核苷酸连接出RNA片段。若各种核糖核苷酸数量不限,则搭建一个长度为4个碱基的RNA,可以搭建几种模型?

4. 核酸的功能是什么? 核酸分子所携带的遗传信息是指什么?

资料6:2020年至今,为了控制新冠感染,全国各地组织民众进行核酸检测,从而有效地控制了疫情的传播。核酸检测就是检测新冠病毒的核酸。

资料7:DNA指纹法在案件侦破工作中有着重要的用途。刑侦人员将案发现场得到的血液、头发等样品中提取的DNA,与犯罪嫌疑人的DNA进行比较,就可为案件的侦破提供证据。图2-1-9为受害者和怀疑对象的DNA指纹图。

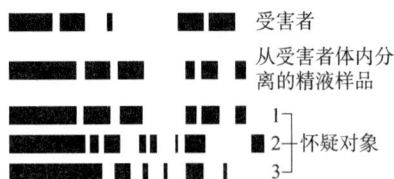

图 2-1-9

1. 资料6中,为什么核酸检测可以帮助我们判断新冠病毒的感染情况呢? 这说明不同生物的核酸是否相同?

2. 资料7中,你能从DNA指纹图判断出怀疑对象中谁是罪犯吗? 理由是什么?

3. 为什么DNA分子能够提供犯罪嫌疑人的信息? 说明DNA的功能是什么?

―― 课堂总结 ――

1. 元素

细胞主要由_____等元素构成。元素以_____为骨架形成生物分子。

2. 核酸

表 2-1-2

分类	分　布	中文名称	基本单位	单体组成	功　　能
DNA					
RNA					

―― 课后检测 ――

一、烟草的秘密

烟草是最有价值的科研生物材料之一,许多开拓性研究都用烟草作材料,许多植物学知识诸如光周期、光合作用、光呼吸、有关病毒和转基因的研究等,都源于烟草。烟草更是分子生物学和基因工程研究的模式生物,是当之无愧的"植物王国的小白鼠"。

1. 科学家在研究烟草的化学成分时,发现组成生物体的元素在非生物界中都存在,这一事实主要说明　　　　　　　　　　　　　　　　　　　　　　　　　　　　(　　)

A. 生物与非生物没有区别　　　　B. 生物界与非生物界具有统一性

C. 生物来源于非生物　　　　　　D. 生物界与非生物界具有差异性

2. 图 2-1-10 不属于构成烟草中生物大分子碳骨架的是　　　　　　（　　）

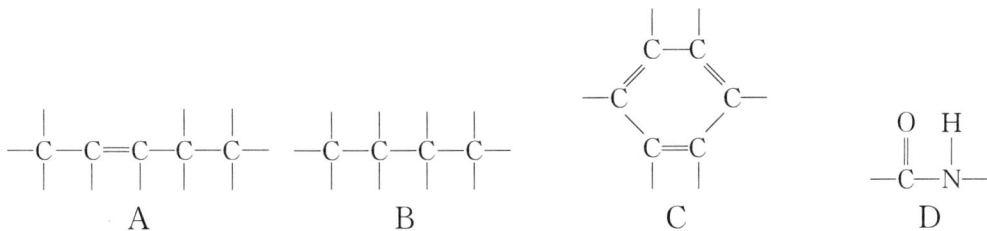

图 2-1-10

不同的烟草拥有自己独一无二的基因身份证,该身份证由代表不同烟草个体特征的遗传信息"条形码"构成。图 2-1-11 为烟草细胞中某核苷酸长链片段示意图。

3. 将图 2-1-11 中碱基片段字母简称与中文名称连线。

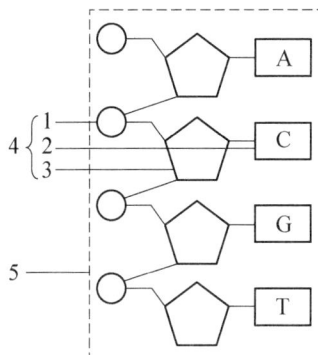

图 2-1-11

A	胸腺嘧啶
G	胞嘧啶
C	鸟嘌呤
T	腺嘌呤

4. 图 2-1-11 中 1、3 的名称分别是_____、_____,4、5 分别代表_____、_____。此结构中特有的碱基名称是_____。通常由_____条图示的核苷酸链构成一个_____分子。

5. 烟草遗传信息的"条形码"是什么？它为什么能蕴含不同烟草的个体特征？

烟草花叶病毒（TMV）是烟草花叶病的病原体,烟草感染 TMV 后叶上出现花叶症状,生长陷于不良状态,叶常呈畸形。图 2-1-12 是烟草花叶病毒的结构示意图。

6. 判断下面关于 TMV 的说法是否正确。

① TMV 的遗传物质是 DNA　　（　　）

② TMV 的核酸彻底水解后产生 8 种小分子　　　　　　　　　　　　（　　）

③ TMV 的遗传信息指的是其 RNA 的碱基排列顺序　　　　　　　　　　　　　　　　　（　　）

④ TMV 的核酸主要存在于细胞核中　　　　　　　　　　　　　　　　（　　）

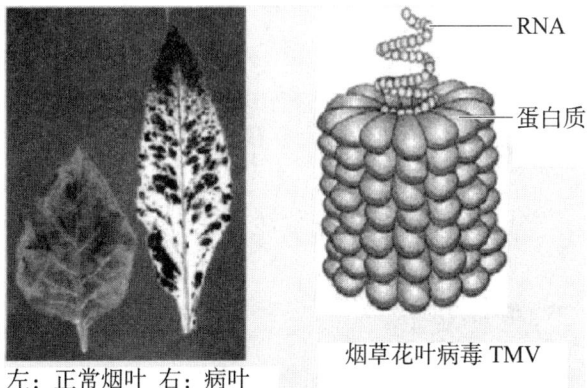

左：正常烟叶　右：病叶

图 2-1-12

二、制作 DNA 模型

小组合作,利用生活中的材料制作长度为 5 个碱基对的 DNA 模型,并在小组之间比较相互的模型有何异同。

往届优秀模型展示(图 2-1-13)。

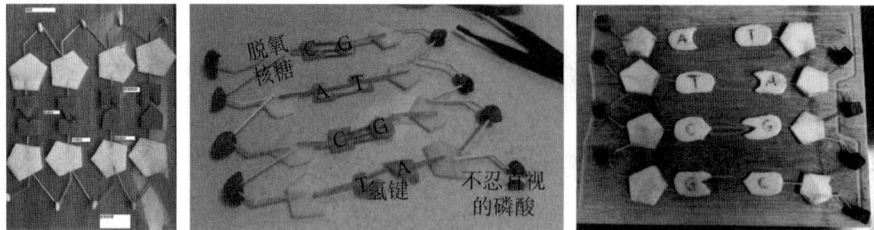

图 2-1-13

—— 课后反思 ——

1. 请以概念图的形式自主梳理本节课的知识结构。

2. 还存在哪些疑惑或还需要解决的问题有哪些?

第 2 课　蛋白质和核酸是重要的生物大分子

内容出处

普通高中教科书必修 1 第 2 章第 2 节。

课标要求

1. 内容要求:(1) 细胞由多种多样的分子组成,包括蛋白质、糖类、脂质、核酸、水和无机盐等,其中蛋白质和核酸是两类最重要的生物大分子。(2) 本课阐明蛋白质通常由 20 种氨基酸分子组成,它的功能取决于氨基酸序列及其形成的空间结构,细胞的功能主要由蛋白质完成。

2. 学业要求:能从结构与功能相适应视角,解释细胞中蛋白质是细胞执行各项生命活动的物质基础。

学习目标

1. 通过资料查阅和分析归纳，认识重要蛋白质的功能，初步建构生命活动主要由蛋白质承担。

2. 通过比较几种不同氨基酸的结构式，概括氨基酸分子在结构上的共性。

3. 观察多肽形成示意图或观看视频，分析多肽形成过程，阐述多肽链的结构特点。

4. 运用结构和功能相适应的原理分析实例，说明蛋白质的功能与其空间结构、氨基酸序列之间的关系，归纳影响蛋白质空间结构的因素。

评价任务

表 2 - 2 - 1

评价内容	等第（在对应的等第内打√）			
	优秀	良好	合格	不合格
1. 完成重要蛋白质的种类和功能的连线				
2. 比较几种氨基酸的结构式，归纳出氨基酸的结构通式和结构特点				
3. 能描述二肽、多肽链形成的过程，并能总结出蛋白质空间结构差异的原因				
4. 通过对比正常与异常血红蛋白的不同，形成结构决定功能的观点；分析几种生活现象，归纳影响蛋白质空间结构的因素				
5. 课后检测和自我反思的完成情况				

学习过程

——学习建议——

1. 本学习内容的地位和作用

在第1章的学习中初步了解细胞后，本章开始学习细胞的分子组成，其中蛋白质是生物体结构的重要成分之一，是生物细胞含量最多的有机物。在本节课学习中，你将从认识蛋白质的组成单位氨基酸，先后学习氨基酸如何形成多肽和蛋白质，认识蛋白质多样的功能与其复杂的空间结构有密切关系，有利于为学生后续继续学习各种蛋白质的作用特点奠定基础；另一方面可以进一步完善细胞的分子组成的知识框架，形成微观层面的结构与功能观。

2. 学习路径

如图 2 - 2 - 1。

3. 学习重点和难点

本节课学习重点是氨基酸的结构、氨基酸形成多肽的过程及蛋白质的功能与其结构的

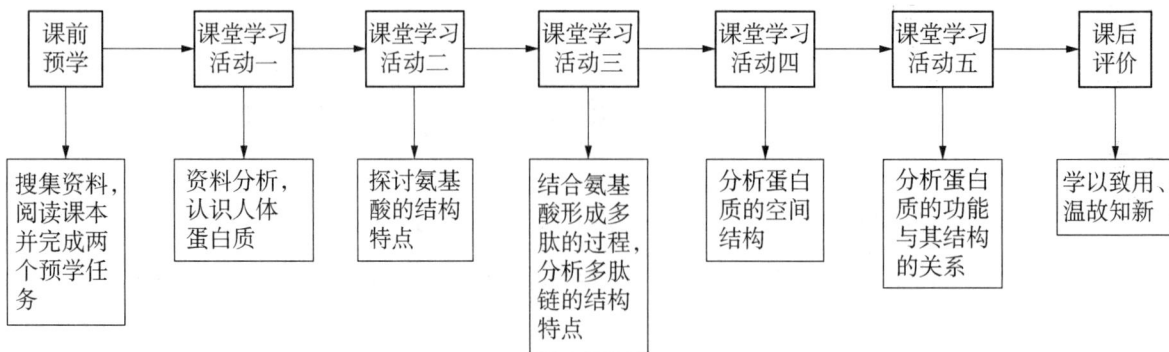

图 2-2-1

关系;学习难点是蛋白质的功能与结构的关系。你可以通过课前预学,参与课堂的学习活动和完成课后作业,形成"蛋白质的功能与其结构密切相关,蛋白质的结构破坏则其功能丧失"的观念。

4. 评价标准

完成课堂学习活动一,能认识不同蛋白质的功能,解释"蛋白质是生命活动的主要承担者"的观点。

完成课堂学习活动二,能观察不同的氨基酸结构式,归纳出氨基酸的结构通式,并能描述各种氨基酸在结构上的共同特点。

完成课堂学习活动三,能说出氨基酸形成二肽、多肽的过程,识别出多肽链中的不同基团。

完成课堂学习活动四,能绘制出脑啡肽的多肽链,并能总结出蛋白质空间结构多样性的原因。

完成课堂学习活动五,能从蛋白质结构变异的角度解释镰状细胞贫血的病因,并能归纳影响蛋白质空间结构的因素。

—— 课前预学 ——

(时间:10 分钟)

任务一:生物体内的蛋白质种类繁多,功能各异。在表 2-2-2 中列出你所知道的蛋白质名称,查阅资料,找出它们所含氨基酸的数目、三维空间结构图和主要功能。

表 2-2-2

序号	蛋白质名称	所含氨基酸的数目	三维空间结构图	主要功能
1	胰岛素	51		降低血糖浓度

序号	蛋白质名称	所含氨基酸的数目	三维空间结构图	主要功能
2				
3				

任务二: 分析课本 P30 图 2-6,写出氨基酸的结构通式。

课堂学习

活动一:资料分析,认识人体蛋白质(达成学习目标1,对应评价任务1)

资料1:生物界的蛋白质种类多达 $10^{10} \sim 10^{12}$ 种,在大多数细胞中,蛋白质占到干重的 50% 以上,具有组成细胞结构、催化、运输、信息传递等重要功能,细胞的各项生命活动都离不开蛋白质。

1. 完成图 2-2-2 中人体蛋白质种类与功能的连线。

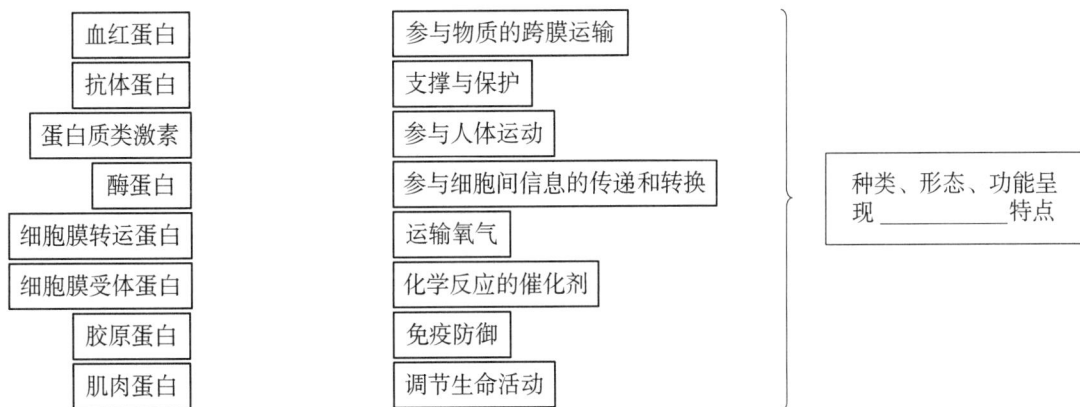

血红蛋白		参与物质的跨膜运输
抗体蛋白		支撑与保护
蛋白质类激素		参与人体运动
酶蛋白		参与细胞间信息的传递和转换
细胞膜转运蛋白		运输氧气
细胞膜受体蛋白		化学反应的催化剂
胶原蛋白		免疫防御
肌肉蛋白		调节生命活动

种类、形态、功能呈现 _____ 特点

图 2-2-2

2. 有同学结合蛋白质的功能,认为"蛋白质是生命活动的主要承担者"。你同意这位同学的观点吗? 请说明理由。

活动二:探讨组成蛋白质的氨基酸的结构特点(达成学习目标2,对应评价任务2)

资料2:1986 年以前,人们一直认为,出现在蛋白质分子中的由遗传密码编码的标准氨基酸只有 20 种。1986 年,科学家们终于在含硒蛋白中发现第 21 种标准氨基酸——含硒半胱氨酸。时隔 16 年之后,2012 来自俄亥俄州立大学的两个研究小组报道,他们在产甲烷菌中识别出了第 22 种氨基酸——吡咯赖氨酸。

1. 用不同颜色的笔在图 2-2-3 中圈出四种氨基酸相同和差异的结构。

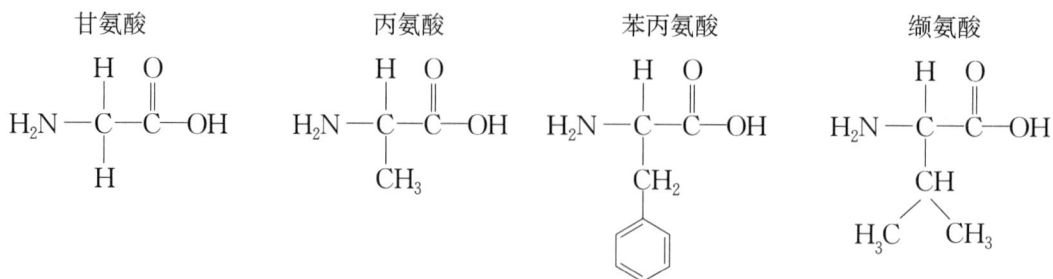

甘氨酸　　　　丙氨酸　　　　苯丙氨酸　　　　缬氨酸

图 2-2-3

2. 尝试写出氨基酸的结构通式,描述各种氨基酸在结构上的共同特点。

3. 半胱氨酸是一种常见氨基酸,其 R 基是"—CH_2SH"。请写出半胱氨酸的结构式,并结合课本知识归纳常见氨基酸的组成元素有哪些?

活动三:结合氨基酸形成多肽的过程,分析多肽链的结构特点(达成学习目标 3,对应评价任务 3)

尽管氨基酸的种类有限,却构成了种类繁多、功能多样的蛋白质。

第一步,如图 2-2-4,两个氨基酸可经脱水缩合形成二肽。

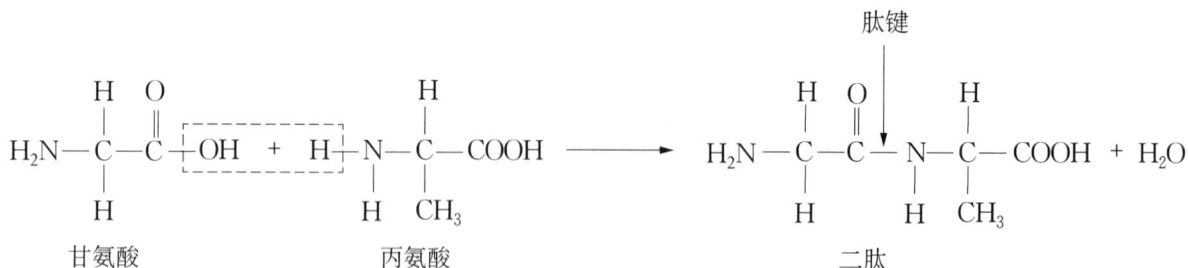

甘氨酸　　　　　丙氨酸　　　　　　　　二肽

图 2-2-4

1. 尝试描述图 2-2-4 中二肽的形成过程。

2. 说出上述过程中产生的 H_2O 中 H 和 O 的来源。

第二步,如图 2-2-5,在二肽结构基础上继续增加多个氨基酸,经脱水缩合可形成多肽。

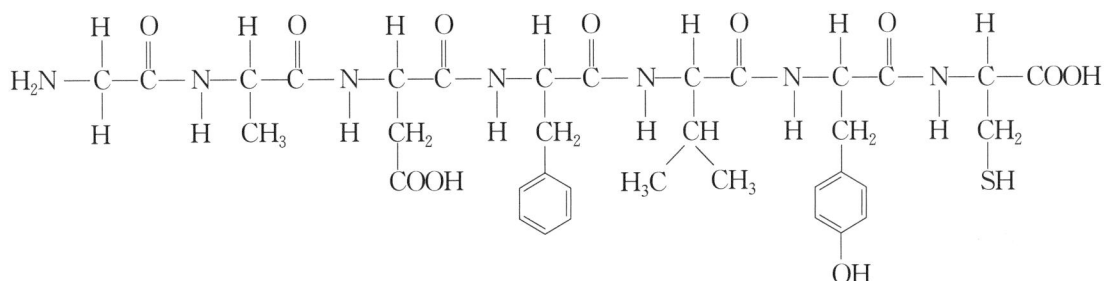

图 2-2-5

1. 用不同颜色的笔或不同的图形圈出图 2-2-5 多肽链中的 R 基团、氨基、羧基、肽键。

2. 数一数图 2-2-5 多肽中的氨基酸数量及种类。

3. 根据图 2-2-5 说说形成多肽链多样性的原因是什么?

活动四:分析蛋白质的空间结构(达成学习目标4,对应评价任务4)

资料3:某种脑啡肽是由2个甘氨酸、1个酪氨酸、1个苯丙氨酸和1个亮氨酸组成的五肽,具有镇痛的作用,可以作为药物使用。

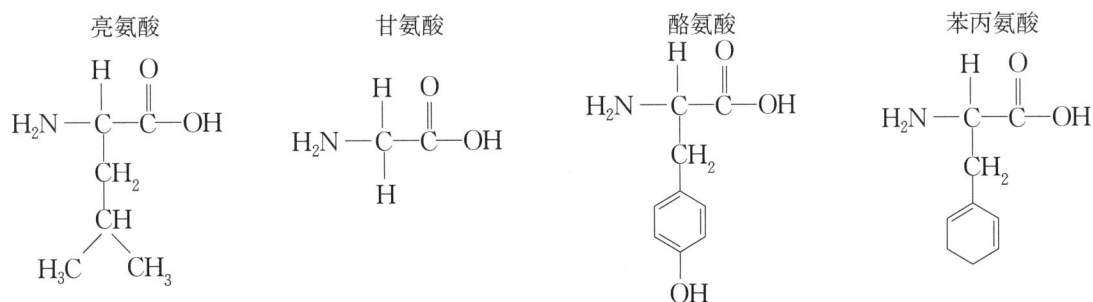

图 2-2-6

1. 请利用图 2-2-6 中的 4 种氨基酸,尝试绘制该脑啡肽的平面结构图。(用 $R_{1\sim4}$ 分别代表亮氨酸、甘氨酸、酪氨酸和苯丙氨酸的 R 基)

2. 小组间交流比较,总结造成不同绘制结果差异的原因,分析教师提供的脑啡肽结构具有生物活性的原因。

3. 结合表 2-2-3,总结蛋白质空间结构多样性的原因。

表 2-2-3　几种蛋白质的组成结构

蛋白质名称	T4 溶菌酶	胰岛素	血红蛋白
肽链数	1 条	2 条	4 条
氨基酸数量	164 个	51 个	574 个
蛋白质的空间构象			

拓展练习:如果用 22 个不同的字母代表 22 种氨基酸,若写出由 10 个氨基酸组成的 1 条肽链,最多可以写出多少种互不相同的多肽?

活动五:分析蛋白质的功能与其结构的关系(达成学习目标 5,对应评价任务 5)

资料 4:正常血红蛋白由 51 个氨基酸、2 条多肽链构成,使红细胞呈两面凹的圆盘状;异常血红蛋白也由 51 个氨基酸、2 条多肽链构成,但易聚合成纤维状,使红细胞呈镰刀状,如图 2-2-7。

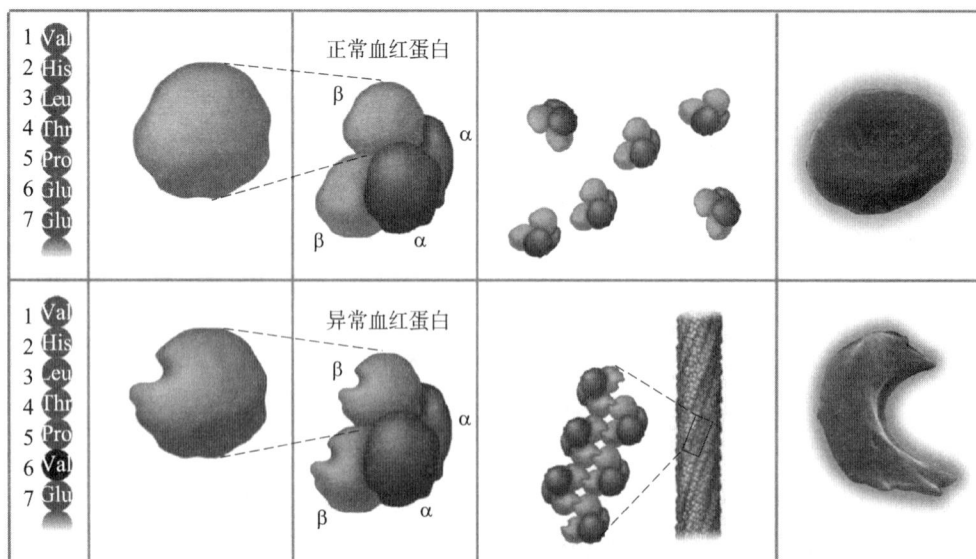

图 2-2-7

1. 分析图2-2-7,从氨基酸、肽链和血红蛋白空间结构的角度说出镰状细胞贫血的病因。

2. 说出蛋白质空间结构的多样性和功能多样性的关系。

3. 请分析以下事实,你认为有哪些因素影响蛋白质的空间结构?
① 鸡蛋煮熟后,鸡蛋蛋白变成固体。
② 用熟石灰制作松花蛋。
③ 柠檬汁加入牛奶中,牛奶中出现絮状沉淀。
④ 用紫外线或酒精对医疗器械进行消毒。

课后检测

一、胰岛素的结构层次与功能

胰岛素是由胰岛 β 细胞合成的一种能调节血糖的蛋白质类激素,牛胰岛素是科学家较早研究的胰岛素之一。1955 年,英国科学家桑格测定并阐明:牛胰岛素分子是一条由 21 个氨基酸组成的 A 链和另一条由 30 个氨基酸组成的 B 链构成,如图 2-2-8。1965 年,我国科学家根据牛胰岛素分子中氨基酸序列首次人工合成了牛胰岛素结晶,开创了人工合成蛋白质的新纪元。

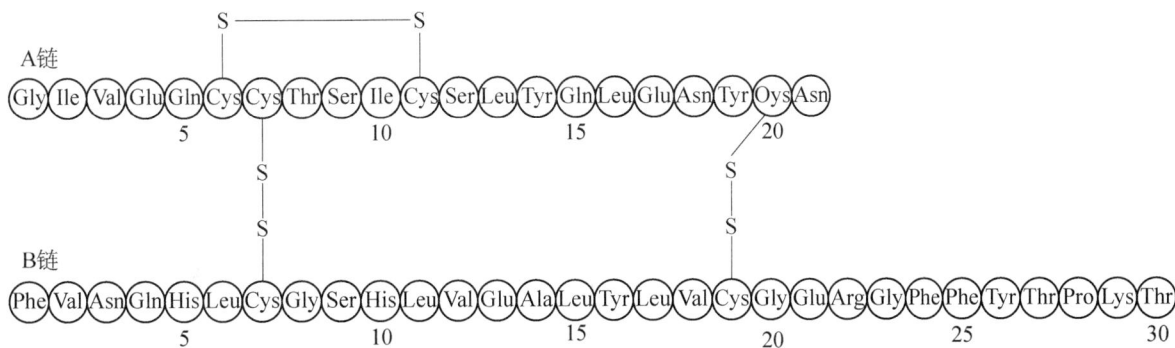

图 2-2-8

图中圆圈内字母代表氨基酸缩写,数字代表此氨基酸在肽链牛胰岛素分子中的位置

1. 英国科学家桑格的研究结果进一步说明_____是组成蛋白质的基本单位,组成牛

胰岛素的 51 个氨基酸结构通式可表示为_____。

2. 据图 2-2-8 分析,人工合成牛胰岛素分子前,除了测定组成牛胰岛素的氨基酸数目和肽链数目,科学家还需要测定组成牛胰岛素分子的_____。

3. 合成结晶牛胰岛素时首先分别合成 A 链和 B 链,再通过两对二硫链(—S—S—)连结而形成一个双链分子,而且 A 链本身还有一对二硫键,以下有关叙述正确的是 (   )

 A. 该分子称为二肽

 B. 该分子含一个游离的氨基和一个游离的羧基

 C. 该分子 A 链有 21 中氨基酸,B 链有 30 种共 51 个氨基酸组成

 D. 该分子含有 49 个肽键,合成共脱去 49 个 H_2O 分子

4. 牛胰岛素分子中的 A、B 两条链并不是以线性排列,而是通过螺旋、折叠、转角等方式形成特定的空间结构(如图 2-2-9)才能具有特定的功能。写出导致牛胰岛素空间结构变化而影响其功能的物理或化学因素有_____

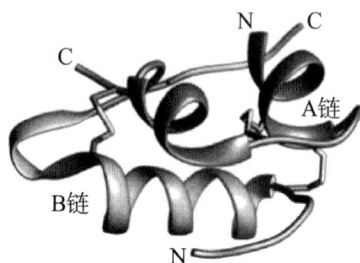

_____。(至少回答 3 个因素)

胰岛素空间结构模型图

图 2-2-9

5. 科学家们又陆续测定了人、猪和羊的胰岛素分子组成,发现与桑格首次确定的牛胰岛素的化学结构大体相同,空间结构相似,氨基酸组成略有差异,如表 2-2-4。研究发现,猪、牛等动物的胰岛素能治疗人糖尿病,但治疗效果不及人胰岛素好,利用所学知识解释原因。

表 2-2-4

氨基酸组成		A 链		B 链	
		第 8 位	第 9 位	第 10 位	第 30 位
生物	人	苏氨酸	丝氨酸	异亮氨酸	苏氨酸
	猪	苏氨酸	丝氨酸	异亮氨酸	丙氨酸
	牛	丙氨酸	丝氨酸	缬氨酸	丙氨酸
	羊	丙氨酸	甘氨酸	缬氨酸	丙氨酸

6. 小王奶奶患有糖尿病,准备乘飞机旅行,你认为小王奶奶使用的胰岛素是随身携带,还是随行李托运?结合已学知识说说你的理由。

二、野生玉米大刍草的营养价值

大刍草是现代栽培玉米的野生祖先,玉米已是我国第一大粮食作物。中科院和上海师

范大学的科研人员共同对大刍草和栽培玉米进行了蛋白质含量研究。

1. 观察图 2－2－10（大刍草和栽培玉米籽粒中蛋白质含量实验结果），你的结论是＿＿＿＿

＿＿＿＿＿＿＿＿＿＿＿＿＿＿。

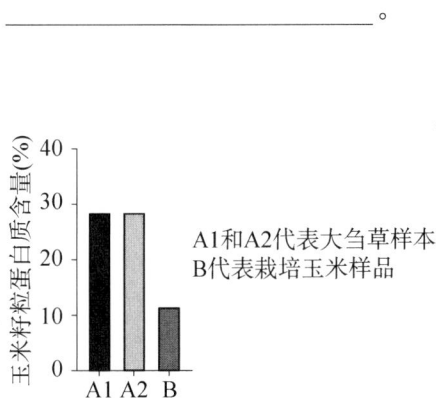

图 2－2－10

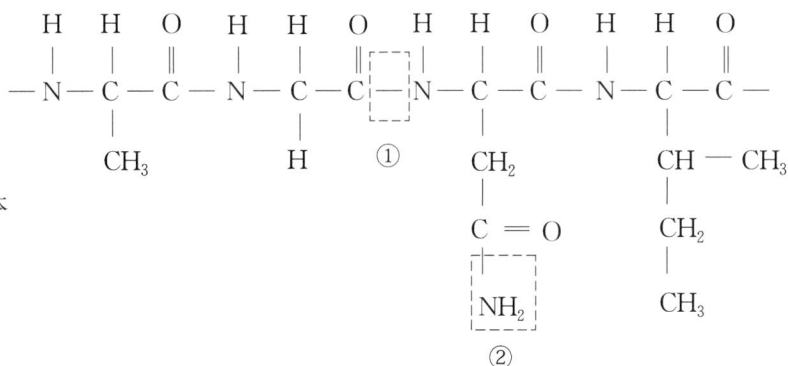

图 2－2－11

2. 天冬酰胺合成酶（ASN）是玉米细胞中的一种蛋白质，图 2－2－11 是该蛋白质中的一段氨基酸序列。图中②的名称是＿＿＿＿＿＿，该段序列是由＿＿＿＿＿＿个（＿＿＿＿＿＿种）氨基酸经脱水缩合而成，两个氨基酸分子脱水缩合形成的化学键①是＿＿＿＿＿＿，脱去的水分子中的氢来自＿＿＿＿＿＿＿＿＿＿。

3. 玉米中含有丰富的淀粉，淀粉酶可催化淀粉的分解。淀粉酶和天冬酰胺合成酶功能不同的原因不可能是　　　　　　　　　　　　　　　　　　　　　　　　　　（　　）

A. 组成肽键的化学元素不同　　　　　　B. 组成蛋白质的氨基酸种类和数量不同

C. 氨基酸排列顺序不同　　　　　　　　D. 蛋白质的空间结构不同

4. 天冬酰胺合成酶（ASN）是催化天冬酰胺（Asn，一种氨基酸）合成的关键酶，天冬酰胺 Asn 在氮循环中具有核心作用，所以该酶在调控植物生长和 N 含量上有重要作用。根据图 2－2－12 大刍草和栽培玉米根、茎、叶中的天冬酰胺含量实验结果，说出栽培玉米的蛋白质含量偏低的原因。

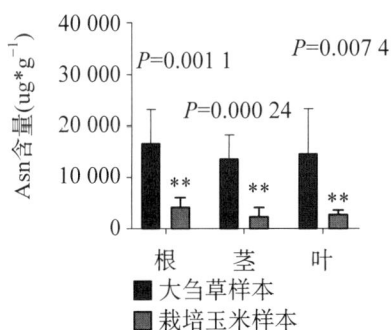

图 2－2－12

5. 科学家对栽培玉米细胞内控制合成 1 种天冬酰胺合成酶（ASN4）的基因 *THP9* 进行了分析，发现该基因的某区域缺少了 48 个碱基对，造成了细胞内 ASN4 酶的缺失。若要提高栽培玉米品种"郑单 958"的玉米籽粒蛋白质含量，写出你的想法，并解释提高玉米中蛋白质含量的意义。

——课后反思——

1. 请自主梳理本节课的知识结构。(如思维导图或概念图的方式)

2. 还存在哪些疑惑或者还需要解决的问题有哪些?(结合重难点和易错点)

第 3 课　糖类和脂质是细胞的结构成分和能源物质

📌 内容出处

普通高中教科书必修 1 第 2 章第 3 节。

📌 课标要求

1. 内容要求:(1) 细胞由多种多样的分子组成,包括蛋白质、糖类、脂质、核酸、水和无机盐等,其中蛋白质和核酸是两类最重要的生物大分子。(2) 概述糖类有多种类型,它们既是细胞的重要结构成分,又是生命活动的主要能源物质。(3) 举例说出不同种类的脂质对维持细胞结构和功能有重要作用。

2. 学业要求:概述糖和脂质的种类、结构与功能。

📌 学习目标

1. 观察糖类、脂质的结构式,说出糖类和脂质的基本组成元素。

2. 说出双糖和多糖的形成过程,概述糖的分类。

3. 分析汉堡中的糖类型,从而阐述糖类既是细胞的重要结构成分,又是生命活动的主要能源物质,并以此指导日常生活中的饮食方式,建立健康的饮食观。

4. 举例说出不同种类的脂质对维持细胞结构和功能有重要的作用。

评价任务

表 2-3-1

评价内容	等第(在对应的等第内打√)			
	优秀	良好	合格	不合格
1. 说出糖类和脂质的基本组成元素				
2. 说出双糖和多糖的形成过程,概述糖的分类				
3. 阐述不同单糖、二糖、多糖的功能				
4. 举例说出脂质对维持细胞结构和功能有重要的作用				
5. 课后检测和自我反思的完成情况				

学习过程

── 学习建议 ──

1. 本学习内容的地位和作用

本节课的内容是在学习了蛋白质和核酸是重要生物大分子的基础上进行的,所以对于从小分子到大分子的形成过程、结构与功能的关系有一定的认识。同时本节课是为学生学习后面细胞的结构和代谢作铺垫。本节课内容除相关理论知识外,重点还与日常生活联系密切,运用糖类和脂质相关知识解决日常生活中的一些问题,对我们践行健康生活方式具有重要的指导意义。

2. 学习路径

如图 2-3-1。

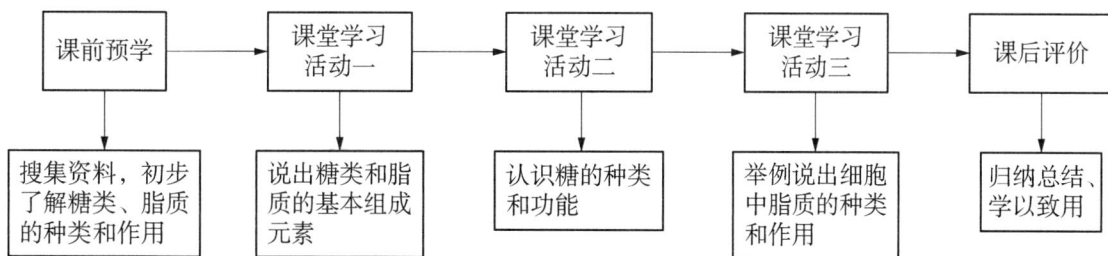

图 2-3-1

3. 学习重难点

本节课重难点是糖类和脂质的类型、结构和功能。可采用以下方法突破重难点:联系生活中的实例理解糖类的类型和功能,如汉堡里有糖原、纤维素和淀粉,糖原和淀粉能为动物提供能源,而纤维素不能被大多数动物所消化,其功能差异源于结构不同;结合北极熊和企鹅的例子理解脂肪的作用。

4．评价标准

完成课前预学，初步了解糖类和脂质的种类及作用。

完成课堂学习活动一到三，能举例说出糖类的种类和作用。

完成课堂学习活动四，能举例说出脂质的种类和作用。

完成课堂学习活动五，能举例说出生物大分子以碳链为骨架。

— 课 前 预 学 —

（时间：10 分钟）

任务一：通过网络和书籍搜集资料，了解细胞中糖类的种类和作用。

任务二：通过网络和书籍搜集资料，了解细胞中脂质的种类和作用。

任务三：搜集、整理已学的生物大分子（如蛋白质、核酸）及其基本单位的分子式。

— 课 堂 学 习 —

活动一：说出糖类和脂质的基本组成元素（达成学习目标 1，对应评价任务 1）

资料 1：糖类、脂质的分子结构示意图，具体见图 2-3-2 和图 2-3-3。

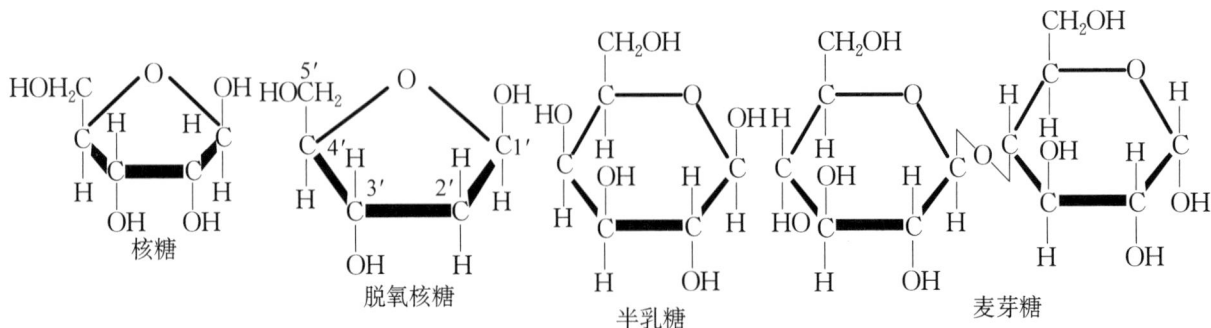

各种糖分子结构示意图

图 2-3-2

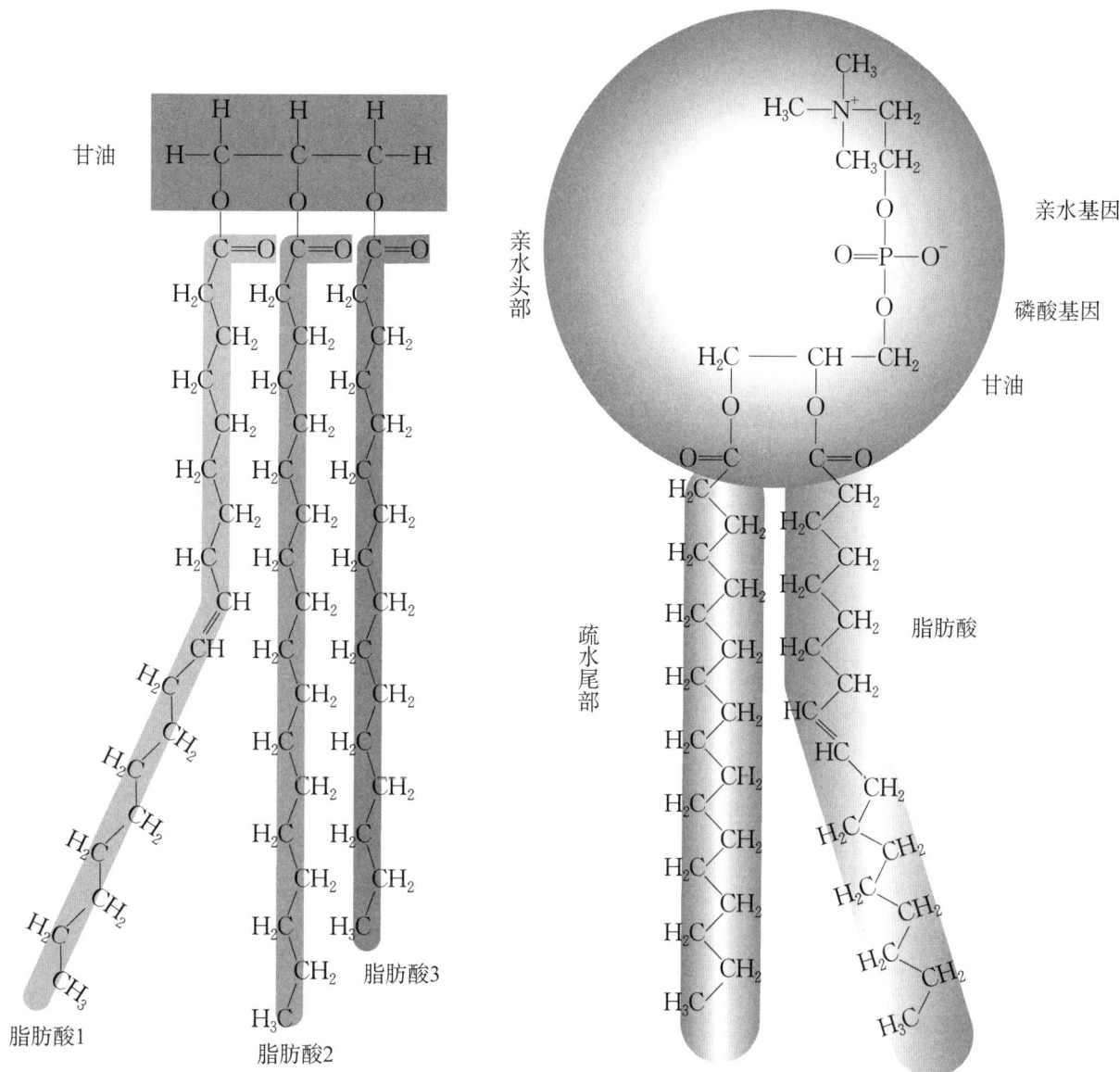

脂肪、磷脂分子结构示意图

图 2 - 3 - 3

1. 细胞中糖类的组成元素：由_____元素组成。

2. 细胞中脂质的组成元素：主要由_____元素组成，有的（如磷脂）还含有____
____和_____。

活动二：认识糖的种类和功能（达成学习目标 2、3，对应评价任务 2、3）

资料 2：麦芽糖形成过程示意图如课本 P36 图 2 - 16 所示。

1. 观察并描述麦芽糖形成过程。

2. 阅读课本，完善蔗糖和乳糖的形成。

蔗糖 = _____ + _____；乳糖 = _____ + _____。

资料 3：汉堡中的多糖种类示意图如课本 P37 图 2－17。

1. 观察汉堡中含有的多糖，说出图中不同多糖的作用。

2. 糖尿病患者的饮食受到严格的限制，受限制的并不仅仅是甜味食品，米饭和馒头等主食都需定量摄取，为什么？

3. 列表比较不同种类的糖及其功能。

表 2－3－2

种　类		分　　布		作　　用
		动　物	植　物	
单糖		√	√	主要能源物质
		√		提供能量
			√	提供能量
				是 DNA 的组成成分之一
				是 RNA 的组成成分之一
双糖				水解为单糖供能
多糖				储存能量
				储存能量，调节血糖
				组成细胞壁，支持保护细胞

活动三：举例说出细胞中脂质的种类和作用（达成学习目标 4，对应评价任务 4）

资料 4：熊在入冬之前要吃大量的食物，在体内将食物转化为脂肪储存起来，冬眠时分解利用脂肪，以维持生命活动；生活在南极寒冷环境中的企鹅，体内脂肪可厚达 4 cm；幼儿常晒太阳，可以使皮肤表皮细胞内的胆固醇转化为维生素 D，预防佝偻病。

结合上述资料及课本 P37～P38 内容，完成表 2－3－3。

表 2－3－3

种　类	功　能
脂肪	
磷脂	1. 主要分布： 2. 主要功能：

（续表）

种　类		功　能
固醇		

课后检测

一、糖类和脂质

传统的节日文化常常伴随着美食一代代传承。"小饼如嚼月，中有酥和饴"，在苏轼的这句诗中，"饴"指的是麦芽糖，属于糖类；"酥"指的是酥油，属于脂质。糖类和脂质是我们食物中的主要营养成分，也是细胞中的主要化合物。

1. （多选）下列物质中元素组成相同的是　　　　　　　　　　　　　　（　　）

A. 脂肪　　　　　　　B. 淀粉　　　　　　　C. 核酸　　　　　　　D. 纤维素

2. 月饼的营养价值较高，现在随着人们对美食的需求越来越高，月饼的馅料越来越丰富，比如蛋黄馅月饼、榴梿馅月饼等。下列关于月饼中糖类和脂质的说法，错误的是　（　　）

A. 脂质的胆固醇在动物体内可转化成性激素

B. C、H、O、P 是构成脂质和糖原的元素

C. 脂肪与糖原都是细胞内储存能量的物质

D. 糖类是主要的能源物质，月饼中糖类不易多放，不然容易摄入能量过多

3. 小昂进食了月饼，2 小时后，在他的血液中不可能含有　　　　　　　（　　）

A. 葡萄糖　　　　　B. 淀粉、纤维素　　　　C. 氨基酸　　　　　D. 脂肪酸、甘油

二、肥胖率

2020 年 12 月 23 日，国家卫健委发布《中国居民营养与慢性病状况报告》，报告结果显示，18 岁以上居民男性和女性的平均体重分别为 69.6 kg 和 59 kg。城乡各年龄组居民超重肥胖率持续上升。6～17 岁儿童青少年超重肥胖率接近 20%，6 岁以下儿童超重肥胖率达到 10%。中国疾控中心营养学首席专家赵文华提示，我国超重肥胖率上升速度较快，全人群都受超重肥胖影响。

一个人是否肥胖，可以用标准体重衡量，凡是体重超过标准体重 10% 的为超重，超过 20% 为肥胖，中国人标准体重简便计算公式如下：

男性：标准体重(kg) = 身高(cm) － 105

女性：标准体重(kg) = 身高(cm) － 100

请根据上述材料思考并回答：

1. 超重、肥胖代表我们体内哪种物质含量显著增加？

2. 下列关于脂质的说法,不正确的是 （   ）

A. 维生素 D 和性激素属于固醇类

B. 脂肪是良好的储能物质,由甘油和脂肪酸组成

C. 磷脂在细胞质膜内排成单层

D. 性激素能促进人和动物生殖器官的发育和生殖细胞的形成

3. 有同学想要节食减肥,决定每餐只吃一个苹果或只吃少量蔬菜,这种饮食方式有哪些不合理之处? 对我们的身体健康有哪些危害?

三、糖尿病

小明的爷爷患有糖尿病,平时饮食多有忌口,一个偶然的机会和老朋友聊天得知某牛奶出了"0 乳糖"牛奶(如图 2-3-4),说者无心听者有意,小明爷爷心想这款牛奶应该可以适合他们这类糖尿病患者食用。

1. 乳糖的元素组成是 _____(填序号,①C、H、O;②主要是 C、H、O;③C、H、O、N),所以糖类俗称 _____。

2. 这款"0 乳糖"牛奶是否适合小明爷爷喝,为什么?

零乳糖牛奶 营养好吸收

营养成分表

项 目	每 100 mL	NRV%
能量	182kJ	2
蛋白质	3.0g	5
脂肪	1.3g	2
碳水化合物	4.9g	2
乳糖	0g	
钠	67mg	3
钙	100mg	13

图 2-3-4

3. 糖类是维持生命活动所需能量的主要来源,双糖水解为单糖才能氧化分解供能。下列各种糖类中属于双糖的是 （   ）

A. 糖原   B. 核糖   C. 乳糖   D. 葡萄糖

4. 请分析"0 乳糖"牛奶是为哪类人群设计的?

━━━ 课后反思 ━━━

1. 请自主梳理本节课的知识结构。(如思维导图或概念图的方式)

2. 还存在哪些疑惑或还需要解决的问题有哪些?

第 4 课　探究·实验 2 - 1　检测生物组织中的还原糖、脂肪和蛋白质

内容出处

普通高中教科书必修 1 第 2 章第 3 节探究·实验 2 - 1。

课标要求

1. 内容要求:细胞由多种多样的分子组成,包括蛋白质、糖类、脂质、核酸、水和无机盐等,其中蛋白质和核酸是两类最重要的生物大分子。

2. 素养水平:能够基于给定的物质鉴定实验方案,完成实验,记录实验现象;能正确使用分光光度计展开蛋白质含量测定的实验,并与他人展开对实验结果的交流。

学习目标

1. 基于还原糖、脂肪和蛋白质的检测原理和方法,尝试定性检测生物样品中的上述物质,初步形成物质与能量观。

2. 基于分光光度法,定量测定蛋白质样品浓度。

3. 观察并记录实验现象,小组合作分析数据,归纳出合理结论。

评价任务

表 2 - 4 - 1

评价内容	等第(在对应的等第内打√)			
	优秀	良好	合格	不合格
1. 完成课前预学,学习并完成还原糖、脂肪和蛋白质的鉴定实验				
2. 完成课前预学,选择 1 种生物材料完成还原糖、脂肪和蛋白质探究实验(检测目标 1)				
3. 完成课前预学,使用分光光度法进行定量测定蛋白质样品浓度(检测目标 2)				
4. 小组合作总结并呈现实验现象和数据,得出合理结论(检测目标 3)				
5. 课后检测和自我反思的完成情况				

学习过程

— 学习建议 —

1. 本学习内容的地位和作用

本节课的主题元素和化合物是生物学与化学教学的交汇点,尤其重视通过实验现象的感性认知,完成对化合物从含量进行定性分析和定量计算的理性判断。

2. 学习路径

如图 2-4-1。

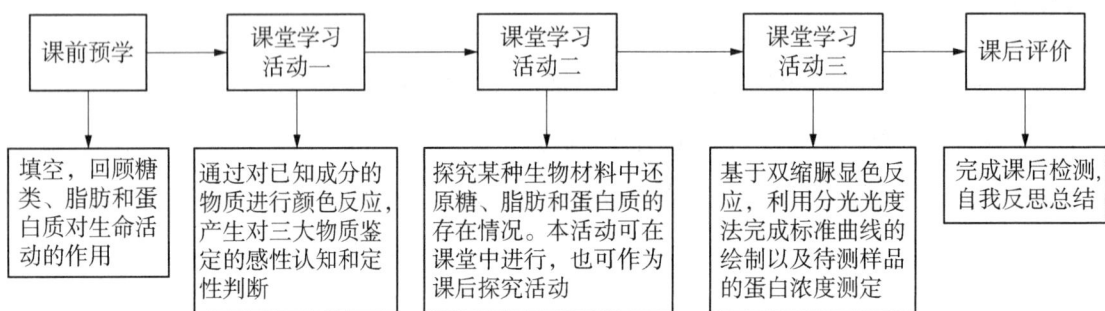

图 2-4-1

3. 学习重点和难点

本课时的学习重难点:在了解还原糖、脂肪和蛋白质检测原理及方法的基础上进行探究。定性检测生物样品中的上述物质,定性分析待测样品中蛋白质的含量。学生可以通过课前预学,初步了解本探究实验的原理和方法。在课堂活动中以小组为单位,合作探究。通过实验数据的处理和分析,最终认同这些分子是各项生命活动的物质基础,形成“物质变化与能量变化”是生命本质的观念。可以通过评价任务和课后检测的完成来判断自己对学习目标的达成程度。

4. 评价标准

完成课前预学,能说出糖类、脂肪和蛋白质在生命活动中的地位,初步了解还原糖和分光光度法。

完成课堂学习活动一,能检测还原糖、脂肪、蛋白质,辨别不同的实验现象。

完成课堂学习活动二,能探究特定生物材料中还原糖、脂肪和蛋白质含量,认识到不同细胞中物质含量存在差异。

完成课堂学习活动三,能基于分光光度法,完成蛋白质含量的测定,分析数据,绘制图表。

— 课前预学 —

(时间:10 分钟)

任务一:生命活动需要各种物质参与,不同物质作用、地位不同,请结合情境,进行填空。

1. 生命活动的主要能源物质是_____。

2. 动物体内起储能和保温作用的物质是_____。

3. 生命活动的主要承担者是_____。

任务二：结合课本或网络查阅资料，将结果填写在下面。

1. 还原糖的性质和种类

2. 分光光度法的基本原理

课堂学习

活动一：学习并完成还原糖、脂肪和蛋白质的鉴定实验（达成学习目标1，对应评价任务1）

1. 了解利用颜色反应鉴定还原糖、脂肪和蛋白质的原理和方法。

2. 利用实验室提供的还原糖、脂肪和蛋白质溶液，完成鉴定实验，并将实验结果记录在表2-4-2中。

表2-4-2

物　　质	还原糖	脂　肪	蛋白质
添加试剂			
现　象			

活动二：完成特定生物材料中还原糖、脂肪和蛋白质含量的探究实验（达成学习目标1，对应评价任务2）

1. 利用实验室提供的生物材料（梨、黄豆、萝卜匀浆、鸡蛋清、牛奶等），选择其中的1～2种材料，完成还原糖、脂肪和蛋白质含量的探究。

2. 将实验数据记录在表2-4-3中。

表2-4-3

选择材料			
物　　质	还原糖	脂　肪	蛋白质
添加试剂			
现　　象			

活动三：基于分光光度法，完成蛋白质含量的测定（达成学习目标2，对应评价任务3）

1. 完善分光光度计的使用步骤：设置波长——将样品装入_____——将待测样品和参比样品放入样品架——以_____为对象进行调零——测量待测样品的吸光度。

2. 按表2-4-4配制标准溶液，测量吸光度（本过程可由教师提前完成或选择某一小组

进行展示），并以标准蛋白质含量为横坐标,吸光度值为纵坐标,将标准曲线绘制在下列方框中。（数据处理可参考文末资料）

表 2 - 4 - 4

各管加入试剂及蛋白质含量	试 管 编 号					
	0	1	2	3	4	5
10 mg/mL 牛血清白蛋白标准溶液/mL	0	0.2	0.4	0.6	0.8	1.0
蒸馏水/mL	1.0	0.8	0.6	0.4	0.2	0
双缩脲试剂/mL	4.0	4.0	4.0	4.0	4.0	4.0
蛋白质含量/(mg/mL)	0	2	4	6	8	10
吸光度值						

标准曲线

3. 样品蛋白质含量的测定：＿＿＿＿＿＿＿＿＿＿＿＿＿＿＿＿。

4. 利用公式,计算被测样品的蛋白质含量(mg/mL)＝$D \times N$。

课堂小结:小组讨论与感悟(达成学习目标 3,对应评价任务 4)

———*课后检测*———

一、探究植物种子中的化合物含量

不同植物种子中所含营养成分有差异,如豆类作物中蛋白质含量较高,玉米种子中淀粉含量较高,花生种子中脂肪含量相对较多。请回答下列问题：

1. 表 2 - 4 - 5 表示用碘液、苏丹 Ⅳ 染液和双缩脲试剂测得甲、乙、丙三种植物的干种子中三大类有机物颜色反应,其中"＋"的数量代表颜色反应深浅程度。下列有关说法不正确的是 （　　）

表 2-4-5

试剂		碘液	苏丹Ⅳ染液	双缩脲试剂
种类	甲	＋＋＋＋	＋＋	＋
	乙	＋＋	＋＋＋＋	＋＋
	丙	＋	＋＋	＋＋＋＋

A. 乙种子中含蛋白质最多

B. 碘液、苏丹Ⅳ染液和双缩脲试剂与相应的物质发生的颜色反应分别是蓝色、红色和紫色

C. 在观察颜色时有可能用到光学显微镜

D. 这三种试剂使用时均不需要水浴加热

2. 某玉米新品种中的蛋白质含量高于普通玉米,请用所学的方法设计实验加以验证。

实验原理:＿＿＿＿＿＿＿＿＿＿＿＿＿＿＿＿＿＿＿＿＿＿＿＿＿＿＿＿＿＿。

材料用品:新鲜的普通玉米籽粒、新鲜的新品种玉米籽粒、研钵、试管、漏斗、纱布、吸管、清水、双缩脲试剂 A 液、双缩脲试剂 B 液、量筒。

方法步骤:

① 将两种玉米籽粒分别进行＿＿＿＿＿＿＿＿,制备组织样液。

② 取 A、B 两支试管,向 A 中加入新品种玉米组织样液 2 mL,B 中加入普通玉米组织样液 2 mL。

③ 向 A、B 两支试管中分别加入 1 mL ＿＿＿＿＿＿＿＿,摇匀,再分别加入 4 滴 ＿＿＿＿＿＿＿＿,摇匀。

④ 观察＿＿＿＿＿＿＿＿＿＿＿＿＿＿＿＿＿＿＿＿＿＿＿＿＿＿＿＿＿＿＿。

预期的结果:＿＿＿＿＿＿＿＿＿＿＿＿＿＿＿＿＿＿＿＿＿＿＿＿＿＿＿＿＿。

二、蛋白质与生活

含乳饮料按照蛋白质及调配方式分为配制型含乳饮料(蛋白质含量不低于 1.0% 的称为乳饮料)和发酵型含乳饮料(蛋白质含量不低于 1.0% 的称为乳酸菌乳饮料,蛋白质含量不低于 0.7% 的称为乳酸菌饮料)。

某一大型卖场收到举报,某一品牌发酵型含乳饮料可能存在质量问题和虚假宣传。如果你是一名市场质检人员,你会如何对可疑产品进行质量检测?

—— 课后反思 ——

1. 请自主梳理本节课的知识结构。(用思维导图或概念图的方式)

2. 还存在哪些疑惑或还需要解决的问题有哪些?(结合重难点和易错点)

附录 参考资料:生物实验中简单少量数据简单回归分析的方法
——以基于双缩脲显色的蛋白含量分光光度法测量为例

某些化学试剂能够使生物组织中的相关化合物产生特定的颜色反应,如双缩脲试剂可以与蛋白质中的肽键结构发生作用,产生紫色反应,该反应既可以用于定性判断,也可以用于定量分析。在该反应中,生成的产物可以吸收 540 mm 波长的光,且吸光度(即吸光总量)与其浓度呈正相关。利用分光光度计,可以先测定标准浓度物质的吸光度,找出浓度与吸光度的对应关系(即标准曲线),然后测定待测物质吸光度,依据标准曲线计算其浓度。

在课堂实验中,同学们已完成制作标准曲线的数据测定,现需要将数据处理得出公式,并用于计算。该步骤可以借助电脑软件或学生计算器完成。

方法 1:利用电脑中 EXCEL 或 WPS 软件进行分析

(1)新建一个表格文件,打开文件,输入数据,如下表 2-4-6 所示。

表 2-4-6

蛋白质含量/(mg/mL)	2	4	6	8	10
吸光度(A540)	0.258 1	0.328 8	0.397 9	0.460 9	0.554 4

(2)全选上述数据,点击工具栏目中"插入"选项,选择"图标"中的"散点图"生成原始图,如图 2-4-2 所示。

图 2-4-2

(3)如图 2-4-3 所示,点击任意数据点选中数据,右击鼠标,选择"添加趋势线",在相关选项中选择合适的分析函数,一般只会用到"线性",勾选"显示公式"和"显示 R 平方值",即可得到最终图标。

（4）如图 2-4-4 所示,若对系统默认的图标样式不满意,可以在图标样式中进行个性化编辑。

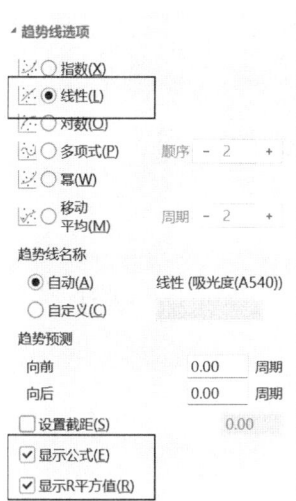

图 2-4-3

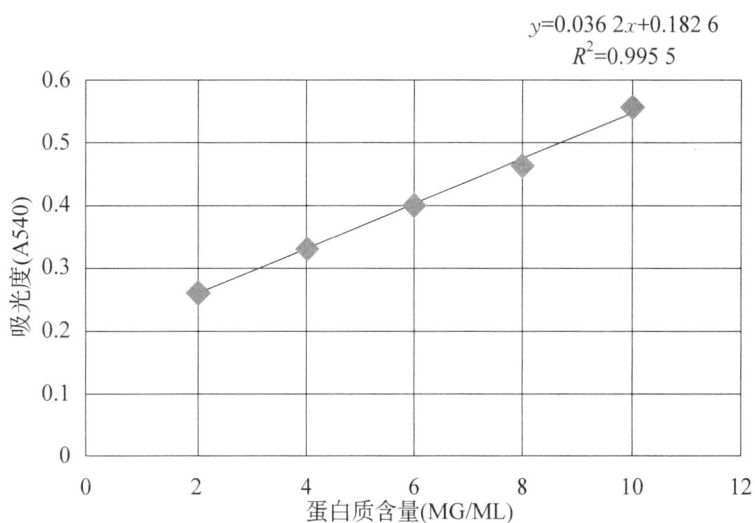

图 2-4-4

方法 2:利用学生数学计算器进行分析

本操作以卡西欧 CASIO-fx-991CN X 中文版计算器为例进行演示,其他计算器大致相同。

（1）如图 2-4-5 所示,点击"菜单/MENU",进入分析选项界面,分析数据选择"数据/STAT"。符号为一坐标图,为选项 6,点击数字 6 进行选择操作。

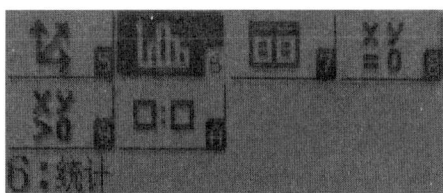

图 2-4-5

（2）进入数据分析界面,如图 2-4-6 所示。选择所需使用的函数,线性分析选择一次函数"$y=ax+b$",按"2"确认。

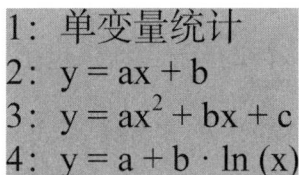

1: 单变量统计
2: $y = ax + b$
3: $y = ax^2 + bx + c$
4: $y = a + b \cdot \ln(x)$

图 2-4-6

(3) 如图 2-4-7 所示,分别输入已计算或采集好的 x 和 y 轴数据。推荐先输入 x 轴数据,第一个数据输入完成后,按"＝"切换下一位置。由 x 轴切换 y 轴,用方向按钮切换,上下左右可调节操作框的位置,对数据进行输入或重新输入。

	x	y
1		
2		
3		
4		

	x	y
3	6	0.3979
4	8	0.4609
5	10	0.5544
6		

图 2-4-7

(4) 数据输入完成,进入分析环节。按"OPTN/CALC"按钮,进入分析计算,选择"回归计算",如图 2-4-8 所示,按数字"4"。

1: 选择类型
2: 编辑
3: 双变量计算
4: 回归计算

图 2-4-8

(5) 得到结果,显示公式,各项系数和 R 值。R 值表示相关性,带正负号,表示正负相关,R^2 值表示将其平方,消除正负号,只保留相关程度,一般 R^2 值需要大于 0.98,数据才可用。

第 5 课　水和无机盐是生命活动的必需物质

内容出处

普通高中教科书必修 1 第 2 章第 4 节。

课标要求

1. 内容要求:(1)细胞有多种多样的分子组成,包括水、无机盐、糖类、脂质、蛋白质和核酸,其中蛋白质和核酸是两类最重要的生物大分子。(2)指出水大约占细胞重量的 $\frac{2}{3}$,以自由水和结合水的形式存在,赋予了细胞许多特性,在生命活动中具有重要作用。(3)举例说出无机盐在细胞内含量虽少,但与生命活动密切相关。

2. 学业要求:说出水在生命活动中的重要作用,举例说明无机盐与生命活动有着密切关系,初步具有生物体是由元素和化合物形成的生命观,初步具有归纳与概括的科学思维。

学习目标

1. 说出水在生物体中的含量和形式,说出水的作用。
2. 能举例说明无机盐在细胞内含量虽少但作用显著。

评价任务

表 2－5－1

评价内容	等第(在对应的等第内打√)			
	优秀	良好	合格	不合格
1. 计算自己身体中的正常含水量,理解病理性脱水和事故中大失血对生命的威胁				
2. 归纳水的作用、生物体含水量与其生存环境的关系、水与细胞代谢的关系				
3. 概括心肌和血液中水分的不同存在形式及其意义				
4. 举例说明无机盐与生命活动有着密切关系				
5. 课后检测和自我反思的完成情况				

学习过程

— 学习建议 —

1. 本学习内容的地位和作用

在本章前三节你已经学习了细胞中的元素以及蛋白质、核酸、糖类、脂质。你在学习磷脂时曾根据它的结构特点分析出它在水环境中会排列成磷脂双分子层,这是组成质膜的基本骨架。在学习糖类和蛋白质时曾学过脱水缩合。这些学习活动使你感悟水在生命的结构基础和代谢中的作用。本节课将深入学习水的存在形式和水在生命活动中的重要作用。在学习本章第1节时你对元素已有初步认识,本节课将用实例说明无机盐与生命活动有着密切关系。

2. 学习路径

如图 2－5－1。

3. 学习重点和难点

本课时学习的重难点是水的重要作用、举例说明无机盐与生命活动的密切联系。在学习中可采用以下方法突破重难点:通过课前查找资料对水和无机盐的作用有初步认识。参与课堂学习活动,通过分析资料和图表,采用比较与概括等方法理解水和无机盐的作用。你

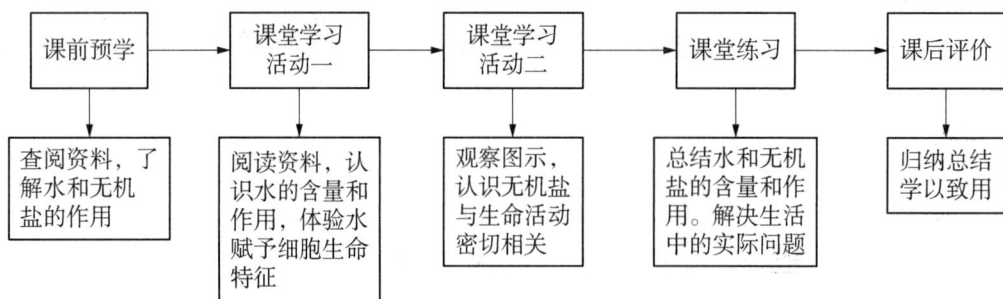

图 2 - 5 - 1

可通过完成课堂学习的思考题和课后检测来了解对本节课的学习情况。

4. 评价标准

完成课堂学习活动一, 能结合实例说出水的含量、存在形式和作用。

完成课堂学习活动二, 能举例说出无机盐的含量和作用。

— 课前预学 —

(时间:5 分钟)

任务一:查阅资料, 水是生命之源, 水分在生物体中的占比是多少? 缺水会有什么后果?

任务二:查找资料, 当人体缺铁或植物缺镁, 分别会有什么后果?

— 课堂学习 —

活动一:阅读资料, 认识水的含量和作用, 体验水赋予细胞生命特征(达成学习目标 1, 对应评价任务 1、2、3)

资料 1:水是细胞中含量最多的化合物, 人体体液的含量约为体重的 60%, 人体在缺水 10% 时, 生理活动就会紊乱;缺水 20% 时, 生命活动就会终止。

1. 计算一下自己身体含水量, 以及它的 10% 和 20%, 大约是多少水?

2. 谈谈急性肠胃炎和某些事故中失水(血)等情况的严重性。

阅读课本 P43 第 2 段, 结合图 2 - 21, 说说你是怎么理解"水是极性分子"的? 结合图 2 -

22 解释氯化钠"溶解"的意思。

资料2:生活在不同环境中的生物,其体内含水量有所差异;人体不同组织器官中的含水量也存在一定差异。分析表2-5-2数据,比较这两种差异并归纳不同生物体中含水量的特点。

表2-5-2

生物	含水量	人体的组织器官	含水量
水母	99%	牙齿	10%
鱼类	83%	骨骼	22%
蛙	78%	骨骼肌	76%
哺乳类	65%	心肌	79%
藻类	90%	血液	83%
高等植物	60%~80%	成人脑	84%
休眠种子	<10%	胎儿脑	91%

1. 比较不同环境中生物的含水量。

2. 比较不同器官的含水量。

3. 根据表2-5-2,以人体为例,梳理组织器官含水量与其代谢程度之间的关系。

4. 表2-5-2中人体的心肌和血液含水量大体相似,但组织形态却明显不同,你觉得可能原因是什么? 请翻阅课本P43内容给出你的解释。

资料3:与其他液体相比,升高相同温度,水吸收的热量更多;降低同样的温度,水也会放出更多的热量,即水的比热容较大。

1. 水的比热容大对生物体有什么作用?

2. 生活在沙漠中的生物体内最丰富的化合物是什么？

3. 一个胖子身上最多的化合物是什么？

4. 水分子的结构与极性使水具备了哪些特性？

5. 水在生物体中有两种存在形式,一种是自由水,另一种是结合水。下面通过种子的旅程来进一步理解水的相关知识。

为什么种子在入库前要晒干？

要使干种子再度发芽该怎么做？

怎么把干种子中的结合水蒸出来？

失去全部水分的种子是否能萌发？

可见,自由水有利于_____,结合水有利于_____。

活动二:认识无机盐与生命活动密切相关（达成学习目标 2,对应评价任务 4）

观察课本 P25 图 2-1,我们可以了解到无机盐在生物体内的含量少。既然这样,如果人体的饮食缺铁或植物缺镁,你觉得是否影响不大？ 请根据课本 P44 图 2-23 和课前查找的资料发表观点,归纳无机盐对生物体的作用。

1. 下面罗列了几句广告词,大家一起来分析背后的生物学知识,分享你课前查到的相关无机盐的作用。

广告一:健康体魄,来源于"碘碘"滴滴!

广告二:高钙片,一片顶两片!

广告三:喝了葡萄糖酸锌口服液,孩子爱吃饭了,成绩也上去了!

除此以外,你还知道哪些无机盐以及它们的作用？

2. 每日膳食你是如何为自己补充人体所需的无机盐的？ 对无机盐的摄取量要怎样把握？

课后检测

一、生命的物质基础

2022 年 9 月 21 日,在泸定发生地震 17 天后,地震中逆行救下几百人,失联 17 天的达州英雄甘宇找到了。

1. 甘宇被困在山中的十七天里,基本靠喝山泉水、吃野果熬下来。水在人体细胞中存在形式有自由水和_____两种,山泉水属于_____。自由水作为良好溶剂,原因是_____。结合水是细胞的重要组成成分。甘宇等待营救的这 17 天里,他细胞里的结合水的来源是_____。

2. 找到甘宇后医护人员立马给他输送水和营养液,因为人体所需的营养物质主要是水、无机盐、维生素、糖类、脂质和蛋白质。这些营养物质在人体细胞中有着重要的作用。医护人员给甘宇运送的牛奶、奶粉中都添加钙、铁等元素。给他补充铁可有效预防_____的发生,补充钙是防止血钙含量过低,出现_____现象。

3. 某生物小组想要验证"钙离子的含量太低会出现肌肉抽搐现象"这一论题,采用了小白鼠进行实验,请完善以下实验步骤:

(1) 选择_____健康小鼠若干只,随机均分成甲、乙两组。

(2) 甲组小鼠饲喂适量含钙的饲料,乙组小鼠_____。

(3) 将甲、乙两组小鼠放在相同且适宜的环境中饲养一段时间,并随时观察其生理状况。

(4) 预期实验现象:_____。

实验结论:_____。

二、生命之源——水

生物有各种各样的过冬方法。在冬季来临时,随着气温的逐渐降低,植物体内发生了一系列适应低温的生理生化变化,抗寒能力逐渐增强。如图 2-5-2 为冬小麦在不同时期含水量变化关系图。请据图回答下列问题:

1. 冬小麦的含水量从 9 月至 12 月处于下降趋势,请解释原因。

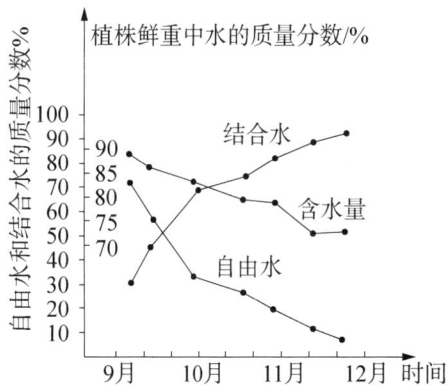

图 2-5-2

2. 农业上种子晒干便于储藏,理由是什么?

科学家研究冬小麦的种子萌发过程,通过一定的生化方法测定种子萌发过程中胚的鲜重变化,得到了如图 2-5-3 所示的曲线数据。

3. 通过不休眠的种子与休眠的种子胚的鲜重比较,得出结合水与自由水比值低的是____

_____种子;将一粒冬小麦种子点燃,待它烧尽时可见到灰白色的灰烬,灰烬就是_____。

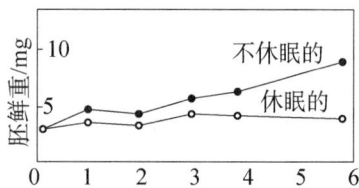

图 2-5-3

三、太空样品的秘密

嫦娥五号顺利从月球带回 1731 克月壤。科学家证明嫦娥五号月壤样品含有微量的水,这些水必须要在高温加热条件下才能提取到,折算后每吨月壤中至少含有 170 克的水(不到地球沙漠含水量的 $\frac{1}{10}$)。

1. 根据材料推测月壤中的水以_____(填"自由水"或"结合水")的形式存在。

2. (多选,填序号)科学家在探索外星生命的过程中,首要目标之一是寻找水,根据已有知识回答,水在生命活动中的作用有 ( )

①维持蛋白质等分子的结构和活性;②水直接作为反应物参与某些细胞代谢;③由于水的比热容大,使得其具有调节温度的作用;④水是极性分子,可作为良好的溶剂,是生物体内物质运输的主要介质。

2022 年 5 月 12 日,某研究团队发表了美国科学家用阿波罗登月任务中收集的月壤进行模式植物拟南芥栽培的研究。由于仅获得三个不同的月壤样本各 4 克,研究团队在 48 孔板上进行栽培,共 4 块板进行平行重复,其中一块板的结果如图 2-5-4 所示。

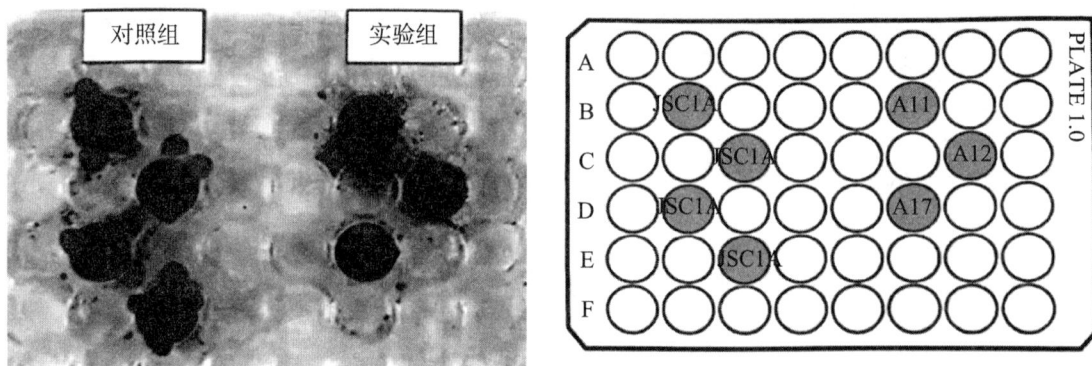

图 2-5-4

注:JSC1A 为地球火山灰对照,A11、A12、A17 分别为阿波罗 11 号、12 号、17 号月壤样品。

3. 科学家用月壤并辅助以充分的培养条件成功栽培出了植物,下列与之相关的描述不正确的是 ( )

A. 培养之前的假设是:在充分的培养条件下可以用月壤栽培出植物

B. 充分的培养条件包括充足的水分、光照和温度等

C. 选择火山灰而不是土壤作为对照,因为火山灰的成分和结构与月壤更加接近

D. 栽培出的植物体干重的增加量等于月壤干重的减少量

4. (多选)实验过程中,需要控制相同的无关变量有 ( )

A. 每个小孔中火山灰和月壤的用量

B. 每个小孔中补充水分的量

C. 每个小孔中植物的数量

D. 植物叶片的大小和数量

研究发现,与地球火山灰中相比,拟南芥植株在月壤样本中的生长速度有差异,并表现出更多应激反应,如表 2-5-3 所示。

表 2-5-3　月壤和火山灰成分差异、年龄及栽培结果比较

	阿波罗 11	阿波罗 12	阿波罗 17	火山灰对照
钛氧化物(质量%)	7.8	3.6	5.09	1.48
铁氧化物(质量%)	15.8	15.4	12.4	9.81
月壤年龄	最长	其次	最短	—
最大植株叶冠长度/mm	6.911	12.854	14.884	21.470
与对照表达显著差异基因个数[①]	465	265	113	—

注:[①]与对照基因表达共同具有显著差异的基因有 42 个,主要是盐分、金属等应激基因。

5. (多选)结合图 2-5-4 和表 2-5-3 中数据,下列分析合理的是　　　　(　　)

A. 在充分的培养条件下,植物能够在月壤中生长,但没有在火山灰中生长得好

B. 植物在不同月壤中的生长状态不同,与月壤年龄可能有一定关系

C. 植物在月壤中生长越好,与火山灰中基因表达差异越大

D. 植物在月壤中生长受到的主要威胁可能来自过多的盐分

科学家针对植物的应激反应开展了相关研究。在盐胁迫环境下,拟南芥细胞质中积累的 Na^+ 会抑制胞质酶的活性,植物根部细胞通过多种"策略"降低细胞质中 Na^+ 浓度,从而降低盐胁迫的损害,部分生理过程如图 2-5-5 所示。

6. 据图 2-5-5 分析,盐胁迫条件下,植物根部细胞降低 Na^+ 毒害的"策略"有_____

_____。

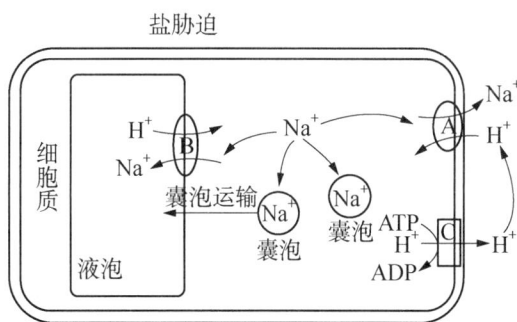

图 2-5-5

四、碘与健康

碘是人体必需的元素。如果人体摄入的碘元素无法满足身体的需要,就可能导致甲状腺肿大、智力迟钝、发育畸形等一系列问题。

资料 1:2017 年,国家卫生健康委员会组织开展了全国生活饮用水中碘含量的调查,结果如图 2-5-6。全国的水碘中位数是 3.4 μg/L,是比较低的(碘缺乏病病区水碘含量<10 μg/L)。2019 年调查显示全国 83.6% 的乡镇水碘含量低于 10.0 μg/L,属于自然环境缺碘。人

体的碘主要来自饮水和食物,如果环境中的水碘偏低,我们人体摄入的碘就不够,会造成碘缺乏病的流行。

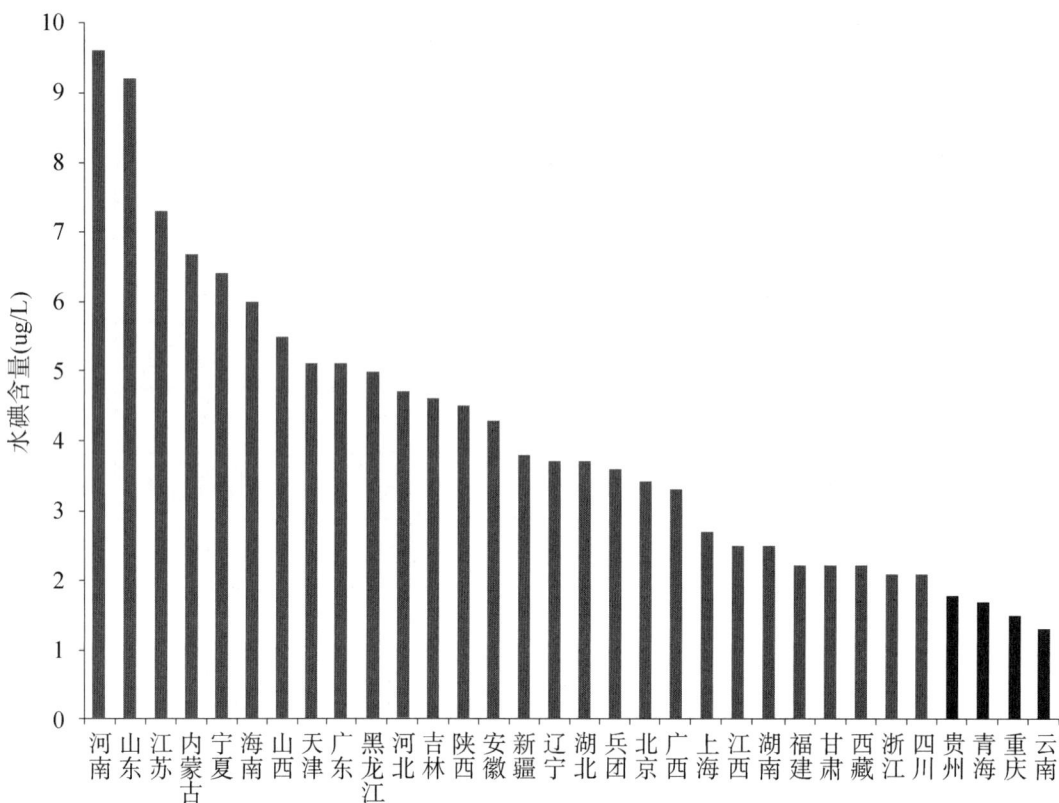

省级水碘含量(图片来源:国家卫健委疾病预防)

图 2-5-6

1. 根据上述信息,你认为现在的中国还缺碘吗? 请简述理由。

资料 2:成人的碘推荐量为 $150\,\mu g/$天,儿童为 $90\sim120\,\mu g/$天。我国大部分地区的人每天从食物中摄入的碘量为 $25\sim50\,\mu g$ 左右。

2. 为什么专家建议大多数上海居民需要继续普及加碘食盐呢?

资料 3:甲状腺功能亢进、甲状腺炎、自身免疫性甲状腺疾病等患者中的少数人,因治疗需要遵医嘱可不食用或少食用碘盐。每天从食物和饮用水中已经得到了较高剂量碘的居民,也不宜食用碘盐。

资料 4:各类食品中碘含量(中位数)如表 2-5-4。

表 2-5-4

食 物	碘含量(中位数)
紫菜	75 μg/g(24～108)
海带(鲜)	30 μg/g(17～42)
鸡蛋	30 μg/100 g
海虾	18.3 μg/100 g
贝类	65 μg/100 g
海鱼	17.7 μg/100 g(5.7～38)

3. 上海市民的补碘饮食需要注意点什么呢?

— 课后反思 —

1. 请自主梳理本节课的知识结构。(如思维导图或概念图的方式)

2. 还存在哪些疑惑或还需要解决的问题有哪些?(结合重难点和易错点)

第 2 章　学业评价

一、抗癌机理的研究

为研究冬虫夏草提取物和鬼臼类木脂素的抗癌机理,科研小组做了大量实验,结果如下表所示。研究发现 BcL-2 蛋白是一种调控细胞凋亡的蛋白。

组别	培养液中物质的相对量				细胞中 BcL - 2 蛋白相对量
	胸腺嘧啶	尿嘧啶	葡萄糖	肝腹水癌细胞数目	
a. 冬虫夏草提取物溶液	++	++	+++++	+	+
b. 鬼臼类木脂素溶液	+++++	+++++	++	+	+
c. 生理盐水	+	+	+	+++++	+++++

注:"+"的数量越多,表示物质的相对量越大。

1. 本实验设置的对照组是_____,实验组是_____。三组培养液中葡萄糖的相对量是_____(填"因变量"或"自变量")。

2. a组培养液中葡萄糖含量显著高于b、c两组,请推测最可能原因是　　　　　　　　(　　)

A. 实验初,a组培养液中加入的葡萄糖量高于b、c两组

B. 冬虫夏草提取物抑制葡萄糖进入癌细胞,导致培养液中葡萄糖含量较高

C. 冬虫夏草提取物促进癌细胞产生葡萄糖

D. 冬虫夏草提取物代替葡萄糖为癌细胞提供能量

3. 根据表中数据推测,鬼臼类木脂素可能是抑制癌细胞对_____的摄取,从而抑制_____合成达到抗癌效果。

4. a、b两组细胞中的 BcL - 2 蛋白相对量和肝腹水癌细胞数量均显著_____(填"高于"或"低于")c组,说明 BcL - 2 蛋白是一种_____(填"促进"或"抑制")细胞凋亡的蛋白。

二、蛋白质与过敏反应

六个月大的婴儿彤彤食用普通奶粉,出现过敏反应,脸部、手臂起红疹,医生检测了其过敏原,确诊为牛奶蛋白过敏。

1. 医生建议对牛奶蛋白过敏的彤彤食用深度水解奶粉。深度水解奶粉、适度水解奶粉和普通奶粉主要成分如下表所示,根据奶粉中蛋白质的水解程度,能正确表示氨基酸、多肽及蛋白质之间的关系的是　　　　　　　　(　　)

类型	深度水解奶粉	适度水解奶粉	普通奶粉
成分	二肽、三肽和少量游离氨基酸的终产物	小分子乳蛋白、多肽和氨基酸	酪蛋白、牛乳清蛋白
	碳水化合物(乳糖、麦芽糊精等)		
	脂质(植物油、脂肪)		
	维生素		

A. 氨基酸→多肽→蛋白质　　　　　　　B. 多肽→氨基酸→蛋白质

C. 氨基酸→蛋白质→多肽　　　　　　　D. 多肽→蛋白质→氨基酸

2. (多选)彤彤在服用深度水解奶粉后仍然出现过敏现象,医生推荐食用氨基酸奶粉,食用氨基酸奶粉后没有出现过敏反应。下列说法正确的有　　　　　　　　(　　)

A. 深度水解奶粉中的肽链无法被彤彤消化道水解为氨基酸

B. 氨基酸奶粉比深度水解奶粉营养价值更高

C. 氨基酸奶粉中的氨基酸可被肠道吸收

D. 人体肠道可直接吸收肽链、蛋白质等大分子物质

3. 氨基酸奶粉中富含甘氨酸、缬氨酸、半胱氨酸等氨基酸,下图是这 3 种氨基酸的结构简式,请用这 3 种氨基酸搭建出任意一种三肽。

Gly　　　　　　　Val　　　　　　　Cys

4. 尽管服用氨基酸奶粉没有出现不适,但彤彤十分抗拒苦涩的氨基酸奶粉,医生再次建议服用深度水解奶粉,逐步建立脱敏。深度水解奶粉含有部分多肽,你所搭建的三肽一定是深度水解奶粉中的成分吗? 为什么?

5. (多选)彤彤服用深度水解奶粉期间,机体将奶粉中的氨基酸、二肽、多肽合成蛋白质,体重稳步增长。机体合成的蛋白质可用于哪些生命活动　　　　　　　　　　　　　　(　　　)

A. 蛋白质可作为酶起催化作用

B. 可以作为结构,构成头发、指甲、细胞膜成分

C. 可合成为激素,调节生命活动

D. 可合成为抗体参与免疫作用

6. 普通奶粉的冲泡有严格的温度限制,一般要求为 45～50 ℃,请说明奶粉冲泡限制温度的原因。

三、美食与健康

北京烤鸭肉质鲜美,肥嫩多汁,其用料为优质肉食鸭——北京填鸭。饲养北京填鸭的饲料主要配料有:玉米、豆粕、棉粕、菜粕、麸皮、石粉、食盐、磷、钙等。

1. 北京填鸭的饲料中可能含有的糖类物质有_____,北京填鸭细胞内可能含有的糖类物质有_____。(填字母)

a. 葡萄糖、b. 麦芽糖、c. 淀粉、d. 蔗糖、e. 果糖、f. 纤维素、g. 核糖、h. 脱氧核糖、i. 糖原。

2. 结合糖类的功能,解释上题中饲料和填鸭细胞中糖类类型的差异。

3. 北京烤鸭之所以肉质鲜美、肥嫩多汁,在于其用料北京填鸭皮下含有丰富的脂质是_____,该脂质分布在鸭皮下的主要功能是_____。该脂质在鸭肉和鸭内脏周围都有所分布,其主要功能分别是_____
_____。

4. 北京烤鸭的经典食用方法是取一张用小麦粉制作的荷叶饼,用筷子挑一点甜面酱,抹在荷叶饼上,夹几片烤鸭片盖在上面,放上几根葱条、黄瓜条或萝卜条,将荷叶饼卷起食用。一张鸭肉卷饼中含有的多糖有_____,含有的脂质有_____。小王很喜欢烤鸭的这种吃法,因此经常食用。请根据所学知识对小王的饮食进行评价。

5. 为了身体健康,小王打算改变自己的饮食习惯,拒绝胆固醇的摄入,但有人反对他的做法,这位反对者可以从以下哪些信息中找到支持,请在对应的表述后打√。
① 胆固醇是合成维生素 D 和性激素的原料。
② 胆固醇、植物固醇和酵母固醇共同构成了固醇类物质。
③ 胆固醇存在于动物体内,是动物细胞质膜的重要结构成分。
④ 人体内胆固醇的合成和转化场所主要在肝细胞。
⑤ 胆固醇是脂溶性物质,其元素组成有 C、H、O。

四、长寿村的秘密

近日,一期名为《解开巴马人的百岁之谜》的节目在全网爆火。节目里宣称:"巴马人长寿的秘密主要是当地的饮用水和农产品,其中巴马水系发达,富含大量的矿物质(钙、镁等)和微量元素(硒、锌等)。巴马农产品由于吸收了水中大量的矿物质,营养丰富,天然无污染。长期饮用巴马水和食用当地农产品可以消除很多疾病,延年益寿。"

1. 巴马盛产的"珍珠黄玉米"畅销全国各地。下表为组成巴马玉米细胞、人体细胞、地壳的部分元素及其占细胞干重的百分比(质量分数/%)。在生物细胞中含量较多的四种元素是_____。据表解释"生物细胞内与自然环境中分布的元素具有统一性和差异性"的观点:_____
_____

元　　素	玉米细胞	人体细胞	地　　壳
C	43.57	55.99	0.087
H	6.24	7.46	0.76
O	44.43	14.62	48.6
N	1.46	9.33	0.03
K	0.92	1.09	2.47
Ca	0.23	4.67	3.45
P	0.20	3.11	极少
Mg	0.18	0.16	2.00
S	0.17	0.78	极少
Si	极少	极少	26.30

2. 不同的玉米品种均有各自的生长特点。巴马玉米和普通玉米品种出现差异的根本原因包括＿＿＿＿＿＿＿（填序号）的不同。

①化学元素、②脱氧核苷酸数量、③脱氧核苷酸种类、④脱氧核苷酸排列顺序、⑤脱氧核苷酸链数量、⑥DNA分子长链上的脱氧核糖与磷酸的交替排列顺序。

3. 巴马溶洞中矿物质极易溶于山泉水,说明水和无机盐具有极性特点,也体现了（　　　）

A. 水是生物体内含量最多的物质　　　B. 水是细胞结构构成的主要成分

C. 许多生化反应必须在水中进行　　　D. 水能维持细胞温度的相对稳定

4. 玉米保存或运输前一定要晒干,这个过程中玉米细胞内自由水和结合水的比值通常会 （　　　）

A. 升高　　　　　　　　　　　　　　B. 下降

C. 无变化　　　　　　　　　　　　　D. 没有规律

5. (多选)巴马农产品由于吸收了水中大量的矿物质,营养丰富。这些矿物质在人体中的主要的功能是 （　　　）

A. 是细胞中能源物质之一　　　　　　B. 是某些重要复杂化合物的成分

C. 能维持生物体的生命活动　　　　　D. 能维持细胞的形态和功能

6. 商家宣传:"长期饮用巴马水和食用当地农产品可以消除很多疾病,延年益寿。"长寿的秘密真的如此吗？请查阅资料,说说你的看法和理由。

五、探索外星生物物质组成

电影《星际迷航》中,未来人类实现了星际旅行。科学考察团在某颗蓝色星球发现了大量生物的存在,并将一种广泛分布的生物命名为 Favinit plant,在显微镜下发现其拥有细胞结构,光谱与质谱分析显示碳元素占其细胞干重的 40％以上。科考小组想进一步探究该星球生物的物质组成与含量,现场采集了各物种样本及其种子。

1. 为探究 Favinit plant 种子中是否含有淀粉、还原糖、脂肪和蛋白质等有机物,科考小组准备了 Favinit plant 未发芽种子及其匀浆(白色),以及实验所需的材料与器具。

实验方案:准备 8 支试管,编号为①～⑧。在①～④试管中分别加入 2 mL 的种子匀浆,⑤～⑧试管中加入等量蒸馏水,如下表所示。

所用试管	鉴定分子	鉴定试剂	操作要点	显色结果
①⑤	淀粉	碘液	摇匀	① <u>蓝色</u> ⑤ <u>棕黄色</u>
②⑥	还原糖	_____	_____	② <u>黄红色沉淀</u> ⑥ _____
③⑦	脂肪	_____	_____	③ <u>猩红色</u> ⑦ _____
④⑧	蛋白质	_____	_____	④ <u>紫色</u> ⑧ _____

请为各生物分子的鉴定完善以上实验方案,包括选择合适的试剂,操作方法以及部分预期显色结果。(表格横线处填写以下项目代码,可重复选择)

A. 苏丹Ⅳ染液、B. 班氏试剂、C. 碘液、D. 双缩脲试剂、E. 摇匀或振荡、F. 加热、G. 红色、H. 黄红色沉淀、I. 紫色、J. 蓝色、K. 棕黄色、L. 猩红色。

2. 上题实验方案中⑤～⑧试管的作用是_____。若实验结果如表中所示,则说明 Favinit plant 种子中至少含有_____。

3. 若科考员甲把种子做成切片,用苏丹Ⅳ染液染色并做相应处理,则在显微镜下观察到部分细胞内有明显被染成红色的区域,因此他判定 Favinit plant 种子中含有脂肪。你是否认同他的观点? 若不认同,请说明理由;若认同,请说明两个实验结果不同的可能原因。

4. 为了检测 Favinit plant 种子发芽过程中的淀粉含量变化,将不同发芽阶段的种子纵切,滴加碘液进行观察。结果显示,胚乳呈蓝色块状,且随着发芽时间的延长,蓝色块状物变小。请分析实验结果并得出结论。

5. 为定量检测 Favinit plant 种子发芽过程中蛋白质(肽类)的含量变化,将不同发芽阶段的种子匀浆稀释至合适浓度,记录稀释倍数(N)。取适量稀释液至试管,分别加入相应检测试剂,摇匀并静置 20 min,测定吸光度。

(1) 该实验需要的器具除了试管外,还应选用_____(填序号)。

① 培养皿　② 移液器(定量吸取溶液)　③ 分光光度计　④ 酒精灯　⑤ 显微镜

(2) 本实验空白对照组的试管内应加入适量的_____(填字母),混合后取适量溶液到比色皿中,用于对分光光度计调零。

A. 种子匀浆＋蒸馏水　　　　　　　B. 双缩脲试剂

C. 种子匀浆＋双缩脲试剂　　　　　D. 双缩脲试剂＋蒸馏水

6. 下图是甲、乙两位科考团成员分别绘制的蛋白质含量与吸光度关系的标准曲线,若将某一发芽阶段的种子匀浆稀释了 10 倍后,测得其吸光度值为 0.5,则应根据标准曲线_____(填"甲"或"乙")计算样品中的蛋白质含量,此发芽阶段原始种子匀浆中蛋白质的浓度为_____。

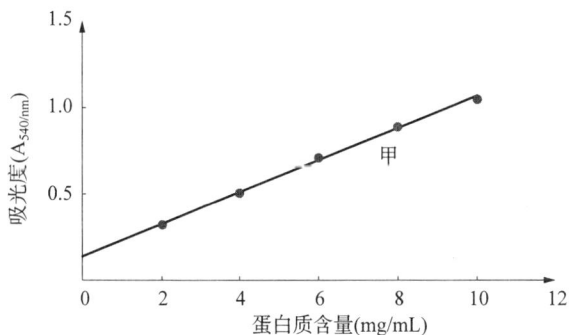

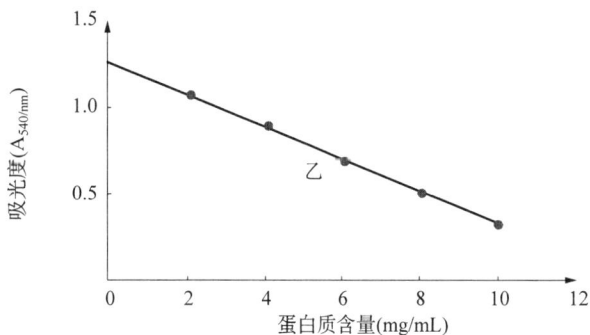

第 3 章 细胞的结构

第1课　细胞由质膜包裹

内容出处

普通高中教科书必修1第3章第1节。

课标要求

1. 内容要求：(1) 细胞各部分结构既分工又合作,共同执行细胞的各项生命活动。(2) 概述细胞都是由质膜包裹,质膜将细胞与其生活环境分开,能控制物质进出,并参与细胞间的信息交流。

2. 学业要求：建构并使用细胞质膜模型,阐明细胞质膜的结构与其功能的关系,形成结构和功能观。

学习目标

1. 阅读细胞质膜科学探究历程的资料,认同科学理论的形成是一个科学精神、科学思维和技术手段结合下不断修正与完善的过程。

2. 阅读课本中的图文,认识质膜的流动镶嵌模型,分析和理解质膜的结构特点。

3. 制作细胞质膜结构模型,提高模型与建模的科学思维。

4. 阅读分析神经细胞、内分泌细胞(胰岛 β 细胞)和白细胞等信息传递的具体实例,概述细胞质膜的主要功能,归纳质膜的结构与其功能的关系,形成结构和功能相统一的生命观念。

评价任务

表 3-1-1

评 价 内 容	等第(在对应的等第内打√)			
	优秀	良好	合格	不合格
1. 阅读细胞质膜的科学探究历程资料,认同科学理论的形成是一个科学精神、科学思维和技术手段结合下不断修正与完善的过程				
2. 阅读资料,认识质膜的流动镶嵌模型,制作出细胞质膜结构模型				
3. 总结质膜的成分和结构				
4. 通过分析具体实例,概述细胞质膜的主要功能,归纳质膜的结构与其功能的关系				
5. 课后检测的完成情况				

学习过程

—— 学习建议 ——

1. 本学习内容的地位和作用

本节课内容是必修1第3章"细胞的结构"第1节,包括细胞质膜主要由磷脂和蛋白质组成、质膜参与细胞的物质交换和信息交流两部分。通过本节课的学习,了解质膜的分子组成,认识质膜的结构特点,概述质膜的主要功能,既承接第1章第3课"细胞是生物体结构的基本单位"和第2章"细胞的分子组成",又为下一章"细胞通过质膜与外界进行物质交换"的学习奠定基础。

2. 学习路径

如图 3-1-1。

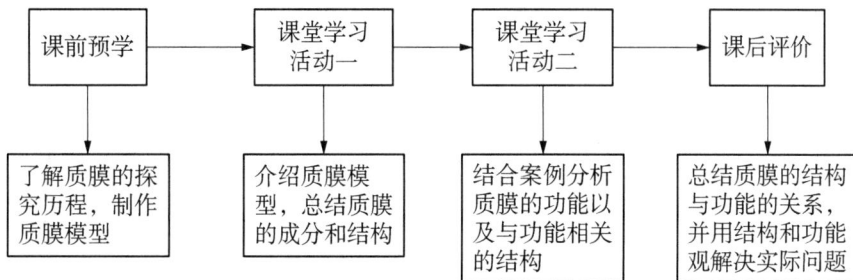

图 3-1-1

3. 学习重点和难点

本节课的重难点是在了解细胞质膜的分子组成的基础上,从结构与功能相适应的角度认识细胞质膜的结构特点和主要功能,归纳出质膜的结构与其功能的关系。在学习中可采用以下方法突破重难点:结合质膜的探究历程资料,采用归纳与概括等方法,分析实验结果得出结论。通过制作和介绍细胞质膜的结构模型,采用演绎与推理的方法,理解细胞质膜是以磷脂双分子层为骨架组成。通过阅读实例,采用合作讨论的方法,掌握细胞质膜的主要功能以及结构与功能的关联性。你可通过完成课堂学习的思考题和课后检测来了解对本节课的学习情况。

4. 评价标准

完成课前预学任务一,能初步得出磷脂和蛋白质是细胞质膜的主要成分,且细胞质膜具有流动性。

完成课前预学任务二,能说出磷脂双分子层是细胞质膜的基本骨架,蛋白质穿插或贯穿在磷脂双分子层中,并且它们都具有流动性;能正确制作出细胞质膜的结构模型。

完成课堂学习活动一,能从分子组成和结构角度介绍质膜模型。

完成课堂学习活动二,能概述细胞质膜的主要功能,能说出糖蛋白、糖脂在细胞质膜信息交流中具有细胞识别的功能。

—— 课 前 预 学 ——

(时间:15分钟)

任务一:阅读以下资料,思考并回答问题(达成学习目标1,对应评价任务1)

资料1:1895年,欧文顿用500多种物质对植物细胞进行上万次的通透性实验发现:细胞质膜对不同物质的通透性是不一样的,凡是溶于脂质的物质比不溶于脂质的物质更容易通过细胞质膜。

资料2:1925年,荷兰科学家戈特和格伦德尔分离纯化了红细胞,从一定数量的红细胞中抽提脂类,在空气—水界面上铺展成单分子层,发现提取的脂类铺展后所测的面积与实际测量的红细胞的表面积之比约为2。

资料3:1935年,英国学者丹尼利和戴维森研究了质膜的张力,他们发现质膜的表面张力明显小于油—水界面的表面张力。已知油脂表面若附着有蛋白质,则表面张力会降低。

资料4:1959年,罗伯特用电子显微镜看到细胞质膜清晰的暗—亮—暗三层结构,而且用电子光束照射被检测样品,因蛋白质电子密度高,故显暗带,磷脂分子电子密度低,呈亮带。由此,罗伯特提出质膜的"单位膜"模型,把质膜描述为静态的统一结构。

资料5:1970年,科学家用红、绿两种荧光抗体分别标记人和鼠细胞的膜蛋白后,再让两种细胞融合,如图3-1-2。刚融合的细胞一半发红色荧光、另一半发绿色荧光。放置1小时

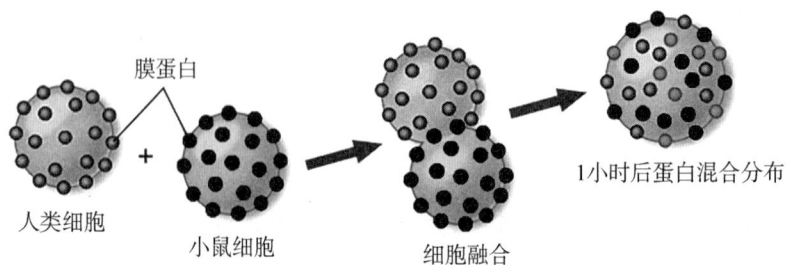

图 3-1-2

后,发现两种荧光抗体均匀分布。

1. 根据资料 1 和 3,得出细胞质膜的主要成分是什么?

2. 根据磷脂分子的结构特点完成以下活动。

(1) 在空气—水界面上画出磷脂分子的排列方式。

(2) 在质膜上画出磷脂分子的排列方式。

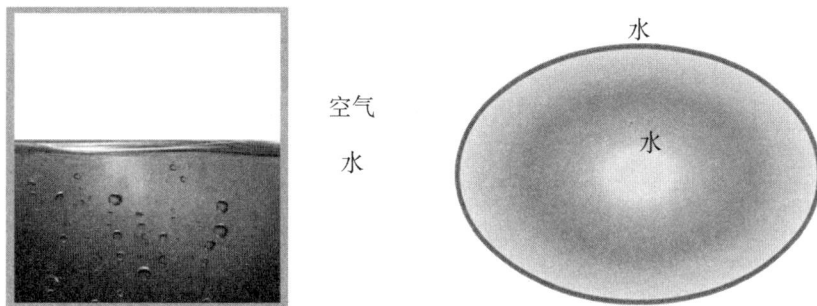

图 3-1-3

3. 根据资料 2,推测细胞质膜中磷脂的排列方式,这种排列方式与你在上题中画出的排列方式相同吗?

4. 根据资料 4 思考,细胞质膜若为静态模型,能否完成细胞的各项正常生命活动?请举例说明。

5. 根据资料 5,融合细胞表面的两类荧光抗体最终能均匀分布的原因是什么?该实验能说明细胞质膜的结构特点是什么?

任务二:阅读课本 P51～P52 内容(达成学习目标 2、3,对应评价任务 2)

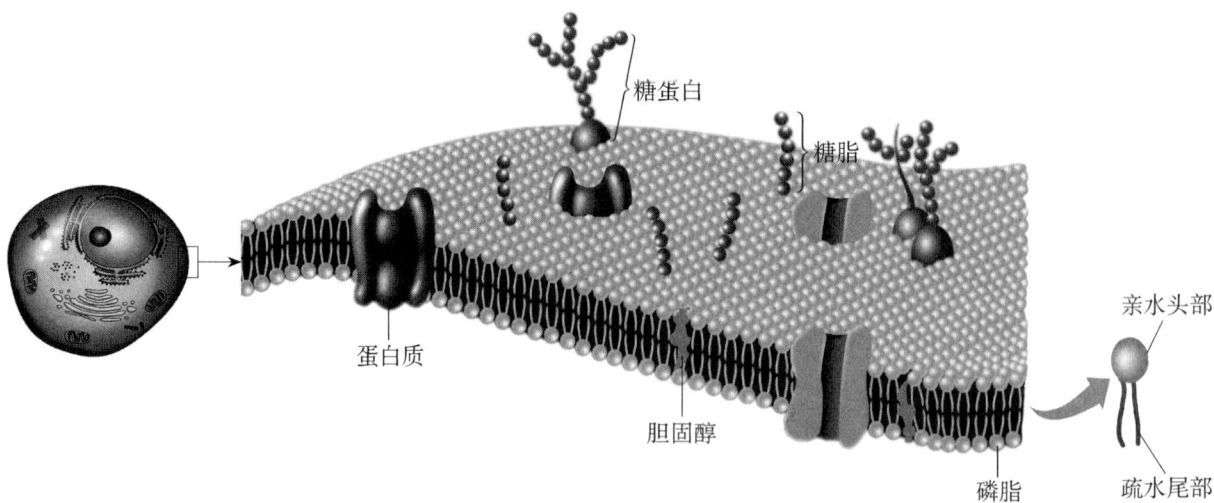

图 3-1-4　细胞质膜结构模型

1. 观察图 3-1-4,思考质膜的基本骨架是什么?

2. 由图可知,细胞质膜的结构成分中蛋白质如何排列?

3. 由图可知,质膜中除了磷脂和蛋白质外还有哪些成分? 它们在质膜中如何分布?

4. 根据以上信息,在图 3-1-3 中,将细胞质膜结构补充完整。(关注磷脂、蛋白质、多糖、胆固醇如何排列)

5. 根据你所学习的质膜的分子组成和结构,小组合作,用轻黏土等材料制作细胞质膜的模型。

———— 课堂学习 ————

活动一:细胞质膜模型介绍(达成学习目标 3,对应评价任务 3)

小组代表从质膜的成分和结构角度介绍质膜模型,说明这样搭建模型的理由。

活动二:细胞质膜的结构与功能(达成学习目标4,对应评价任务4)

(一)阅读课本 P51～P53 文字内容和资料1和2,回答下列问题。

资料1:正常情况下谷丙转氨酶(ALT)存在于人体肝细胞中,而血清中含量极少。当肝细胞质膜受损时,ALT 会流出细胞而进入血液。因此,血清中 ALT 量的变化可作为临床上诊断肝功能的指标之一。

资料2:鉴别动物细胞是否死亡常用台盼蓝染液。用它染色时,死细胞会被染成蓝色,而活细胞不会着色(如图3-1-5)。

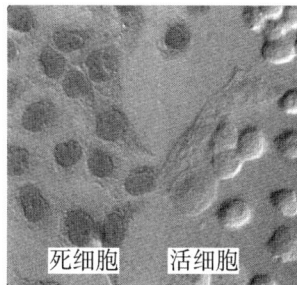

死细胞　　活细胞

用台盼蓝染液染色后的死细胞和活细胞(放大200倍)

图3-1-5

1. 质膜的基本骨架是磷脂双分子层,磷脂在质膜中的排列方式有什么意义?

2. 据资料1推测细胞质膜作为细胞边界,应该具有什么功能? 该功能与质膜的什么结构有关?

3. 据资料2推测细胞质膜作为细胞边界,应该具有什么功能? 该功能与质膜的什么结构有关?

(二)阅读课本 P53 文字内容和下面资料3和4。

资料3:生物体内的细胞并不是孤立存在的,就像人与人之间要进行信息交流一样,细胞之间也需要通过信息交流才能相互协调,共同完成生理活动。如图3-1-6,神经细胞通过分泌神经递质作用于靶细胞,内分泌细胞则通过分泌激素作用于靶细胞。

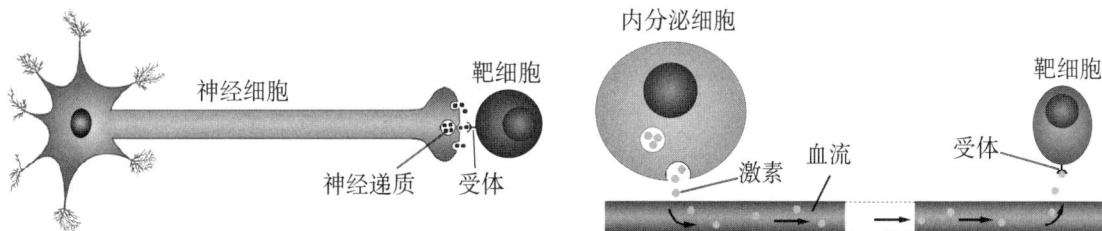

细胞间信号分子传递示意图

图3-1-6

4. 资料3中体现了质膜的什么功能?

5. 据图 3－1－6 分析,神经细胞作用于靶细胞和内分泌细胞作用于靶细胞有什么共同点?

6. 结合细胞质膜的成分,推测图 3－1－6 中受体的成分是什么?

资料 4:胰岛 β 细胞分泌的胰岛素通过血液循环到达肝细胞,被肝细胞质膜上的胰岛素受体识别,可促进肝细胞吸收葡萄糖,从而降低血糖浓度。如图 3－1－7,如果胰岛素受体结构发生改变,不能识别胰岛素,影响肝细胞对葡萄糖的吸收,会导致血糖控制失调,可能会引发 Ⅱ 型糖尿病。

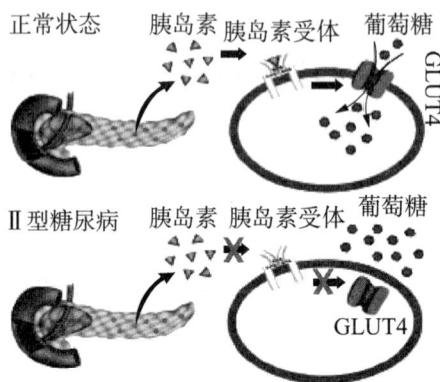

图 3－1－7

7. 胰岛素能作用于肝细胞依赖于细胞质膜的什么结构?

8. 据图 3－1－7 可知,引发 Ⅱ 型糖尿病的具体原因是什么?

(三) 阅读课本 P54 文字内容和资料 5,回答下列问题。

资料 5:在炎症反应过程中,嗜中性粒细胞(一种白细胞)能在炎症部位的聚集是因为感染处的血管内皮细胞在质膜表面形成特殊的蛋白质(称为凝集素),可被白细胞表面的某种成分特异性识别,引起白细胞在此处聚集并穿过血管壁进入感染组织,从而杀灭细菌。

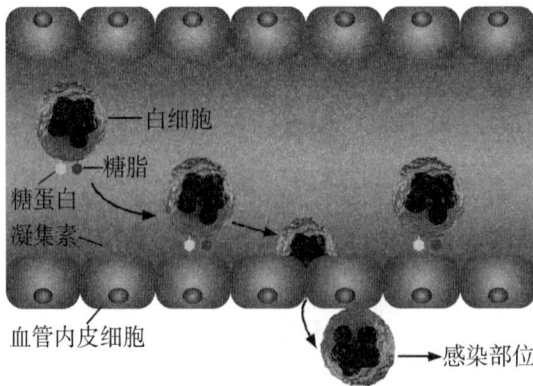

白细胞识别并进入感染组织示意图

图 3－1－8

9. 据图 3-1-8 分析,白细胞识别并进入感染组织与白细胞质膜表面的什么成分有关?该成分在质膜上如何分布?为何这样分布?

10. 不同种类的细胞质膜表面的糖蛋白和糖脂种类是否都相同?

课后检测

一、药物靶向定位

随着科技的发展,人们对药物治疗疾病的效果要求日益提高,如何实现药物在体内靶向定位是现代医学的研究热点之一。

1. 现有疏水性药物 A 和亲水性药物 B,需要利用运载体将其运送到特定的细胞发挥作用。请根据本节课所学内容,利用磷脂分子设计画出能同时运载药物 A 和 B 的运载体,并标注出药物 A 和 B 的位置,说明你的设计理由。

2. 以上由磷脂分子构成的脂质体,还不能特异性地识别靶细胞,从而将药物 A 和 B 运送到靶细胞。请你在脂质体的基础上加以修饰,使其具备特异性地识别靶细胞的能力,并说明你的设计理由。

2. 经修饰后的脂质体结构类似细胞质膜,可特异性识别靶细胞,从而将药物 A 和 B 运送到靶细胞,请推测药物 A 和 B 进入靶细胞依赖于细胞质膜的什么结构特点?请再列举 2 个体现质膜该特点的实例。

二、红细胞影

哺乳动物成熟的红细胞没有细胞核和具膜的细胞器,是研究质膜结构和功能的常用材料。当成熟的红细胞破裂时,仍然保持原有的基本形状和大小,这种结构称为红细胞影,其部分结构如图3-1-9所示。研究人员用不同的试剂分别处理红细胞影,结果如表3-1-2("+"表示有,"-"表示无)。

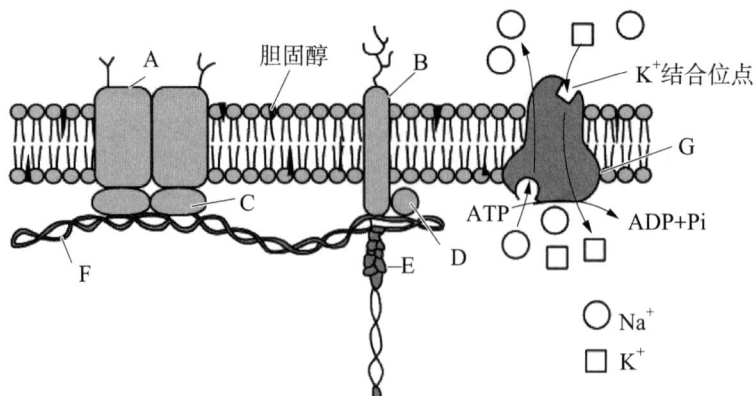

红细胞影部分结构

图3-1-9

表3-1-2 不同的试剂分别处理红细胞影后的结果

实验处理	蛋白质种类						处理后红细胞影的形状
	A	B	C	D	E	F	
试剂甲处理后	+	+	+	+	-	-	变得不规则
试剂乙处理后	-	-	+	+	+	+	还能保持

1. 观察图3-1-9,构成红细胞膜的基本支架是_____,除此之外,构成细胞质膜的成分还有_____。

2. 由表3-1-2的结果推测,对维持红细胞影的形状起重要作用的蛋白质是_____。(填字母)

3. 结合图3-1-9和表3-1-2中信息,举例说明细胞质膜的功能。

4. 研究发现,在一定温度条件下,细胞质膜中的磷脂分子均垂直排列于膜表面,当温度上升到一定程度时,细胞膜的磷脂分子有75%排列不整齐,细胞膜厚度变小,而膜的表面积扩大,膜对离子和分子的通透性提高。请对上述实验现象作出合理的解释。

三、人类的嗅觉

一种嗅觉受体细胞只拥有一种类型的气味受体。气味受体有多少,就有多少类型的嗅觉受体细胞。每一种受体能探测到有限数量的气味物质。当气味物质分子流动到我们的鼻端黏膜处的嗅觉受体细胞时,气味物质分子可以黏附在细胞膜上的特殊气味受体上;人体基因的 3‰被用来编码嗅觉受体细胞质膜上的不同气味受体。图 3-1-10 为嗅觉受体细胞质膜模式图(局部)。请据图回答下列问题：

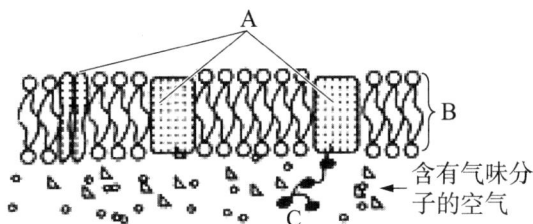

图 3-1-10

1. 下列关于嗅觉受体细胞质膜的叙述,不正确的是　　　　　　　　　　　(　　)

A. 图中 B 表示磷脂　　　　　　　　　　B. 图中 A 表示蛋白质

C. C 分布在质膜内外两侧　　　　　　　D. A、B 是质膜的主要成分

2. 气味物质分子首先要与图中[　　]_____结合,才有产生嗅觉的可能。人体细胞有多种类型的气味受体的原因是什么?

3. 某些有机溶剂如苯酚,会使嗅觉分辨能力下降,请说明原因。

4. 请查阅资料,是否所有信号分子的受体都在细胞质膜上? 试举例说明。

—— 课后反思 ——

1. 请自主梳理本节课的知识结构。(如思维导图或概念图的方式)

2. 你还存在哪些疑惑或还需要解决的问题有哪些?(结合重难点和易错点)

第 2 课　　细胞各部分结构既分工又合作(上)

内容出处

普通高中教科书必修 1 第 3 章第 2 节。

课标要求

1. 内容要求:(1)细胞各部分结构既分工又合作,共同执行细胞的各项生命活动。(2)阐明遗传信息主要储存在细胞核中。(3)举例说明细胞各部分结构之间相互联系、协调一致,共同执行细胞的各项生命活动。

2. 学业要求:能初步以结构与功能观、物质与能量观等观念,说出生物体组成结构和功能之间的关系。

学习目标

1. 结合电镜照片,认识动物细胞和植物细胞亚显微结构,比较动物细胞和植物细胞亚显微结构的异同。

2. 观看视频或图片、阅读资料等,能举例说出细胞器的结构与功能,初步形成结构和功能观。

3. 归纳细胞器结构和功能研究的方法,体验科学探究的一般过程,学习科学家锲而不舍、孜孜以求的精神。

评价任务

表 3 - 2 - 1

评价内容	等第(在对应的等第内打√)			
	优秀	良好	合格	不合格
1. 比较动物细胞和植物细胞亚显微结构的异同				
2. 能举例说出细胞器的结构与功能,初步形成结构和功能观				
3. 归纳细胞器结构和功能研究的方法				
4. 课后检测和课后反思的完成情况				

学习过程

— 学习建议 —

1. 本学习内容的地位和作用

本节课学生主要学习动植物细胞亚显微结构及其所含细胞器的异同、各种细胞器的结构和功能、细胞器之间的分工、细胞器之间的协调配合、细胞骨架、细胞核等内容。本节课从系统的角度让学生认识细胞、主要细胞器,挖掘细胞各个组分间结构和功能的密切联系,是第 3 章的重点内容,也为后面学生学习光合作用、呼吸作用、蛋白质的合成、动物细胞的有丝分裂等内容奠定细胞学基础,因此是整个教材中的重点内容之一。

2. 学习路径

如图 3 - 2 - 1。

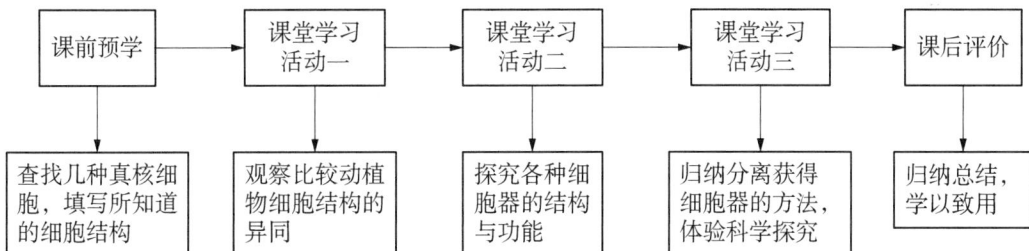

图 3 - 2 - 1

3. 学习重点和难点

本节课内容的学习重点是观察动植物细胞的亚显微结构,能够阐述各细胞结构和功能。难点是在独立建构细胞的结构和功能知识框架,归纳比较细胞结构和功能,树立结构与功能观。学生可以通过自主学习和小组合作,采用阅读、观察、分析和思考等方式,学习各种细胞器的结构和功能;也可以通过分组合作建构模型及角色扮演,进一步理解各种细胞器的结构与功能。阅读科学家的细胞结构分离实验,感悟科研方法及科学家锲而不舍的钻研精神,提高社会责任。

4. 评价标准

完成课前预学,举例辨析动植物细胞的结构和功能。

完成课堂学习活动一,比较动植物亚显微结构模型,识别细胞器的特征,辨析细胞器在不同细胞中的分布情况。

完成课堂学习活动二,分析资料,归纳不同细胞器的结构与功能。

完成课堂学习活动三,归纳分离获得细胞器的方法,体验科学探究的一般过程。

————— 课前预学 —————

(时间:15 分钟)

1. 通过回忆、归纳,整理出自己所知道的动植物细胞的独特结构及其功能。

2. 查找并比较几种真核细胞的结构和功能,如小肠上皮细胞、肝细胞、植物叶肉细胞、植物根尖分生区细胞等,初步了解动植物细胞的异同点,为形成结构与功能观奠定基础。

—— 课堂学习 ——

活动一:观察图 3 - 2 - 2,比较动植物细胞结构,并与同学交流(达成学习目标 1,对应评价任务 1)

动植物细胞亚显微结构模式图(左:动物细胞,右:植物细胞)

图 3 - 2 - 2

1. 动植物细胞具有哪些相同的结构? 有哪些相同的细胞器? 哪些细胞器是动物细胞独有的,哪些细胞器是植物细胞独有的? 根据你的结论填写在图 3 - 2 - 3 中空白处。

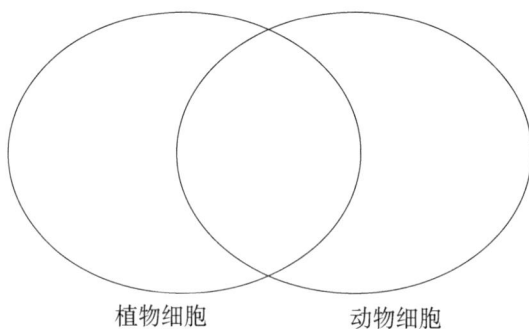

植物细胞　　　　动物细胞

图 3 - 2 - 3

2. 植物细胞独有的细胞器在所有植物细胞中都存在吗? 从细胞结构与功能相统一的角度举例说明。

活动二:探究各种细胞器的结构与功能(达成学习目标 2,对应评价任务 2、4)

观看视频"细胞与细胞器",然后阅读课本内容,并结合资料完成下列问题。

资料 1:同种生物不同细胞,线粒体数目不同。

表 3 - 2 - 2

细胞类型	肾皮质细胞	平滑肌细胞	心肌细胞	肝细胞	动物冬眠状态下的肝细胞
线粒体数目	400 个	260 个	12 500 个	950 个	1 350 个

资料2:同种细胞在不同的生理状态下,线粒体数目不同。有研究表明,马拉松运动员腿部肌肉细胞中线粒体数目比一般人多出一倍以上;甲亢病人肝细胞中线粒体数目会显著增多;代谢衰退的细胞中线粒体数目较少。

(一) 结合资料1、2,观察图3-2-4,回答下列问题:

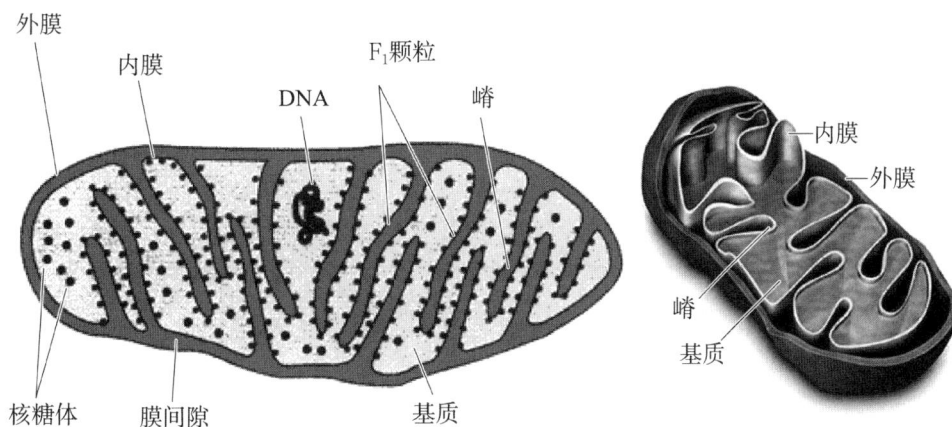

线粒体亚显微结构模式图

图3-2-4

1. 推测线粒体的功能是什么?

2. 线粒体含有几层膜结构? 其内膜向内凹陷折叠成嵴,有什么意义?

(二) 根据图3-2-5,阅读教材P57内容,思考并回答下列问题:

叶绿体亚显微结构模式图

图3-2-5

3. 叶绿体包含哪些结构? 图3-2-5中椭圆形圈、方框中的结构分别是什么?

4. 叶绿体中什么结构扩大了膜面积？该结构的膜上哪些成分对于叶绿体发挥正常功能必不可少？

5. 据图 3 - 2 - 4 和图 3 - 2 - 5，并结合课本相关内容，与同学交流、讨论，总结线粒体与叶绿体的异同点，完成表 3 - 2 - 3。

表 3 - 2 - 3

			线粒体	叶绿体
结构	分 布			
	形 态			
	双层膜	外膜	与周围的细胞质基质分开	
		内膜		是一层光滑的膜
	基粒			
	基质	不同成分		
		相同成分	都含有少量的 DNA 和 RNA	
功能	不同点			
	相同点		都与物质循环及能量转换有关	

资料 3：对核糖体成分分离提纯后用化学试剂进行鉴定，发现遇双缩脲试剂变紫色，遇吡罗红试剂呈现红色（检测 RNA）；进一步研究发现核糖体的成分中都没有磷脂。

6. 根据资料 3 的化学试剂鉴定，得知核糖体由哪两种大分子构成？

7. 核糖体具有什么功能？请推测人的心肌细胞及胰岛 β 细胞（可分泌胰岛素）中，哪种细胞含有的核糖体更多？

(三)观察图 3-2-6,阅读课本相关内容,思考并回答下列问题:

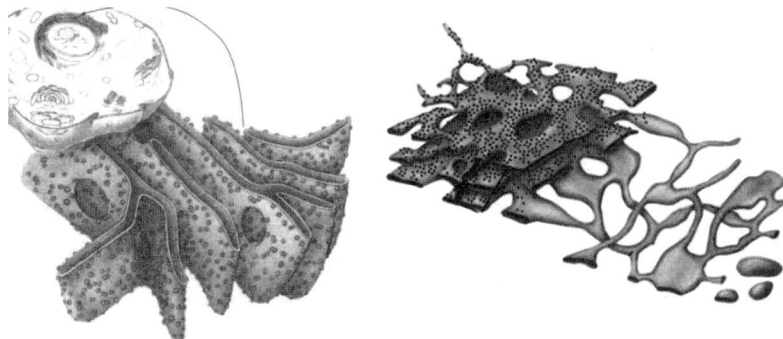

内质网亚显微结构模式图

图 3-2-6

8. 结合图 3-2-6,分析内质网主要有哪两种类型?其中一种内质网上附着的颗粒是什么?

9. 内质网具有几层膜结构?其主要功能是什么?

资料 4:科学家在用 ^{14}C 标记的氨基酸研究胰岛素(一种蛋白质类激素)的产生时,发现若将细胞中的高尔基体破坏或者剔除,胰岛素则不能被分泌到细胞外;如果将植物细胞中的高尔基体破坏,则会导致植物细胞分裂时无法形成新的细胞壁。

(四)观察图 3-2-7,阅读课本及相关资料,思考并回答下列问题:

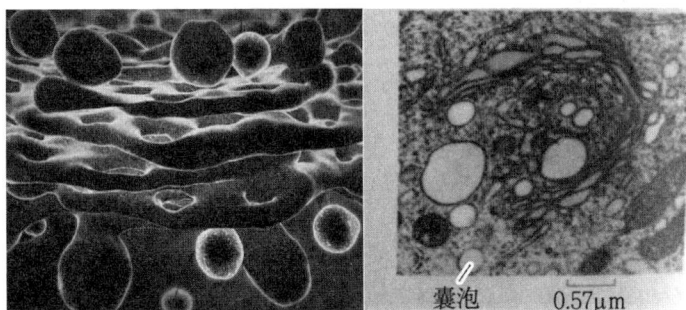

囊泡   0.57μm

高尔基体亚显微结构模式   图电镜照片

图 3-2-7

10. 高尔基体在动植物细胞中均有分布,请据资料 4 分析高尔基体与动物细胞的什么活动有关?在植物细胞中具有什么功能?

11. 高尔基体被称为蛋白质的"加工工厂",指的是其对来自哪里的蛋白质进行加工、分类和包装?

(五) 观察图 3-2-8,查阅课本 P56 内容,思考回答下列问题:

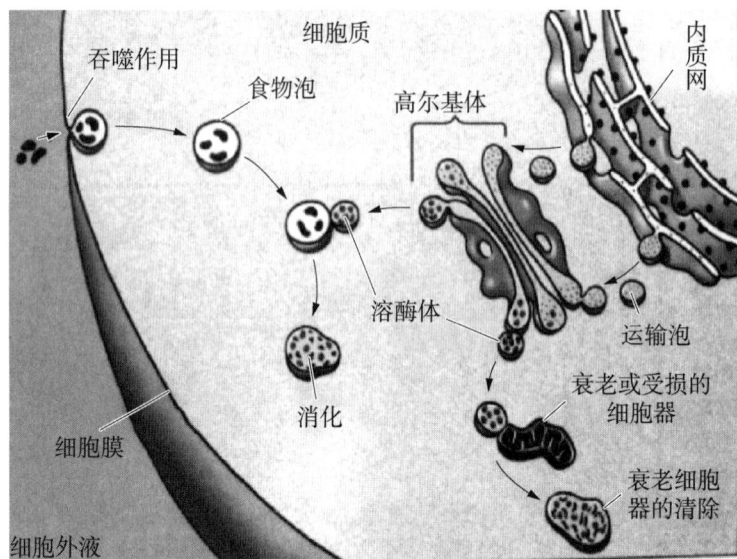

溶酶体及其功能示意图

图 3-2-8

12. 总结溶酶体具有哪两大功能?

(六) 观察图 3-2-9 左图,阅读课本相关内容,回答下列问题:

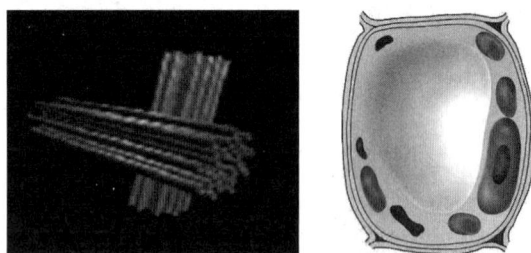

中心体亚显微结构　液泡显微结构模式图

图 3-2-9

13. 中心体有无膜结构? 中心体在动物细胞中发挥什么作用?

（七）阅读课本 P57，结合图 3-2-9，回答下列问题：

14. 大液泡主要分布在什么类型的细胞中？其功能有哪些？

目前，我们学习了 8 种细胞器，请与同学们讨论、交流、总结，再次梳理细胞中的各种结构及其功能，完成以下连线：

内质网	进行光合作用的场所
线粒体	与动物细胞的有丝分裂有关
高尔基体	"消化车间"，分解衰老、损伤的细胞器
细胞质膜	生产蛋白质的车间
溶酶体	有氧呼吸的主要场所，为生命活动提供能量
叶绿体	蛋白质合成和加工，脂质合成的场所
细胞壁	控制物质进出细胞
核糖体	蛋白质的加工厂，与细胞分泌物的形成有关
中心体	调节植物细胞内的环境
液泡	支持和保护细胞

活动三：归纳分离获得细胞器的方法，体验科学探究的一般过程（达成学习目标 3，对应评价任务 3）

资料 1：美国科学家克劳德在细胞学说创立 100 年之后对细胞内部的组分进行了探索，当时还受到许多人的冷嘲热讽，说是把好好的细胞弄碎是毫无意义的，但克劳德坚信，要深入了解细胞的秘密，就必须将细胞内的组分分离出来。经过坚持不懈的努力，克劳德终于摸索出采用不同的转速对破碎的细胞进行离心的方法，将细胞内的不同组分分开。

资料 2：获得纯净的细胞器是细胞研究的重要条件。根据细胞不同组分的密度差异，用超速离心机可以将其分离。组分越大、密度越高，受到的离心力越大，越容易沉淀到底部；而较小、密度较低的组分仍保留在上层，如图 3-2-10 所示（g 为离心速率的单位）。

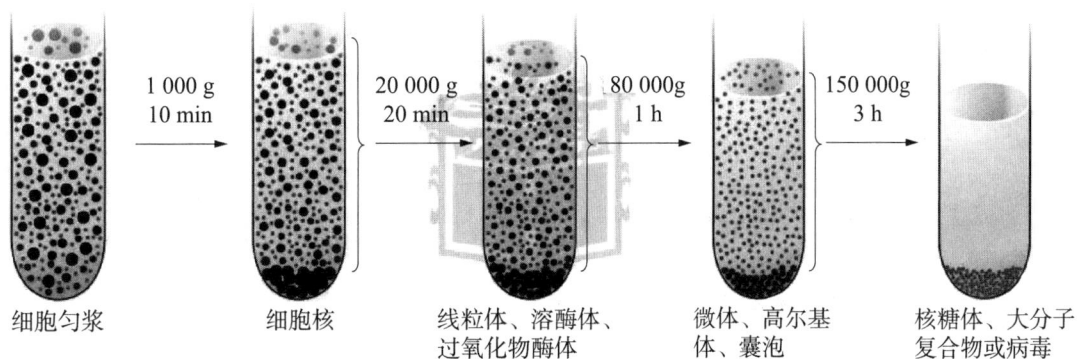

细胞匀浆 　 1 000 g 10 min 　 细胞核 　 20 000 g 20 min 　 线粒体、溶酶体、过氧化物酶体 　 80 000 g 1 h 　 微体、高尔基体、囊泡 　 150 000 g 3 h 　 核糖体、大分子复合物或病毒

细胞各组分的离心示意图

图 3-2-10

图 3-2-10 所示为分离获得细胞器的方法,请据图思考、归纳并完成相应填空。

分离各种细胞器的方法可总结为:破坏_____(形成由各种_____和细胞中其他物质组成的匀浆)→将匀浆装入离心管→用高速离心机在_____转速下进行离心→将各种细胞器分离开(利用不同的离心速度所产生的不同离心力)。

活动四:体验真核细胞中存在细胞骨架,认识其在维持细胞结构与功能方面的作用(达成学习目标 2,对应评价任务 2、4)

思考:参与分泌蛋白合成、加工、运输的各种细胞器及囊泡结构在细胞中是如何保证有序分布、准确定位的呢?观察图 3-2-11,阅读课本 P58 内容,回答下列问题:

1. 三维立体的细胞骨架由什么成分构成?存在于真核细胞的什么位置?

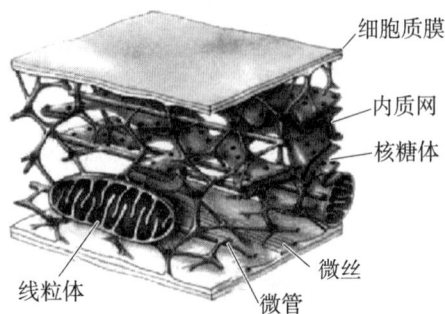

细胞骨架结构模式图

图 3-2-11

2. 举例说明细胞骨架在分泌蛋白合成、加工、运输过程中的作用,细胞骨架还具有哪些重要功能?

———— 课后检测 ————

一、植物、动物细胞的亚显微结构

在新冠病毒疫情期间,检验和科研人员在实验室中紧锣密鼓地进行病毒的分离、研究和药物试验、疫苗研发等工作,疾控勇士们通过"细胞培养"成功分离到了新型冠状病毒毒株。每种病毒都需要寄生到特定的细胞中去,图 3-2-12 甲、乙是植物、动物细胞的亚显微结构模式图。请据图回答下列问题。(题中[ ]内填写图中指示结构的数字)

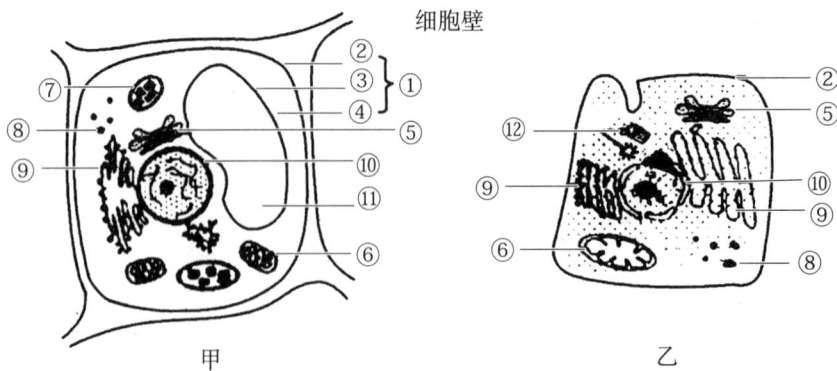

甲　　　　乙

图 3-2-12

1. 甲细胞与乙细胞相比,有细胞壁、[ ]_____、[ ]_____,而无[ ]_____。

2. 如果乙细胞为胰腺外分泌腺细胞,其分泌物有胰淀粉酶等,则与胰淀粉酶的加工有关的细胞器有_____(用图中标号回答)。

3. 如果甲细胞是植物根尖细胞,则该细胞没有的结构是大液泡和[ ]_____。

4. 甲细胞中不具有膜结构的细胞器是_____(用图中标号回答)。

5. 请结合已学知识,谈谈新冠病毒为什么要用细胞来培养?

_____

6. 哺乳动物的红细胞在成熟的过程中细胞核和细胞器等会消失,为血红蛋白腾出更多的空间来运输氧气。科学家用CD_4分子(T细胞表面特异性分子)修饰的红细胞制成"陷阱细胞"研究艾滋病治疗,该方法目前已经在小鼠体内获得阶段性成果。请说说科学家选择红细胞制成"陷阱细胞"的理由:

_____

_____

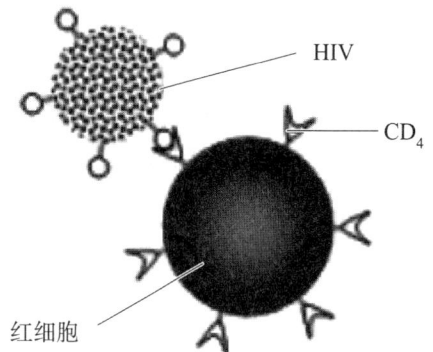

图3-2-13

二、离心法分离细胞器

在低温条件下,将叶片置于研钵中,加入某种溶液研磨后,用离心法进行分离。第一次分离成沉淀P_1(含细胞核和细胞壁碎片)和上清液S_1;随后又将S_1分离成沉淀P_2(含叶绿体)和上清液S_2;第三次将S_2分离成沉淀P_3(含线粒体)和上清液S_3;最后一次将S_3分离成沉淀P_4(含核糖体)和上清液S_4。

请回答下列问题(填入相应的字母符号,如$S_1 \sim S_4$,$P_1 \sim P_4$):

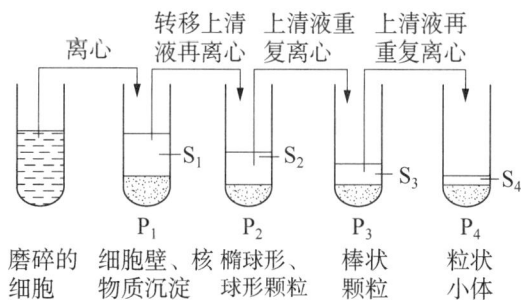

图3-2-14

1. 本题用于分离各种细胞器的方法是_____,此法依据的原理是_____
_____。

2. 细胞的DNA主要存在于_____部分。

3. 若要继续分离得到与光合作用有关的酶,应选取_____部分。

4. 若要研究合成蛋白质的细胞器,应选取_____部分。

5. 含有与有氧呼吸有关的细胞器的是_____。

三、黄曲霉素与食品安全

黄曲霉素是黄曲霉菌和寄生曲霉菌等产毒菌株(真核生物)产生的一种强毒性物质,是目前已知最强的化学致癌物之一。黄曲霉素存在于我们生活中的方方面面,尤其容易出现在湿热的环境中,小到我们食用的花生、玉米、大豆,大到土壤、动植物,都存在被黄曲霉素污染的可能。

1. 有关研究发现,黄曲霉素能引起细胞中的核糖体不断从内质网上脱落下来,这一结果直接导致　　　　　　　　　　　　　　　　　　　　　　　　　　　　(　)

    A. 核仁被破坏 　　　　　　　　　　B. 染色体被破坏

    C. 细胞膜被破坏 　　　　　　　　　D. 分泌蛋白的合成受到影响

2. 在黄曲霉菌种不含磷脂的细胞器是　　　　　　　　　　　　　　　(　)

    A. 线粒体和中心体 　　　　　　　　B. 核糖体和染色体

    C. 高尔基体和内质网 　　　　　　　D. 核糖体

3. 下列关于图 3-2-15 结构的说法,正确的是　　　　　　　　　　　(　)

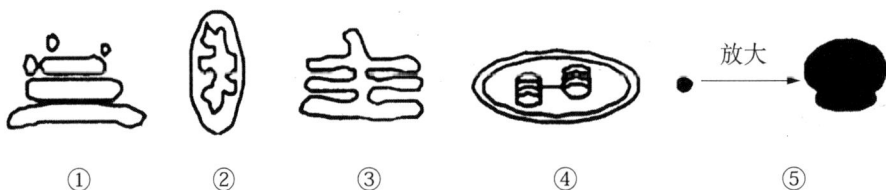

图 3-2-15

    A. 五种结构均能在黄曲霉菌株中发现

    B. ①③④⑤上进行的反应需要②提供能量

    C. 观察活细胞中的④需要染色

    D. ①与③间的相互转化体现生物膜的流动性

4. 人体因黄曲霉素中毒后,会引发急性肝炎、肝组织出血性坏死等肝损伤,机体免疫细胞开始工作。对于免疫细胞中线粒体能高效、有序完成其功能无意义的是　　(　)

    A. 封闭双层膜结构,化学反应不受干扰

    B. 线粒体呈棒状

    C. 有内膜形成嵴,增大膜面积

    D. 含有许多有关的酶

5. 图 3-2-16 是细胞部分膜结构示意图,选择出可能存在与黄曲霉菌株中的结构的编号,并写出对应编号可能的名称:_____。

图 3-2-16

──── 课后反思 ────

1. 请自主梳理本节课的知识结构。(如思维导图或概念图的方式)

2. 还存在哪些疑惑或者还需要解决的问题有哪些?(结合重难点和易错点)

第3课 细胞各部分结构既分工又合作(下)

内容出处

普通高中教科书必修1《分子与细胞》第3章第2节。

课标要求

1. 内容要求:(1)细胞各部分结构既分工又合作,共同执行细胞的各项生命活动。(2)阐明遗传信息主要储存在细胞核中。(3)举例说明细胞各部分结构之间相互联系、协调一致,共同执行细胞的各项生命活动。

2. 学业要求:能初步以结构与功能观、物质与能量观等观念,说出生物体组成结构和功能之间的关系。

学习目标

1. 通过资料分析和模型建构,能用结构与功能相适应的观点,分析分泌蛋白从合成到分泌的过程,认识到细胞各结构间是相辅相成、紧密联系的。

2. 通过对细胞核结构的学习以及遗传物质控制蛋白质合成的案例分析,形成结构与功能相适应的观点,认识细胞核是遗传和代谢的控制中心。

3. 通过对同位素标记法在分泌蛋白合成与分泌过程的学习讨论与思考,学会用科学探究的方法,来解决科研过程中遇到的问题。

评价任务

以学习目标为指向,本课时的评价任务设计如表3-3-1(具体任务将于"课堂学习"中呈现):

表 3-3-1

评价内容	等第(在对应的等第内打√)			
	优秀	良好	合格	不合格
1. 分析数据,推测出分泌蛋白的合成与分泌依次经历的结构				
2. 能从制作的细胞结构模型中选出与分泌蛋白合成加工和分泌有关的各细胞结构				
3. 能够正确描述分泌蛋白的合成、分泌过程				
4. 分析资料,归纳出细胞核的功能				
5. 课后检测的完成情况				

学习过程

—— 学习建议 ——

1. 本学习内容的地位和作用:

本节课是必修 1 第 3 章第 2 节第 2 课时,围绕"细胞结构的分工合作",不仅紧密承接本章第 1 节细胞膜的相关知识,而且通过对细胞核的简单认识,为学生后面的学习打下基础,起到承上启下的作用。

2. 学习路径

如图 3-3-1。

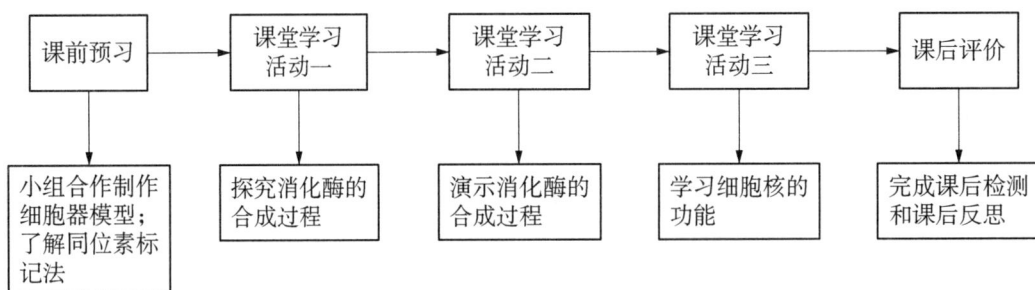

图 3-3-1

3. 学习重点和难点

本节课的学习重点是能阐述细胞各部分分工和合作过程,难点是能够运用结构与功能观分析细胞各部分既分工又合作,共同完成细胞的相关生命活动。可借助学习资源,如动画、视频、自制模型等,结合模型小组合作分享对细胞各部分结构与功能的认识,以及各结构之间的关系。本节课内容与现实生活具有一定联系,因此学生在学习过程中可以选择理论与实践相结合的方式,尝试以生活中的实例为情境,在解决实际问题的过程中学习、理解新知识。

4. 评价标准

通过"评价任务"和"课后检测"的完成来判断自己对学习目标的达成程度。

课前预学

（时间:10 分钟）

任务一:通过复习教材相关内容,进一步梳理并掌握真核细胞包含哪些细胞器,理解细胞内各部分的结构和功能特点。

任务二:小组合作完成细胞器模型的制作(6～8 人为一个小组,每人制作一种细胞器,小组内不能有重复)。

任务三:阅读下面资料,了解同位素标记法。

质子数相同而中子数不同的一类原子称为同位素,它们的化学性质几乎相同,但质量数不同,且放射性等物理性质有所差异。同位素的表示方法是在该元素符号的左上角注明质量数,例如 ^3H、^{14}C、^{15}N、^{18}O,其中 ^3H、^{14}C 是放射性同位素,^{15}N、^{18}O 是稳定同位素。人们可通过仪器检测放射性或质量的方法,追踪同位素标记的化合物,从而揭示化学反应的详细过程。这种科学研究方法叫做同位素标记法或同位素示踪法。

课堂学习

活动一:阅读资料,探究消化酶的合成过程(达成学习目标 1 和 3,对应评价任务 1)

资料 1:消化酶是一类可水解蛋白质等物质的酶,可由胰腺细胞合成,分泌到消化道中发挥作用。消化酶的化学本质是蛋白质,这类蛋白质属于分泌蛋白。

资料 2:同位素示踪实验:科学家用 ^3H 标记亮氨酸,通过这个标记追踪亮氨酸在细胞中的运行和变化的过程,然后注入豚鼠胰腺细胞,再使用仪器检测,记录不同细胞结构、不同时间的放射性强度变化如表 3-3-2。

表 3-3-2

细胞结构	各结构内放射性强度比例/%			
	3 min	17 min	37 min	117 min
内质网(有核糖体附着)	86.3	43.0	24.3	20.0
高尔基体	2.7	43.7	14.9	3.6
高尔基体与细胞膜之间的囊泡	1.0	3.8	48.5	7.5
细胞膜内侧的囊泡	3.0	4.9	11.3	58.6
细胞外	—	—	—	7.1
细胞内其他结构	7.0	4.6	1.0	3.2

分析表 3-3-2 中的数据,你能推测出分泌蛋白的合成与分泌依次经历了哪些结构?

活动二:建构消化酶的合成过程流程图(达成学习目标 1,对应评价任务 2 和 3)

模型建构:从制作的细胞结构模型中选出与分泌蛋白合成、加工和分泌有关的各细胞结构。将选好的细胞结构贴在 A4 纸上,用箭头将各细胞结构连线,表示出细胞合成、加工和分泌蛋白质的流程,并且尝试用文字补充该过程中涉及的物质名称。

资料 3:某科学家用呼吸抑制剂处理豚鼠的胰腺腺泡细胞之后,给该细胞中注射 ^{3}H 标记的亮氨酸,结果在内质网和高尔基体中没有检测到 ^{3}H 标记的亮氨酸。

资料 4:1900 年,德国生物化学家沃伯格成功地从线粒体分离得到一些催化有氧呼吸的酶。

资料 5:细胞的遗传信息主要储存在细胞核中。从蛋白质合成过程可以知道,mRNA(信使 RNA)携带来自 DNA 的遗传信息从细胞核进入细胞质,在核糖体上指导合成相应的蛋白质。

请分析资料 3～5,你能推测出分泌蛋白的合成还需要哪些结构、物质的参与吗? 各自发挥什么功能呢?

活动三:学习细胞核的功能(达成学习目标 2,对应评价任务 4)

根据图 3-3-2 回答下列问题:

1. mRNA 合成的场所在哪里? 是如何运出细胞核的?

2. 多肽链合成的场所在哪里?

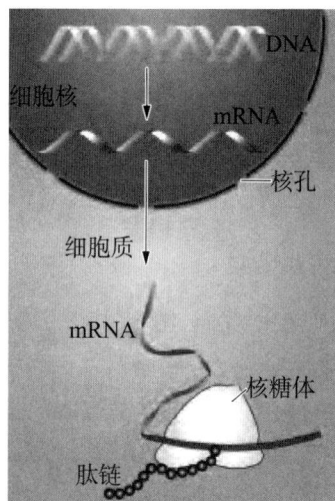

图 3-3-2

3. DNA 指导 mRNA 形成的过程以及 mRNA 指导蛋白质的合成分别需要什么作为原料?

资料 6:根据两个给定的实验资料,讨论总结细胞核的作用。

(1) 伞藻的实验如图 3-3-3。

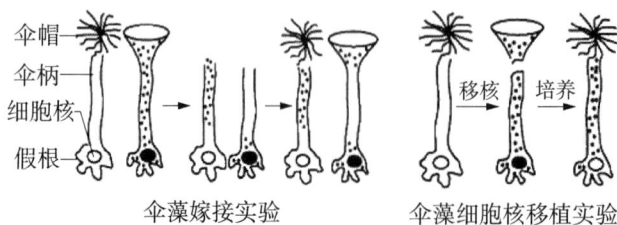

图 3-3-3

（2）变形虫实验如图 3-3-4。

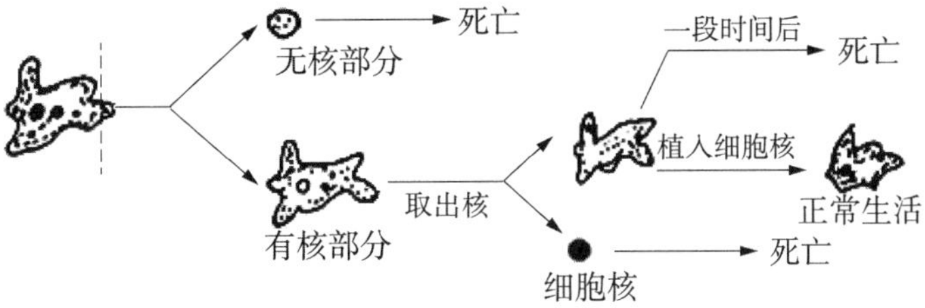

图 3-3-4

总结细胞核的作用:据图 3-3-5 在流程图 3-3-6 中写出细胞控制蛋白质合成及分泌蛋白合成与分泌过程中经过的细胞结构,并讨论回答参与分泌蛋白的合成、加工、运输的细胞结构有哪些。

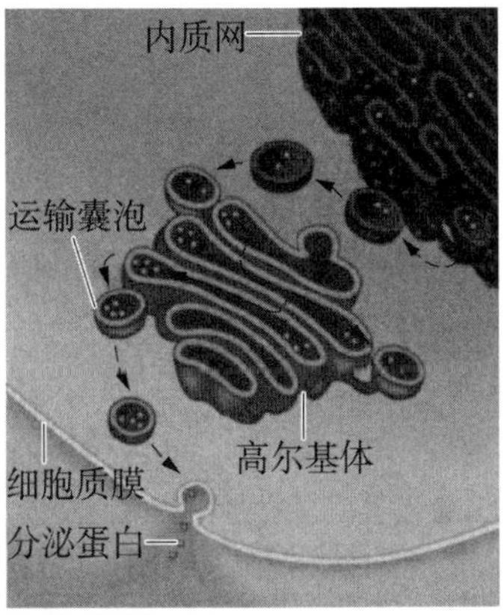

图 3-3-5

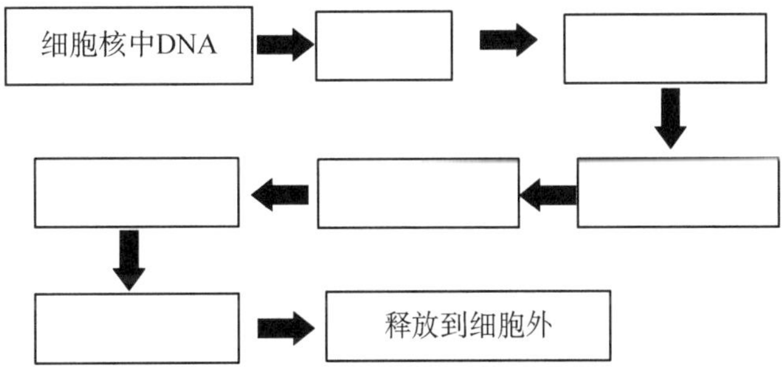

图 3-3-6

——课后检测——

一、溶酶体与细胞内"消化"

细胞内的各种生物膜在结构上既有明确的分工,又有紧密的联系。结合下面关于溶酶体发生过程和"消化"功能的示意图,回答下列问题。

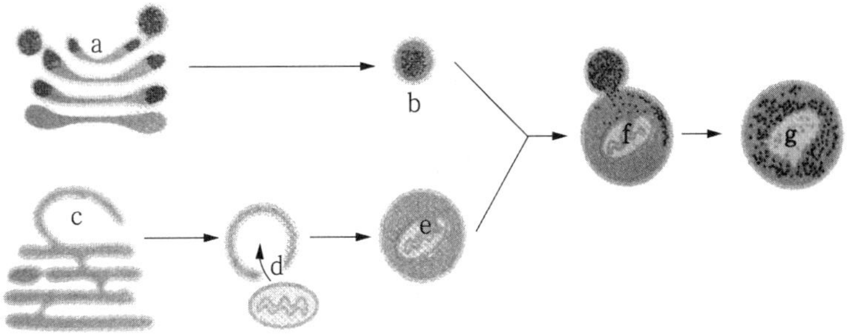

图 3-3-7

1. b是刚形成的溶酶体,它来源于细胞器a;e是包裹着衰老细胞器d的小泡,而e的膜来源于细胞器c。据图3-3-7判断a、c、d分别是_____、_____、_____。

2. f表示b与e正在融合,该过程体现了细胞膜具有_____特点。

3. 细胞器a、b、c、d膜结构的主要成分是_____、_____。

4. 生物膜的研究具有广泛的应用价值,如在工业方面可以利用人工膜淡化海水或处理污水;在医学方面,可以利用血液透析膜代替肾脏把病人血液中代谢废物透析掉……上述例子是模拟生物膜的什么功能?

_____

二、牛奶中蛋白质的形成

牛奶中含有乳球蛋白和酪蛋白等物质,在奶汁的形成过程中,奶牛乳腺细胞中有多种细胞结构与上述物质的合成和分泌有着密切关系,请结合所学知识回答下列问题。

1. 乳腺细胞中与乳球蛋白和酪蛋白的合成和分泌有密切关系的细胞结构是 (　　)

A. 线粒体、内质网、中心体、高尔基体　　B. 线粒体、核糖体、内质网、高尔基体

C. 核糖体、中心体、内质网、高尔基体　　D. 线粒体、核糖体、中心体、高尔基体

2. 科学家用含³H标记的亮氨酸的培养液培养奶牛的乳腺细胞,表3-3-3为在乳腺细胞几种结构中最早检测到放射性的时间表。下列叙述正确的是 (　　)

表3-3-3

细胞结构	附有核糖体的内质网	高尔基体	靠近细胞质膜的囊泡
时间/min	3	17	117

A. 形成分泌蛋白的多肽最早在内质网内合成

B. 高尔基体膜向内与内质网膜相连,向外与细胞质膜相连

C. 高尔基体具有转运分泌蛋白的作用

D. 分泌蛋白的合成、加工需要能量,运输过程不需要能量

3. 分泌蛋白的合成、运输、加工由直接相关的细胞器完成,请用图3-3-8中细胞器编号与箭头表示出这一过程:_____。

图3-3-8

三、胰岛素的合成

胰岛素属于蛋白质类激素,由人体胰岛 β 细胞合成和分泌。请结合所学知识回答以下问题:

1. 为胰岛 β 细胞提供 ^{3}H 标记为原料的氨基酸用以合成胰岛素,图 3-3-9 所示的结构中能检测到放射性的细胞结构是   (   )

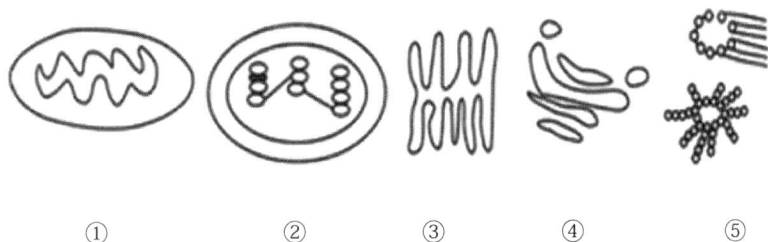

① ② ③ ④ ⑤

图 3-3-9

A. ①④ B. ②③ C. ③④ D. ④⑤

2. 科学家在研究胰岛素的合成和分泌时,向豚鼠的胰岛 β 细胞中注射 ^{3}H 标记的亮氨酸,经过一段时间后,被标记的氨基酸可依次出现在该细胞的不同部位(如图 3-3-10)。下列相关叙述正确的是   (   )

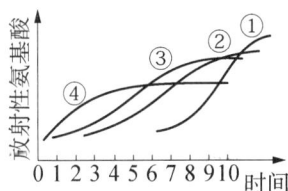

A. 被标记的氨基酸首先出现在高尔基体上

B. 连接图中①②③④所示结构的是具有膜的小泡

C. 图中②③④分别代表内质网、高尔基体、细胞膜

D. 细胞内的各种生物膜既各司其职,又有紧密的联系

图 3-3-10

3. 胰岛 β 细胞内有发达的内质网,内质网膜上存在 3 种跨膜蛋白,平时处于非激活状态,当内质网腔内异常蛋白积累时,跨膜蛋白被激活以降解异常蛋白,当异常蛋白积累过多时,会引起内质网功能紊乱,导致细胞凋亡。下列相关说法错误的是   (   )

A. 内质网膜上的跨膜蛋白,可能具有催化作用

B. 内质网腔内异常蛋白积累过多引起的细胞凋亡是由基因决定的

C. 内质网执行功能时,所需能量都由线粒体提供的

D. 内质网腔内异常蛋白积累,可能会导致糖尿病

四、辨析真核细胞的结构

图 3-3-11 所示是两种真核细胞亚显微结构模式图,请据图回答下列问题:

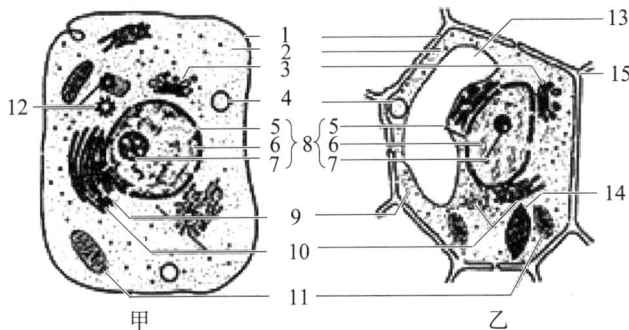

图 3-3-11

1. 根据图乙所示细胞具有结构_____、_____、_____（用图中的序号回答），而图甲所示细胞没有这些结构，可以判断图乙所示细胞为_____（填"动物"或"植物"）细胞。

2. 利用染色排除法能够鉴别细胞的死活，这体现了活细胞的结构 1 具有_____的功能。

3. 参与分泌蛋白合成、加工、运输的细胞器包括_____、_____、_____（用图中的序号回答），性激素是在_____（填写结构名称）中合成的。

4. 除结构 8 外，图甲所示细胞中含有核酸的结构还包括_____、_____（填写结构名称）。

5. 在人体内胆固醇是组成_____的重要成分。

—— 课后反思 ——

1. 请自主梳理本节课的知识结构。（如思维导图或概念图的方式）

2. 还存在哪些疑惑或者还需要解决的问题有哪些？（结合重难点和易错点）

第 4 课　探究·实验 3-1　观察叶绿体和细胞质流动

内容出处

普通高中教科书必修 1 第 3 章第 2 节探究·实验 3-1。

课标要求

1. 内容要求：细胞各部分结构既分工又合作，共同执行细胞的各项生命活动。
2. 学生实验：观察叶绿体和细胞质流动。
3. 素养水平：能够使用镊子、载玻片等工具制作黑藻叶临时装片，在光学显微镜下观察黑藻叶细胞的叶绿体分布和细胞质环流。能绘图记录叶绿体的形态、分布及运动方向，分析得出细胞质流动的特点及意义。在小组学习中，能合作完成拓展探究实验的方案设计和实施，并运用科学术语报告实验结果。

学习目标

1. 学会制作黑藻叶片临时装片，并用显微镜观察叶绿体的形态和分布，熟练使用显微镜。
2. 以黑藻细胞中叶绿体的运动为标志观察细胞质流动，阐述其对保障活细胞生命活动的意义。

3. 通过探究外界因素对细胞质流动和叶绿体分布的影响,初步学会观察和比较、假设与证明的科学探究思路方法,掌握实验探究的基本步骤,领悟控制单一变量、平行重复、对照原则等设计实验的基本原则,并习得引流法等相关实验操作技能。(可选)

评价任务

表 3 - 4 - 1

评 价 内 容	等第(在对应的等第内打√)			
	优秀	良好	合格	不合格
1. 完成黑藻叶片临时装片的制作,使用显微镜观察叶绿体的形态和分布,绘图记录叶绿体的形态、分布及运动方向,得出细胞质流动的特点及意义				
2. 小组合作,设计并完成拓展探究实验:外界环境因素对细胞质流动的影响				
3. 课后检测和课后反思的完成情况				

学习过程

— 学 习 建 议 —

1. 本学习内容的地位和作用

本节课是继第 3 章第 2 节第 1 部分"细胞内具有多种相对独立的结构"后安排的实验,以叶绿体为标志,通过显微镜观察植物叶片,增加对叶绿体的感性认识,克服对微观结构认识的困难,感受细胞质的流动这一生命现象,并为学生后续对第 4 章叶绿体的结构和功能的学习打下基础。

2. 学习路径

如图 3 - 4 - 1

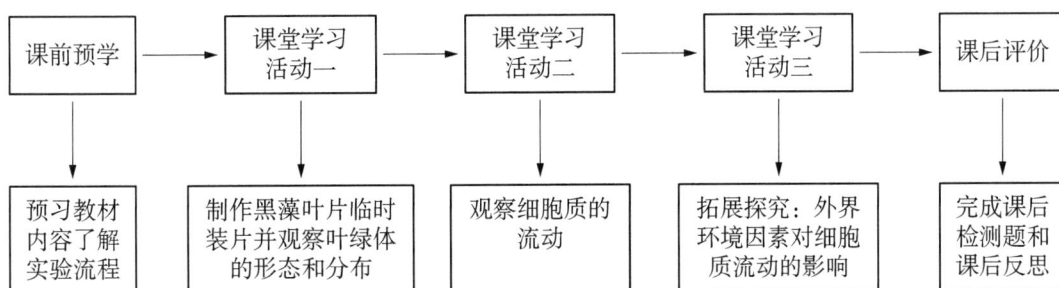

图 3 - 4 - 1

3. 学习重点和难点

本节课的重点是临时装片的制作以及熟练使用显微镜进行观察,难点是探究实验的实验设计。学生可以通过课堂活动一与二中的实践来巩固这两个重点技能,认真思考课前预学中的系列问题并和小组成员讨论,尝试进行拓展探究实验的方案设计,进而突破难点。

学生可以通过"评价内容"的达成情况、"评价任务"的完成情况以及"课后检测"的正确率来判断自己对学习目标的达成情况。

4. 评价标准

完成课前预学,基本能正确回答出任务一中的3个问题。

完成课堂学习活动一,学会制作临时装片并能用显微镜观察到叶绿体的形态和分布。

完成课堂学习活动二,能用显微镜观察到叶绿体随着细胞质的流动而运动。

课堂学习活动三(选做)。

— 课前预学 —

(时间:5分钟)

任务:阅读教材 P59~P60,回答以下问题。

1. 叶绿体位于能进行光合作用的细胞中,如植物叶片的叶肉细胞中,普通叶片因为较厚不透光,无法直接显微观察其叶绿体,那么应如何选择与处理实验材料?

2. 选择哪种植物作为实验材料较好?

3. 细胞质是静止不动的吗? 你将采用什么作为观察指标?

— 课堂学习 —

活动一:制作黑藻叶片临时装片并观察叶绿体的形态和分布(达成学习目标1,对应评价任务1、2、3)

1. 检查桌上的实验仪器及试剂是否完整

实验材料:新鲜的黑藻或葫芦藓。

实验试剂:1 mol/L 丙二酸钠溶液、清水。

仪器用具:显微镜、载玻片、盖玻片、镊子、滴管、培养皿、白炽灯、吸水纸。

2. 实验原理

叶肉细胞中的叶绿体,散布于细胞质中,呈绿色、扁平的椭球形或球形。我们可以在高倍显微镜下观察它的形态和分布。

3. 实验步骤

（1）用镊子取黑藻叶片放入盛有清水的培养皿中。

（2）制作黑藻叶片临时装片。

（3）观察：先用_____找到叶片细胞中的叶绿体,再换用_____观察叶绿体在细胞中的形态和分布情况。

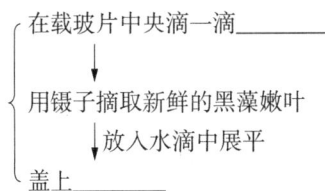

在载玻片中央滴一滴_____
↓
用镊子摘取新鲜的黑藻嫩叶
↓放入水滴中展平
盖上_____

图3-4-2

4. 合作交流

（1）四人为一小组,与视频内或教师显微镜投影的图像作比对,小组内同学相互确认各自显微镜内能否观察到正确清晰的叶绿体? 若有观察不到叶绿体或看不到清晰叶绿体的同学,则组员共同帮助分析原因并尝试调整,直到能观察到清晰的叶绿体。

（2）组内所有成员写下问题的原因及解决方式,课后与其他组进行交流,汇总显微镜在观察使用中出现问题的可能原因及解决方法。若小组内都能观察到清晰叶绿体,也请和其他小组进行交流汇总。

问题原因1：_____；解决方法：_____。

问题原因2：_____；解决方法：_____。

问题原因3：_____；解决方法：_____。

……

活动二：观察细胞质的流动（达成学习目标2,对应评价任务1、2）

1. 实验原理

活细胞中的细胞质处于不断流动的状态。叶绿体会随着细胞质的流动而运动,观察细胞质的流动可以用叶绿体的运动作为标志。

2. 实验步骤

（1）将黑藻置于盛有水的烧杯中,放在较强的光照下培养15～20 min,或者放在25 ℃的温水中,备用。

（2）制作黑藻叶片临时装片：同活动一。

（3）观察：①先用低倍镜找到黑藻叶肉细胞,然后换用高倍镜观察叶绿体随着细胞质流动的情况。②判断细胞质的流动速度及流动方向,仔细观察每个细胞中细胞质流动的方向是否一致?

（4）在图3-4-3所示方框内绘出所观察到的黑藻叶片细胞的结构简图,并标示出叶绿体的流动方向。

图3-4-3

3. 小组讨论

(1) 临时装片中的叶片不能放干了,要随时保持有水状态,这是为什么?

(2) 你观察到的每个细胞的细胞质流动方向是否一样?

(3) 显微镜下观察到的细胞质流动方向与实际流动方向是否一致?为什么?

(4) 活细胞的细胞质处于不断流动的状态,这对于活细胞完成生命活动有什么意义?

(5) 为什么要先将黑藻放在较强的光照下培养 15～20 min,或者放在 25 ℃ 的温水中?

活动三:拓展探究(达成学习目标 3,对应评价任务 4、7,可选)

以下两个探究活动任选其一进行探究,实验探究步骤如图 3-4-4 所示。

生物都生活在复杂且变化的环境中,时刻会受到各种外界环境因素的影响。你认为哪些外界因素会影响黑藻细胞的细胞质流动?

1. 探究细胞呼吸抑制剂对细胞质流动的影响

(1) 提出问题:细胞质流动是否需要能量?

(2) 作出假设:_____。

(3) 实验原理:一些化学试剂(如丙二酸钠)可抑制细胞呼吸作用,从而减少细胞中能量的供应。

(4) 设计方案:根据课堂中其他小组的分享与老师的讲解,设计实验方案。

(5) 实施方案:在实验探究时记录在方案实施过程中遇到的问题及解决方法,课后与老师及其他小组同学进行交流。

问题 1:_____?

解决方法:_____。

问题 2:_____?

解决方法:_____。

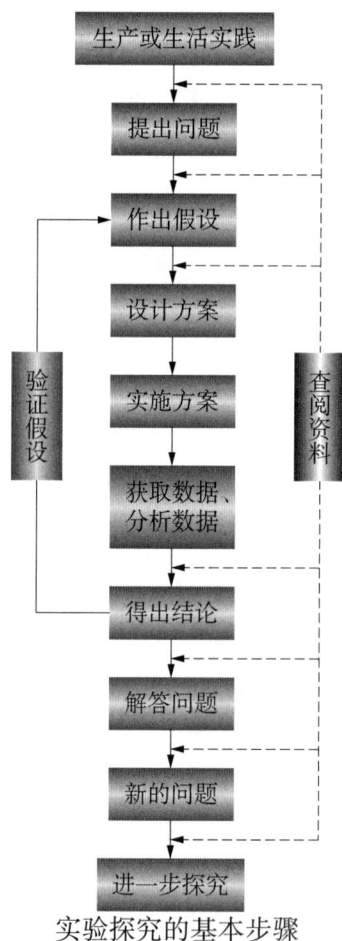

实验探究的基本步骤

图 3-4-4

（6）获取数据、分析数据：把实验数据记录在本组设计的记录表中并对获得的数据进行分析。

（7）得出结论、解答问题：根据对实验数据的分析，小组成员讨论后得出相应的实验结论，解答提出的问题。

（8）提出新问题：①温度的高低对细胞质流动有怎样的影响？温度越高，细胞质流动越快吗？适宜黑藻生长的温度范围是多少？②光照强度对叶绿体分布有何影响？

感兴趣的同学可在课后进行进一步的探究。针对新的问题②，学历案提供了实验流程供你参考。

2. 探究光照强度对叶绿体分布的影响

（1）作出假设：较强光照下，叶绿体会趋避强光；而弱光下，叶绿体分散分布。

（2）设计方案：

实验原理：黑藻是容易获得的实验材料，并且适合在实验室中生长培养；显微镜的光源可以调节亮暗程度；在高倍显微镜下，黑藻的叶绿体多且大，便于观察。查阅资料显示，光照强度会影响叶绿体的分布。综合上述原理，可以设计如下实验方案：通过调节显微镜自带光源的亮度，可实现将黑藻置于不同光照条件下观察其叶绿体的分布，验证假设是否成立。

实验材料：新鲜的黑藻、显微镜、载玻片、盖玻片、镊子、培养皿。

实验步骤：略。

（3）实施方案：按照实验方案实施，并将观察结果记录在下方表格中。

（4）获取数据、分析数据：叶绿体在不同光照强度下的分布情况记录如表 3-4-2。

表 3-4-2

光照强度（用"+"数量表示）	叶绿体分布特点

注：显微镜光源调节旋钮有刻度，建议每小格代表一个"+"。

根据观察结果，与同桌讨论分析。

（5）得出结论、解答问题：

（6）提出新问题：①盐胁迫是植物最常遇到的环境胁迫之一，如果黑藻叶片遇到盐胁迫会发生什么现象呢？②尝试用质量分数为 10％ 的 NaCl 溶液引流，你观察到了怎样的现象？采用什么样的观测指标能较好地描述此现象？出现此现象的原因是什么？

课后检测

一、教材配套评价

完成必修1《实验与活动部分》P12~P14。

二、苔藓的结构

某高中的研究性学习小组在野外采集到部分苔藓,带回学校生物实验室进行系列研究,如图3-4-5所示。

1. 观察苔藓叶绿体的形态和分布。

甲同学:藓类叶片的叶绿体呈扁平的椭球形或球形。

乙同学:使用高倍显微镜可以看到叶绿体的双层膜结构。

丙同学:制片时装片要保持有水状态。

丁同学:实验过程中不需要对实验材料进行染色。

以上四位小组成员中,哪位同学对此实验的看法是错误的?请说明理由。

图3-4-5

2. 用采集到的苔藓观察细胞质的流动,显微镜下观察到叶绿体的位置及运动方向如图3-4-6所示。

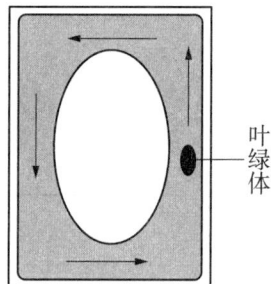
图3-4-6

(1) 实际上叶绿体的位置为 （ ）

A. 叶绿体位于液泡右侧

B. 叶绿体位于液泡左侧

C. 叶绿体位于液泡下方

D. 叶绿体位于液泡上方

(2) 下列相关叙述正确的是 （ ）

A. 可以直接用苔藓叶片做成装片观察

B. 高倍镜下可以观察到不同细胞中叶绿体的运动方向相同

C. 细胞质的实际流动方向是顺时针流动

D. 用菠菜叶进行实验时,应撕取上表皮制作装片

3. 细胞代谢越旺盛,细胞质流动越显著。如何做才更容易观察到细胞质流动?

4. 如何确定所观察的黑藻细胞内细胞质是流动的?为什么用1 mol/L的丙二酸钠溶液和冰水处理后,细胞质的流动会减慢?你认为还有哪些因素可能会影响胞质环流?

————课后反思————

1. 请自主梳理本节课的知识结构。(如思维导图或概念图的方式)

2. 还存在哪些疑惑或者还需要解决的问题有哪些?(结合重难点和易错点)

第 5 课　探究·建模 3－2　制作真核细胞的结构模型

内容出处

普通高中教科书必修 1 第 3 章第 2 节探究·建模 3－2。

课标要求

1. 内容要求:细胞各部分结构既分工又合作,共同执行细胞的各项生命活动。

2. 素养水平:能够分小组合作,查阅资料,合理选材,制作细胞模型,运用生物学术语阐述细胞模型中各结构的功能,并展开交流。

学习目标

1. 说出细胞的基本结构及各细胞结构的功能,构建细胞亚显微结构思维导图。

2. 理解细胞结构与功能相适应,细胞各部分结构和功能上相互联系,细胞是一个统一的整体。

3. 了解物理模型设计、构建的过程及其各个环节,知道物理模型的设计、制作过程是动态而有章可循的,理解模型设计、制作的过程需要不断优化,初步学会构建物理模型的方法。

4. 在思考、讨论、展示、评价的过程中,培养自主、合作、探究、表达、交流、评价的能力。

5. 感受模型构建、技术问题解决过程的艰辛与曲折,体验小组合作探究、新技术应用和创新、创作活动的快乐,激发学习生物学的兴趣和探究欲望,增强集体荣誉感。

评价任务

表 3-5-1

评价内容	等第(在对应的等第内打√)			
	优秀	良好	合格	不合格
1. 填写所选真核细胞的结构和功能特点,完成细胞亚显微结构思维导图				
2. 小组成员讨论制定模型制作方案,明确小组成员分工				
3. 确定模型种类和材料用具,模型建构并完善				
4. 展示模型,解释模型所体现的生理功能和各部分结构的分工合作				
5. 课后检查和课后反思的完成情况				

学习过程

— 学习建议 —

1. 本学习内容的地位和作用

本节课是在学习了细胞质膜、细胞器和细胞核等细胞结构的基础上进行的,要求根据不同真核细胞的结构特点,搭建真核细胞的结构模型。通过本节课的学习,学生能进一步深化理解真核细胞的结构和功能,形成结构和功能观,理解细胞各部分结构既分工又合作,共同执行细胞的各项生命活动;又能通过建模过程,培养科学思维。本节课为学生对之后新陈代谢、细胞分裂等知识的学习打下基础。

2. 学习路径

如图 3-5-1。

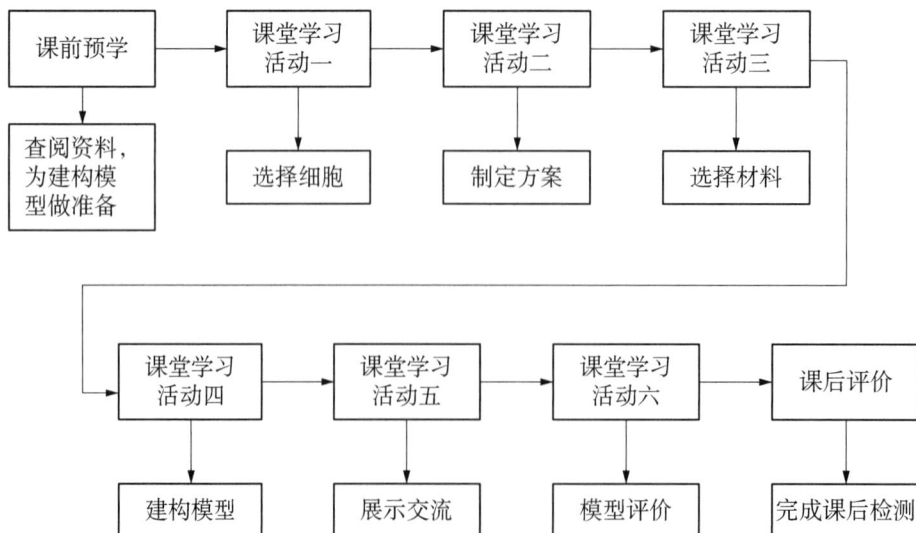

图 3-5-1

3. 学习重点和难点

本节课的学习重点是制作真核细胞模型,理解细胞结构和功能的统一性。学习难点是真核细胞亚显微结构模型的设计和制作;理解细胞结构和功能的统一性。通过网络查询资料,小组合作探究模型制作的条件、材料、尺寸等,小组成员研讨完善模型,突破学习重点和难点。

4. 评价标准

完成课前预学,为制作模型做好充分的材料准备和理论准备。

完成课堂学习活动一至活动六,模型制作和展示交流,并通过评价量表对制作的模型进行评价。

── 课前预学 ──

(时间:20分钟)

任务一:查阅资料,了解物理模型的概念和设计环节。

任务二:小组成员查找并比较几种真核细胞的结构和功能,如小肠上皮细胞、肝细胞、植物叶肉细胞、植物根尖分生区细胞等,初步了解这些细胞的结构和功能特征。

任务三:查阅资料,了解不同细胞器之间的大小比例,以及相应的空间位置关系。

── 课堂学习 ──

活动一:选择细胞(达成学习目标1、2,对应评价任务1)

1. 通过课前预学,查找小肠上皮细胞、肝细胞、植物叶肉细胞、植物根尖分生区细胞等,初步了解这些细胞的结构和功能特征。小组明确所选择制作模型的细胞类型,完成表3-5-2。

表3-5-2

所选细胞名称	细胞的结构特点	细胞的功能

2. 以思维导图方式在图3-5-2所示的方框内整理所选细胞的细胞核、细胞器等相关内容,建立各细胞结构间的关联。

图3-5-2

活动二:制订方案(达成学习目标3、4,对应评价任务2)

1. 所选细胞模型要表达的基本内容和特色内容。

2. 模型制作方案(提示:各种细胞结构如何制作,细胞结构之间如何连接等)。

3. 小组成员具体分工。

活动三:选择材料(达成学习目标3,对应评价任务3)

填写你所选择的模型类型和所用材料:

1. 模型类型(在所选模型类型后面打√)。

电脑模型□   实物模型□

2. 选择实物模型制作所用材料,填写在表3-5-3中。

表3-5-3

细胞结构		所用材料	选择材料理由
细胞壁			
细胞质膜			
细胞核			
细胞质基质			
细胞器	线粒体		
	叶绿体		
	内质网		
	高尔基体		
	核糖体		
	中心体		
	液泡		
	溶酶体		

活动四:建构模型(达成学习目标5,对应评价任务3)

1. 模型制作

按照分工制作各部分结构,然后组合在一起完成细胞的三维模型。注意细胞与细胞器之间、不同细胞器之间的大小比例,以及相应的空间位置关系等。

2. 组间交流

查一查:本小组制作的是何种细胞结构模型,细胞的各种结构是否齐全? 位置是否正确？左右相邻小组相互检查，找出模型存在的不足。

（1）提供信息 1　细胞和各种细胞器大小的参考数据：大多数动植物细胞直径约为 $100\,\mu m$；细胞核直径为 $5\sim10\,\mu m$；叶绿体厚约 $2.5\,\mu m$，直径约 $5\,\mu m$；线粒体直径为 $0.5\sim1\,\mu m$，长度为 $2\sim3\,\mu m$；溶酶体直径为 $0.2\sim0.8\,\mu m$；中心粒直径为 $0.2\sim0.4\,\mu m$；核糖体最小，大小为 $0.01\sim0.02\,\mu m$。本组制作的模型各部分的比例是否合适？

（2）提供信息 2　细胞质是细胞质膜包围的除核区外的一切半透明、胶状、颗粒状物质的总称，含水量约 80%。在活细胞中，细胞质以各种不同的方式在流动着，如细胞质环流。在液泡发达的植物（如黑藻）细胞中，细胞质成薄层沿着细胞质膜以一定的速度和方向循环流动。本组制作的模型是否体现细胞质的流动性？如何体现？

3. 修补模型

各小组根据以上讨论的结果，利用自带和教师提供的材料进行修补完善。

活动五：展示交流（达成学习目标 4，对应评价任务 4）：

1. 展示本小组模型，介绍其结构和功能，并说明本小组模型的特色。

2. 本小组模型的科学性体现在哪些方面？创新性体现在哪些方面？有何不足之处？

活动六：模型评价（达成学习目标 4，对应评价任务 5）

对各小组的模型进行评分，评价量如表 3-5-4。

表 3-5-4

项　目	评分标准及分值		得　分
知识思维导图构建	科学规范地表述细胞核、细胞器、细胞质膜等的结构和功能，并建立不同细胞结构间的联系（总分 20 分，表达清晰完整，每出现一处遗漏和知识性错误扣 2 分）		
材料选择	选择适当的材料进行模型制作并阐述选择理由，在此基础上尽量选择环保材料（总分 20 分，合理即可，根据实际情况评分）		
制作模型	科学性	反映细胞共同特征，结构无误（10 分）	
		各结构大小比例合适，位置正确（10 分）	
		能体现结构和功能相适应（10 分）	
	美观性（5 分）		
	创新性（5 分）		
展示与自我评价	交流表达制作过程及想法，客观评价小组成果，并具有反思、批判精神（总分 20 分）		

课后检测

一、3D打印细胞器结构模型

各小组应用3Done软件设计一个细胞器结构三维图像,应用学校提供的3D打印机打印创意作品。(选做)

二、真核细胞的三维结构

小明在学习了细胞结构后,制作真核细胞的三维结构模型进一步直观认识细胞的结构与功能。

1. 以下对建模理解正确的是　　　　　　　　　　　　　　　　　　　　　　　(　　)

A. 模型是一种主观随意创作出来的物件,不具有科学性

B. 模型可以在一定程度上反映客观事物的结构特征

C. 对构建的模型有一定的了解,则不需要查阅资料,设计方案

D. 构建模型的材料可随意选取

2. (多选)小明通过制作真核细胞结构模型,可以进一步加深对细胞结构与功能的认识,下列说法正确的是　　　　　　　　　　　　　　　　　　　　　　　(　　)

A. 动物细胞无细胞壁,植物细胞有细胞壁　　B. 叶绿体呈绿色,椭球形

C. 线粒体为单层膜结构,比叶绿体大　　　　D. 真核细胞中具有由核膜包被的细胞核结构

3. 图3-5-3是小明同学制作的细胞三维结构模型,下列有关叙述错误的是　(　　)

A. 小明制作的三维结构模型为高等植物细胞的物理模型

B. 模型制作包括建模对象(原型)分析、材料准备、建构模型、模型检验与完善、模型运用等步骤

C. 模型中的①~⑤均为膜性细胞器,其中①④为双层磷脂分子包被的细胞器

D. ①~⑤在各细胞中的数量与细胞的类型及细胞的代谢速率有直接关系

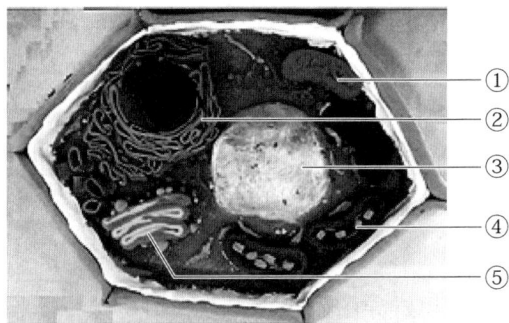

图3-5-3

三、辨析动植物细胞结构

动植物细胞模型可以直观地反映动植物细胞的特点,不同组织的细胞形态不同,细胞各结构的大小、数量等也各不相同。图3-5-4是两位同学为精心制作的细胞模型附上的平面图,序号代表细胞结构,请根据所学知识回答下列问题。

1. 图3-5-4甲所示的保卫细胞模型所属的细胞类型及其特有的细胞结构是　(　　)

A. 动物;①④⑥　　　B. 植物;①⑤⑦　　　C. 动物;③⑥⑦　　　D. 植物;③④⑦

2. 某同学在对图3-5-4乙脂肪细胞的描述中写道"白色脂肪细胞90%的体积被脂肪滴占据,使细胞质在细胞边缘形成一个圆环,细胞核也被压缩,细胞器较少……"请根据该同学的描述推测脂肪滴的储存场所及该场所的结构特点　　　　　　　　　　　　　(　　)

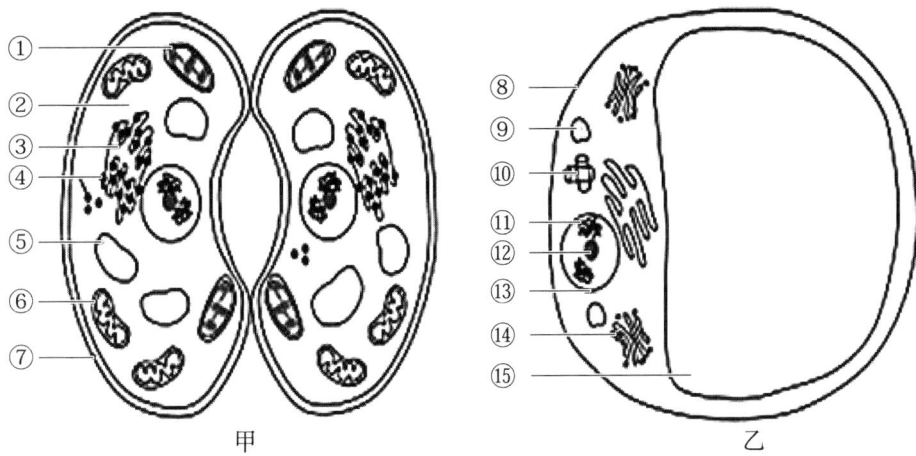

图 3-5-4

A. ⑨；单层膜　　　B. ⑨；单层磷脂分子　　C. ⑮；单层膜　　　D. ⑮；单层磷脂分子

3. 根据表 3-5-5 中对相关结构和功能描述，在表中填写图中对应的结构或功能。

表 3-5-5

功　　能	结　　构
_____	[③]内质网
与细胞分裂密切相关	[ ]_____
含有遗传物质 DNA 和蛋白质	[ ]_____

4. 请结合两位同学的模型平面图和所学知识，从细胞结构与功能相适应的角度指出两位同学模型中的不合理之处（至少两处），并写出理由。

5. 小明在制作真核细胞模型时，需要选择合适的材料来模拟细胞的各个结构，请用直线将图 3-5-5 中材料与最可能模拟的细胞结构恰当地连接起来。

水蜜桃核		液泡
大米或绿豆		叶绿体
小鞋盒		细胞核
装有水的保鲜袋		核糖体
6片夹心饼干，放在绿色塑料球内		细胞壁

图 3-5-5

—— 课后反思 ——

1. 请自主梳理本节课的知识结构。（如思维导图或概念图的方式）

2. 还存在哪些疑惑或还需要解决的问题有哪些？（结合重难点和易错点）

第3章　学业评价

一、癌细胞的耐药性

化疗是肿瘤治疗的常用方法之一,临床上常会出现这样的情况,一些肿瘤经化疗缓解缩小后,却对进一步的化疗不敏感,这主要是癌细胞对化疗药产生了耐药性所致。研究表明,耐药性的产生与P-糖蛋白有关,P-糖蛋白是多药耐药基因 MDR 表达的产物,其基本功能是在ATP供能的情况下,排出进入细胞内的药物,如右图所示。

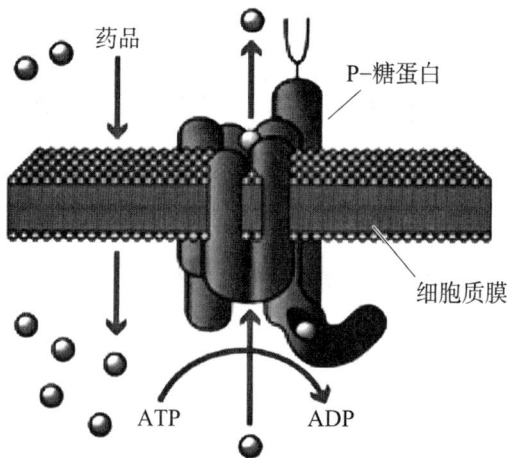

1. 右图中构成癌细胞质膜基本骨架的是
（　　）

A. 纤维素和果胶

B. 磷脂双分子层

C. 微管和微丝

D. 蛋白质和DNA

2. P-糖蛋白是由糖链与膜蛋白结合形成的复合物,其糖链位于　　　　　　　　（　　）

A. 质膜外侧　　　　B. 质膜内侧　　　　C. 质膜内、外侧　　　　D. 以上均不对

3. P-糖蛋白中除糖链以外的部分是膜蛋白,其基本结构单位是　　　　　　　　　（　　）

A. 葡萄糖　　　　　B. 脂肪酸　　　　　C. 氨基酸　　　　　D. 核苷酸

4. P-糖蛋白的合成、加工、转运涉及多个环节,请将各环节及其场所连线。

合成携带 *MDR* 遗传信息的 mRNA	核糖体
mRNA 指导合成相应的蛋白质	内质网
将糖链添加到蛋白质上形成 P -糖蛋白	小囊泡
将成熟的 P -蛋白转运到细胞质膜	细胞核

5. 即使在氧气充足的情况下,癌细胞也主要通过无氧呼吸的方式产能(称为瓦伯格效应),部分通过有氧呼吸供能,其有氧呼吸发生的主要场所是_____。

6. (多选)在某些肿瘤细胞中,受某些化疗药物的诱导 P -糖蛋白会增多,可将药物排出细胞外,导致肿瘤细胞耐药。下列相关叙述正确的是　　　　　　　　　　　　　（　　）

A. P -糖蛋白增多,使得细胞间黏着性降低,造成肿瘤细胞易发生转移

B. P -糖蛋白排出化疗药物的过程,体现了细胞质膜控制物质进出的功能

C. 不同化疗药物可能诱导不同细胞中 P -糖蛋白的增多

D. 癌细胞 P -糖蛋白的检测结果可作为癌细胞耐药性的依据

二、尿酸与痛风

人体缺乏尿酸氧化酶,导致体内嘌呤分解代谢的终产物是尿酸(存在形式为尿酸盐)。尿酸盐经肾小球滤过后,部分被肾小管细胞质膜上具有尿酸盐转运功能的蛋白 URAT1 和 GLUT9 重吸收,最终回到血液。尿酸盐重吸收过量会导致高尿酸血症或痛风。

1. 右图是肾小管细胞质膜的流动镶嵌模型。下列叙述正确的是　　　　　　　　　　　　（　　）

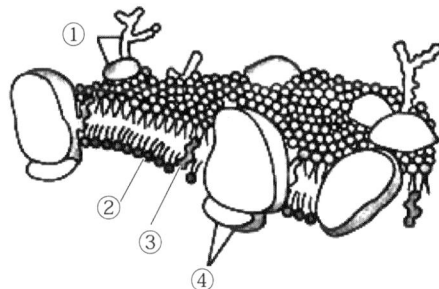

A. ②和④形成的磷脂双分子层是完全对称的

B. ③插在磷脂之间有利于增强质膜的流动性

C. ①是质膜流动性的基础

D. 有些膜蛋白能识别并接受来自细胞外的化学信号

2. 右图是肾小管细胞局部的电镜照片,①～④均为细胞核的结构,对其描述错误的是　　　　　　　　　　（　　）

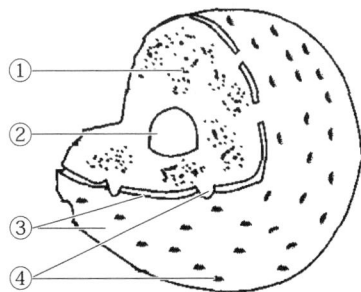

A. ①的主要成分是 DNA 和蛋白质

B. ②与核糖体的形成有关

C. ③由两层磷脂分子构成

D. mRNA 通过④从细胞核进入细胞质

3. 组成肾小管细胞质膜上具有尿酸盐转运功能的蛋白 URAT1 的基本单位是　（　　）

A. 脱氧核苷酸　　　　　　　　　　B. 核糖核苷酸

C. 甘油和脂肪酸　　　　　　　　　D. 氨基酸

4. (多选)如图所示,下列细胞器参与转运蛋白 GLUT9 在细胞内的合成、加工和转运过程的有　　　　　　　　　　　　　　　　　　　　　　　　　　　（　　）

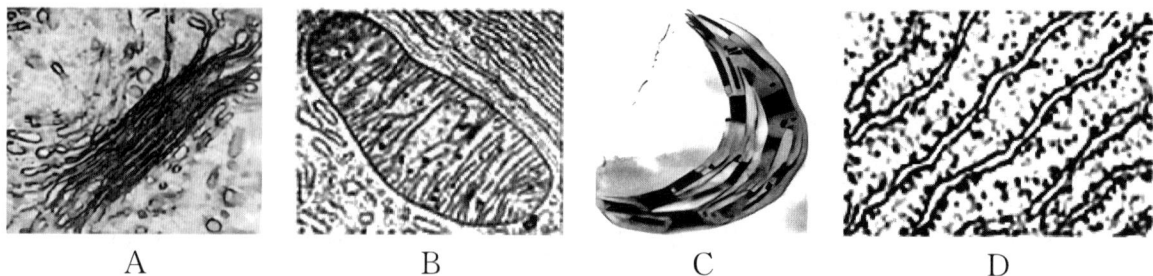

A   B   C   D

5. URAT1 和 GLUT9 在细胞内的合成、加工和转运过程的完成，说明 （   ）

A. 生物膜的基本结构相同且具有流动性   B. 生物膜在结构上可相互转化

C. 细胞生命活动由各结构合作完成   D. 细胞质可不需要细胞核而独立生存

6. 肾小管细胞功能的完成离不开细胞骨架，下列关于细胞骨架的说法错误的是 （   ）

A. 各细胞器可沿该结构移动   B. 对细胞内的物质运输起重要作用

C. 其主要成分是蛋白质和磷脂   D. 其网络状框架结构可支撑细胞的形态

7. 肾小管细胞比细菌生命活动更有序和高效，从细胞结构角度分析，其原因可能是

（   ）

A. 有核糖体合成蛋白质

B. 有 DNA 控制蛋白质合成

C. 有多种具膜结构的细胞器，将细胞质分割成许多功能化区域

D. 有核膜，核膜的阻隔使 DNA 免受细胞质中某些物质的伤害

三、新冠病毒抗体

接种新冠疫苗是当前预防新冠病毒感染的有效途径。如图甲为某人接种新冠疫苗后体内某细胞分泌新冠病毒抗体（免疫球蛋白）的过程，图乙为该细胞通过囊泡向细胞外运输、分泌抗体的过程。

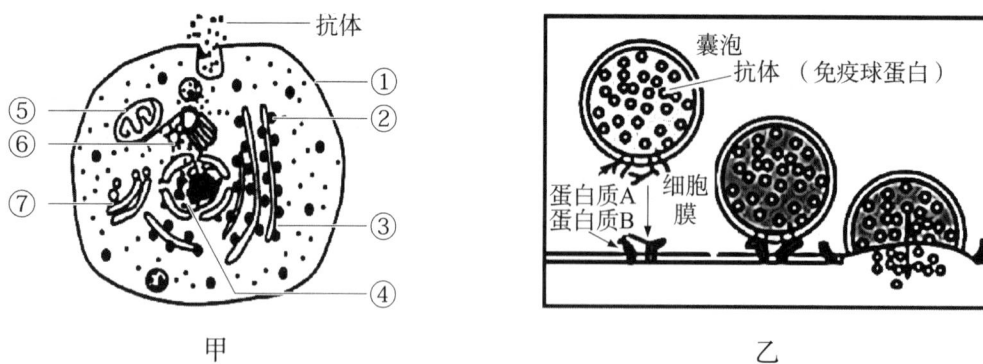

甲   乙

1. 图甲细胞中的抗体由结构_____合成，经_____和_____加工和运输，此过程需要的能量由_____提供。（填序号）

2. 科学家采用放射性同位素示踪的方法研究图甲所示细胞的抗体合成和分泌路径。用放射性同位素^{3}H 标记的_____培养该细胞，含有放射性的标记物被细胞吸收后被细胞利用。通过在不同的时间获得细胞并置于特定的环境下观察细胞中放射性出现的位置，发现

细胞内的各种结构之间相互协调配合,共同执行生命活动。

3. 在抗体的分泌过程中,图甲中_____(填序号)起到了分类和包装的作用。据图乙分析,该细胞器形成的囊泡能定向、精确地转移到细胞膜的特定部位,其原因是囊泡膜上的_____具有特异性识别能力。囊泡与细胞膜的融合依赖于生物膜的_____。

4. 新冠病毒特效药的研究是人类对抗新冠感染的另一重要战场。科学家拟利用磷脂分子构成脂质体,把某种针对新冠病毒的特效药物包裹入其中后,将药物送入特定靶细胞中发挥作用。若该药物为脂溶性药物,则应包裹在右图所示结构中_____(填"药物1"或"药物2")所在的位置。

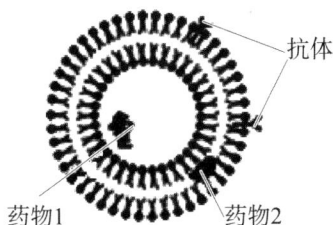

5. 防控新冠期间,我国政府有组织地开展了新型冠状病毒感染核酸免费检测。下表为某同学的检测报告单,下列有关说法正确的是　　　　　　　　　　　　　　　　（　　）

报告单号	255;2022 − 10 − 25		
项目名称	检测结果	参考范围	单位
新型冠状病毒核酸检测	阴性(Negative)	阴性	—

A. 检测对象是该同学细胞中的核酸　　B. 新冠病毒的核酸中含有核糖

C. 报告说明该同学感染了新冠病毒　　D. 新冠病毒在空气中也能繁殖

6. 在人—鼠细胞融合实验基础上,有人做了补充实验:用药物抑制细胞能量转换和蛋白质合成途径,对膜蛋白运动没有影响;但是当降低温度时,膜蛋白的扩散速率降低至原来的$\frac{1}{20} \sim \frac{1}{10}$。下列推测不正确的是　　　　　　　　　　　　　　　　（　　）

A. 膜蛋白的合成不影响其运动　　B. 膜蛋白的运动不需要消耗细胞的能量

C. 温度不影响磷脂分子的运动　　D. 温度可能影响膜蛋白的运动

四、变形虫的生命活动

资料 1:变形虫(下图)是一种单细胞原生动物,可伸出伪足吞噬细菌。很多变形虫在细胞内具有伸缩泡,伸缩泡周围的小泡要不断地吸收 Na^+ 排出 K^+,形成比细胞质浓度低的小泡,这些小泡经融合并把液体排入伸缩泡内,再由伸缩泡排出体外,用于排出细胞内多余的水分。

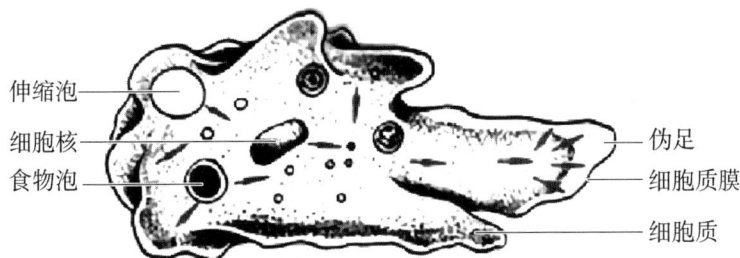

1. 变形虫伸出伪足需要依赖于细胞骨架。下列属于细胞骨架的是　　　　　　　（　　）

A. 微丝　　　　B. 纤维素　　　　C. 染色质　　　　D. 内质网

2. 从功能上看,变形虫的伸缩泡最类似于植物细胞中的　　　　　　　　　　　　(　　)

　　A. 内质网　　　　　　B. 高尔基体　　　　　C. 液泡　　　　　　　D. 溶酶体

3. 小泡与伸缩泡的融合,体现了生物膜的　　　　　　　　　　　　　　　　　　　(　　)

　　A. 全透性　　　　　　B. 选择透过性　　　　C. 流动性　　　　　　D. 稳定性

4. 科学家用显微技术除去变形虫的细胞核,发现其新陈代谢减弱、运动停止;当重新植入细胞核后,发现其代谢等活动又恢复,这说明细胞核是　　　　　　　　　　　　(　　)

　　A. 细胞遗传特性的控制中心　　　　　B. 细胞代谢的主要场所

　　C. 细胞生命活动的控制中心　　　　　D. 遗传物质的储存场所

资料 2:某同学利用变形虫研究细胞核与细胞质之间的物质交流,图甲所示为细胞核结构示意图,他的实验步骤如下:将正常生活而没有分裂活动的变形虫随机分为三组,每组若干只变形虫。A 组:用含 ^{32}P 标记的尿嘧啶核苷酸食物饲喂变形虫;B 组:将变形虫的细胞核去掉;C 组:不作处理。用放射自显影技术检测到 A 组每只变形虫的细胞核中出现放射性后,将细胞核移植到 B、C 两组变形虫的细胞内。一段时间后检测 B、C 两组的放射性,结果如图乙所示。

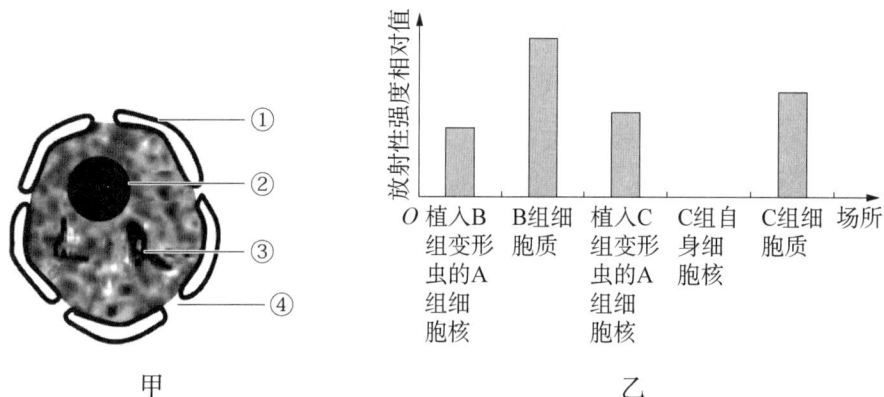

甲　　　　　　　　　　　　　乙

5. (多选)变形虫是真核生物,作出此判断的重要依据是其具有图甲中　　　　　　(　　)

　　A. 结构①　　　　　B. 结构②　　　　　C. 结构③　　　　　D. 结构④

6. 图甲中,②与　　　　　　(填细胞器名称)形成有关;③由　　　　　　和　　　　　　两种成分组成,可被　　　　　　(填"酸"或"碱")性染料染成深色。

7. 研究发现,A 组变形虫的细胞核中出现的带有放射性的物质是　　　　　　　　(　　)

　　A. DNA　　　　　　B. RNA　　　　　　C. 脂肪　　　　　　D. 蛋白质

五、海水稻的培育

　　海水稻是一种不惧海水短期浸泡,能在海边滩涂地和盐碱地生长的农作物品种。截至 2021 年底,我国海水稻的种植面积已经达到了 60 万亩,分布在黑龙江、山东、江苏、新疆、内蒙古等十多个省份及自治区,品种覆盖全国四大类型典型盐碱地,并且全国种植平均亩产达到了 450 千克。海水稻能种植在盐碱地环境中,与它的根系密切相关。

1. 右图中根尖分生区细胞和成熟区细胞均具有的结构或物质是　　　　　　　　(　　)

①质膜、②叶绿体、③内质网、④细胞壁、⑤蛋白质、⑥线粒体、⑦DNA。

  A. ①②④⑤⑥⑦ B. ①③④⑤⑦ C. ①②④⑤⑦

  D. ①③④⑤⑥⑦

2. 水稻患细菌性条斑病时其叶片出现纵条斑,对光观察呈半透明;严重时全叶枯黄,甚至呈红褐色。该病由稻生黄单胞杆菌引起,水稻细胞与稻生黄单胞杆菌细胞最大的区别在于   ( )

  A. 质膜   B. 核糖体

  C. 有核膜包被的细胞核   D. 中心体

3. 某小组制作水稻叶肉细胞临时装片的操作过程中,正确的操作顺序是 ( )

①用镊子和解剖针将叶片展平,②用镊子取水稻叶片,③载玻片上滴加清水,④盖上盖玻片。

  A. ①→②→③→④ B. ②→①→④→③ C. ③→①→②→④ D. ③→②→①→④

4. 下列对水稻叶肉细胞内叶绿体的形态、分布(如图)的描述,正确的是 ( )

  A. 叶绿体在细胞质中始终是均匀分布

  B. 叶绿体呈绿色、椭球形

  C. 高倍镜可观察到叶绿体的双层膜结构

  D. 黑藻叶片中每个细胞只含有 1 个叶绿体

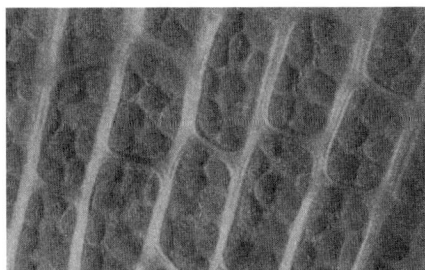

5. 另一小组制作水稻叶肉细胞的三维结构模型时,下列设计不合理的是 ( )

  A. 在核膜和质膜之间放置内质网 B. 细胞内放置多个叶绿体

  C. 核糖体的体积应比叶绿体要大 D. 在双层核膜上做出小孔表示核孔

6. (多选)通过观察叶绿体和细胞质的流动实验,结合细胞内结构之间分工和合作的知识,下列推断合理的是 ( )

  A. 细胞质中的其他细胞器,也可随着细胞质的流动而流动

  B. 叶绿体和其他细胞器在细胞质中的分布有时是不均匀的

  C. 细胞质的流动可以均匀分配细胞中的营养物质

  D. 除了植物细胞,动物细胞的细胞质也是可以流动的

7. 有些化学试剂(如丙二酸钠)可抑制细胞呼吸,从而影响细胞质的流动。请推测滴加丙二酸钠并引流后,细胞质的流动速度会变_____(填“慢”“快”或“不变”)。

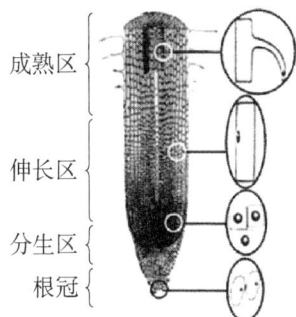

第1课　细胞通过质膜与外界进行物质交换

内容出处

普通高中教科书必修1第4章第1节。

课标要求

1. 内容要求:(1)物质通过被动运输、主动运输等方式进出细胞,以维持细胞的正常代谢活动。(2)阐明质膜具有选择透过性。(3)举例说明有些物质顺浓度梯度进出细胞,不需要额外提供能量;有些物质逆浓度梯度进出细胞,需要消耗能量和载体蛋白协助。(4)举例说明大分子物质可以通过胞吞、胞吐进出细胞。

2. 学业要求:说出不同物质跨膜运输的方式和特点,初步形成结构与功能观。

学习目标

1. 通过对细胞质膜结构和功能的学习,从结构与功能相适应的角度,解释细胞质膜具有选择透过性,建立结构与功能观。

2. 通过对不同物质透过细胞质膜运输方式的归纳比较,能举例说明被动运输、主动运输、胞吞和胞吐的特点和区别。

评价任务

表4-1-1

评价内容	等第(在对应的等第内打√)			
	优秀	良好	合格	不合格
1. 完成构建细胞质膜具有选择透过性的概念				
2. 小分子物质可以通过被动运输、主动运输进出细胞				
3. 大分子物质可以通过胞吞、胞吐的方式进出细胞				
4. 课后检测和自我反思的完成情况				

学习过程

学习建议

1. 本学习内容的作用和地位

细胞的生存需要能量和营养物质,这些营养物质来源于外界,细胞与外界会发生物质交换。本节课的主要内容是不同物质通过细胞质膜的运输方式特点,并对细胞质膜的结构知识点进行巩固,也为后面学习细胞的代谢打下基础。

2. 学习路径

如图 4 - 1 - 1。

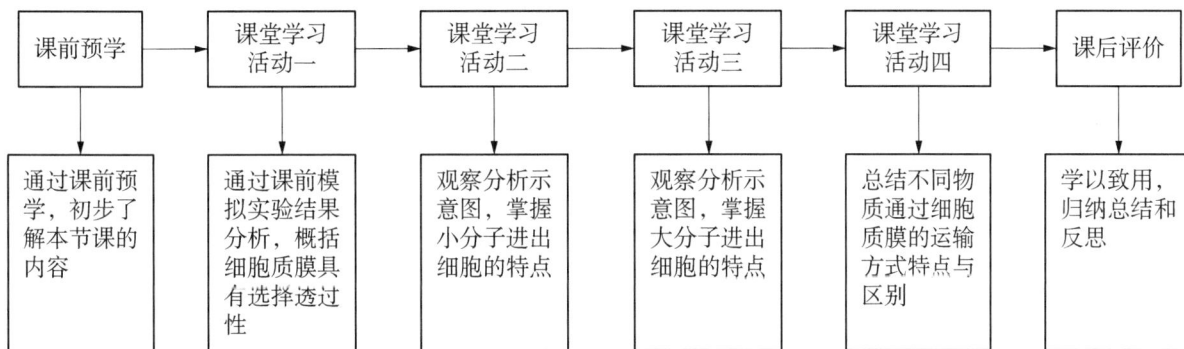

图 4 - 1 - 1

3. 本节课的重难点

本节课的重点是不同物质通过细胞质膜的运输方式特点与区别,难点是对结构与功能相适应的理解。构建细胞质膜具有选择透过性,被动运输和主动运输是小分子物质通过细胞质膜的方式,大分子物质是可以通过胞吞、胞吐的方式进出细胞等概念。通过课堂学习活动一,完成构建细胞质膜具有选择透过性概念。通过课堂学习活动二、三,完成构建被动运输和主动运输是小分子物质通过细胞质膜的方式,大分子物质是可以通过胞吞、胞吐的方式进出细胞的概念。

4. 评价标准

完成课前预学,能得出实验结果,分析实验结果,能结合教材完成基础知识梳理。

完成课堂学习活动一,能概括细胞质膜具有选择透过性。

完成课堂学习活动二,能总结小分子物质进出细胞的特点。

完成课堂学习活动三,能总结大分子物质进出细胞的特点。

完成课堂学习活动四,能归纳总结出不同物质通过细胞质膜的运输方式的特点与区别。

—— 课 前 预 学 ——

（时间：10分钟）

任务一：阅读教材 P70～P73，对本节内容进行熟悉。

任务二：观看模拟实验视频并完成表 4-1-2 的结果记录。

表 4-1-2

结果	颜色变化			
	烧杯 A	透析袋 A	烧杯 B	透析袋 B
预测	棕黄→	乳白→	棕黄→	无色→
实际	棕黄→	乳白→	棕黄→	无色→

思考回答：你的预测和实际结果是否相同？请对你的结果加以说明。

—— 课 堂 学 习 ——

活动一：通过实验结果分析，概括细胞质膜具有选择透过性（达成学习目标 1，对应评价任务 1）

分析图 4-1-2，根据实验结果尝试解释细胞质膜具有选择透过性。

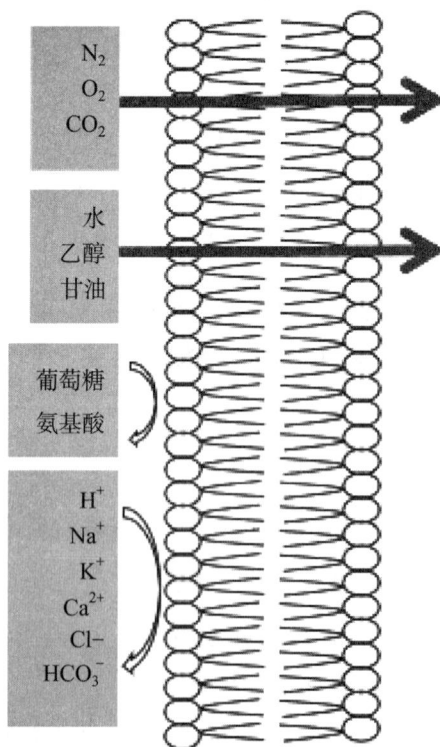

人工磷脂双分子层对不同分子透过性

图 4-1-2

活动二:观察细胞质膜示意图,总结小分子进出细胞的特点(达成学习目标 2,对应评价任务 2)

观察图 4-1-3 协助扩散示意图,总结被动运输的特点,并完成表 4-1-3 相关部分。

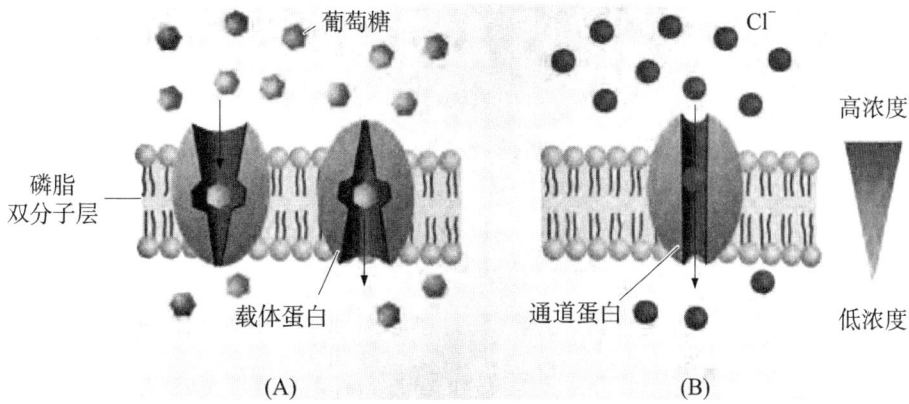

图 4-1-3

1. 生命活动离不开水,水分子进出细胞属于哪种方式?

2. 观察图 4-1-2,总结 O_2、CO_2、乙醇、甘油等进出细胞有什么特点?

观察图 4-1-4,总结主动运输的特点,并完成表 4-1-3 相关部分。

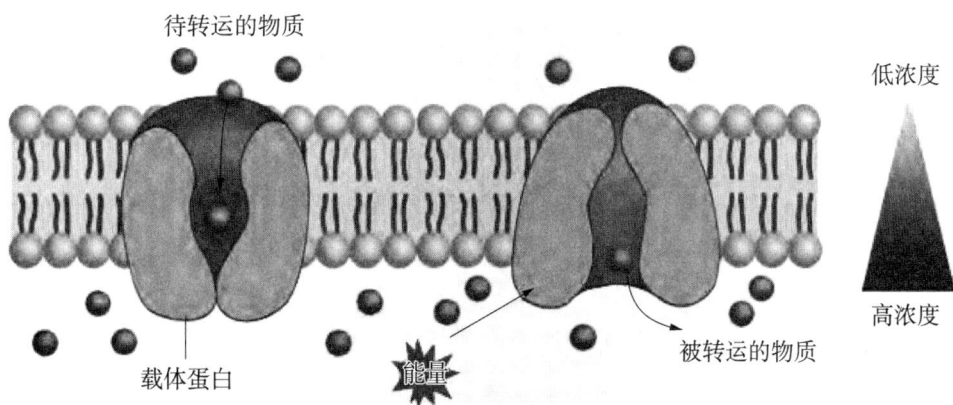

图 4-1-4

3. 观察图 4-1-2,总结主动运输进出细胞有什么特点? 有哪些物质是通过主动运输进出细胞的?

活动三:观察图 4-1-5,总结大分子物质通过胞吞和胞吐进出细胞的特点(达成学习目标 3,对应评价任务 3)

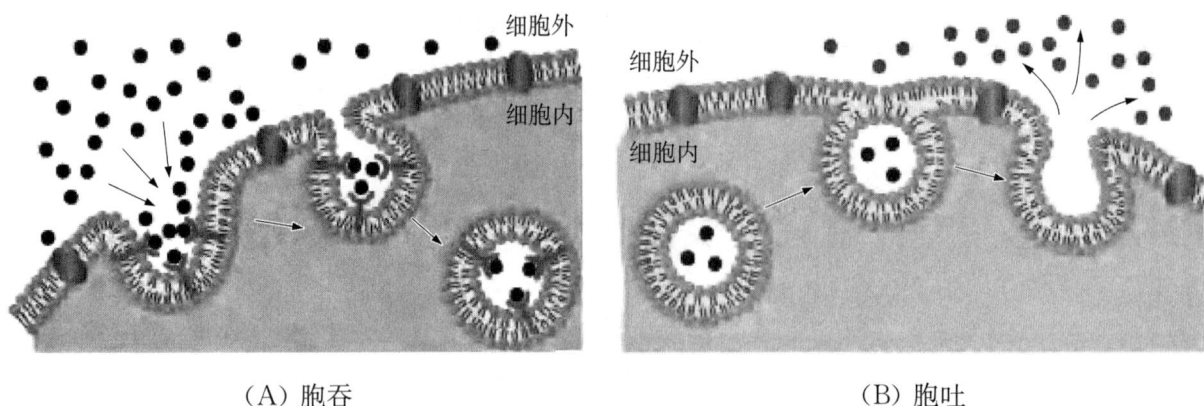

（A）胞吞   （B）胞吐

胞吞和胞吐

图 4-1-5

举例说明哪些物质是通过胞吞、胞吐进出细胞的? 并完成表 4-1-3 相关部分。

活动四:总结不同物质通过细胞质膜的运输方式与区别(达成学习目标 4,对应评价任务 4)

表 4-1-3　不同运输方式的特点

运输方式		方向	载体	能量	举例
被动运输	自由扩散				
	协助扩散				
主动运输	主动运输				
胞吞					
胞吐					

完成表格后,展示分享自己的学习成果,讨论并完善物质进出细胞的方式和特点。

———— 课后检测 ————

一、物质跨膜运输的方式

图 4-1-6 为物质出入某细胞质膜的示意图,其中大写字母表示物质,小写字母表示物

质运输方式。请据图回答下列问题：

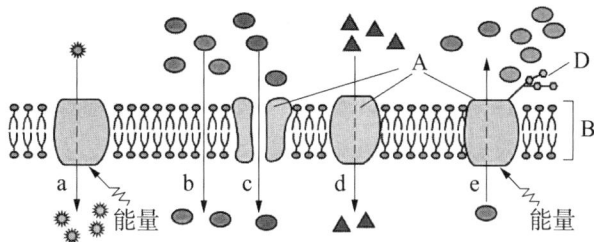

图 4-1-6

1. 若图 4-1-6 为小肠绒毛上皮细胞膜，则图中_____（填"a""b"或"c"）表示钾离子的吸收过程，根据图中生物膜结构_____（填"A""B"或"D"）的物质组成成分，可以判断细胞膜的内侧与外侧。

2. 在 a～e 这五个过程中，代表被动转运的是_____（填图中字母），可能代表氧气转运过程的是_____（填图中字母），碘进入人体甲状腺滤泡上皮细胞的过程是_____（填图中字母）。

3. 细胞中最重要的吸收或排出物质的方式是_____（填名称），这种运输方式的意义：

_____

_____

二、肺部囊性纤维化

囊性纤维化是一种严重的遗传性疾病，导致这一疾病发生的主要原因是编码 CFTR 蛋白的基因发生突变，图 4-1-7 表示 CFTR 蛋白在氯离子跨膜运输过程中的作用。

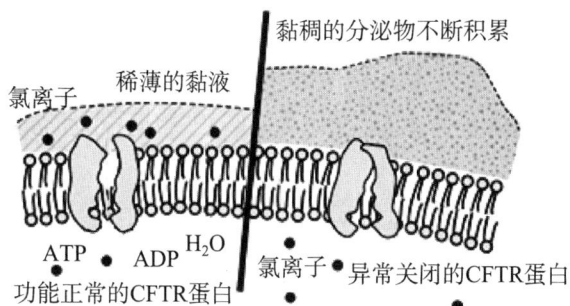

图 4-1-7

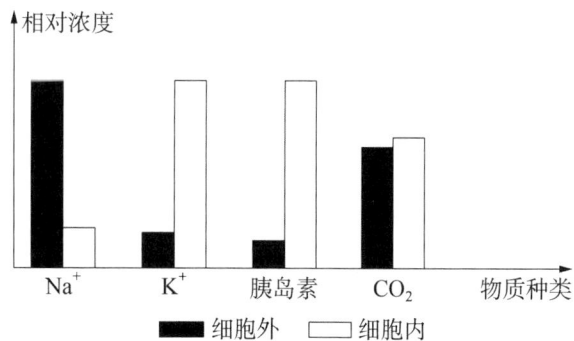

图 4-1-8

1. 图 4-1-7 所示为细胞质膜的_____模型，据图可知，氯离子跨膜运输能正常进行的前提之一是膜上_____结构正常。若图 4-1-8 所示物质跨膜运输的方向由膜内至膜外，则物质跨膜运输方式与图 4-1-7 中氯离子相同的是_____。

2. 在正常细胞内，氯离子在 CFTR 蛋白的协助下通过_____方式转运至细胞外，随着氯离子在细胞外浓度逐渐升高，水分子向膜外扩散的速度_____，使覆盖于肺部细胞表面的黏液被稀释。病变条件下，由于 CFTR 蛋白关闭，水分子向膜外扩散的速度____

____,覆盖于肺部细胞表面的黏液不能被稀释。

3. 人工合成的仅由磷脂双分子层构成的封闭球状结构称为脂质体,所有带电荷的物质(离子、分子)不论其大小如何,都很难通过脂质体。缬氨霉素是一种化学本质为十二肽的抗生素,若将它插入脂质体的磷脂双分子层中,可使 K^+ 的运输速度提高 100 000 倍,但却不能有效提高 Na^+ 的运输速率,由此可以得出:_____

_____。

—— 课 后 反 思 ——

1. 请自主梳理本节课的知识结构。(如思维导图或概念图的方式)

2. 还存在哪些疑惑或还需要解决的问题有哪些?(结合重难点和易错点)

第2课 探究·实验4-1 观察外界溶液对植物细胞质壁分离和复原的影响

内容出处

普通高中教科书必修1第4章第1节探究·实验4-1。

课标要求

1. 内容要求:(1) 物质可以通过被动运输、主动运输等方式进出细胞,以维持细胞的正常代谢活动。(2) 质膜具有选择透过性。

2. 素养水平:能正确地使用显微镜、载玻片、盖玻片、镊子等实验工具进行临时装片的制作和植物细胞质壁分离和复原的观察,并能与小组成员合作完成探究,如实记录和分析实验结果。

学习目标

1. 学会使用显微镜观察细胞质壁分离和复原现象。

2. 探究不同外界溶液对植物细胞质壁分离和复原的影响。

3. 能运用细胞吸水和失水的原理来解释生活和生产实践中的有关现象。

评价任务

表 4-2-1

评 价 内 容	等第(在对应的等第内打√)			
	优秀	良好	合格	不合格
1. 能说出质壁分离原理				
2. 实验中制作合适的临时装片				
3. 显微镜下观察到细胞质壁分离和复原现象				
4. 能测出细胞长度和原生质体长度或面积				
5. 学会数据的处理,能绘制曲线并对其进行分析,得出正确的实验结论				
6. 课后检测和课后反思的完成情况				

学习过程

学习建议

1. 本节课学习内容的地位和作用

本章第1节的内容是让学生初步了解细胞通过质膜与外界进行物质交换,观察植物细胞在不同溶液中的吸水和失水现象,能更好地理解渗透作用原理和细胞质膜的选择透过性。本节课通过该实验让学生进一步熟练使用显微镜,观察细胞失水和吸水现象,利用测微尺或利用软件测量细胞大小,提升实验数据处理和分析实验结果的能力,并与同伴交流,提升科学探究的素养和合作能力。

2. 学习路径

如图 4-2-1。

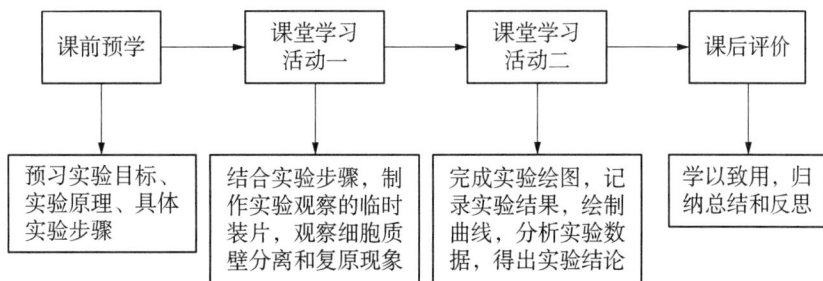

图 4-2-1

3. 本节课学习的重点和难点

本实验的重点是熟练使用显微镜观察植物细胞质壁分离和复原现象,利用测微尺或利用软件测量细胞大小,并完成数据处理和实验报告;难点是用渗透原理和细胞质膜的功能特点解释实验结果。

学生在学习中可采用以下方法突破重难点:做好课前预学,在课堂中按照实验步骤完成实验。参与小组讨论,阐明植物细胞吸水与失水条件及质壁分离复原现象的原因。

4．评价标准

完成课前预学,初步了解本实验的目标、原理和步骤。

完成课堂学习活动一,填写实验原理和步骤,制作出较为理想的临时装片。

完成课堂学习活动二,绘制植物质壁分离细胞图,利用测微尺测量细胞长度并记录实验数据,分析实验数据,完成实验报告。

能很好地完成课后检测和评价任务。

————— 课 前 预 学 —————

(时间:10 分钟)

任务一:阅读课本 P74 的实验目标、实验原理、实验步骤等,完善以下内容。

(一) 实验原理

当＿＿＿＿＿＿＿＿＿时,液泡体积减小,原生质体(植物细胞脱去细胞壁的部分)变形,而细胞壁伸缩性较弱,部分区域的细胞质膜与细胞壁脱离,即＿＿＿＿＿＿＿＿＿。当细胞液的浓度＿＿＿＿＿＿＿＿＿时,外界溶液中的水分就透过原生质体进入＿＿＿＿＿中,整个原生质体就会慢慢地恢复成原来的状态,使植物细胞逐渐＿＿＿＿＿＿＿＿。

(二) 实验步骤

1. 如图 4-2-2 是临时装片的制作。

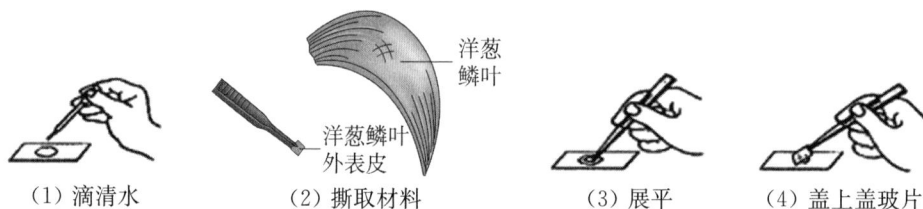

(1)滴清水　　(2)撕取材料　　(3)展平　　(4)盖上盖玻片

图 4-2-2

在载玻片上滴加＿＿＿＿＿＿,然后用镊子撕取＿＿＿＿＿＿＿,将材料放入＿＿＿＿＿中展平,然后盖上盖玻片。

2. 先用低倍镜,再换高倍镜,分别观察洋葱鳞叶外表皮细胞的正常状态、液泡的大小和细胞核的位置。

3. 如图 4-2-3,观察质壁分离和复原。

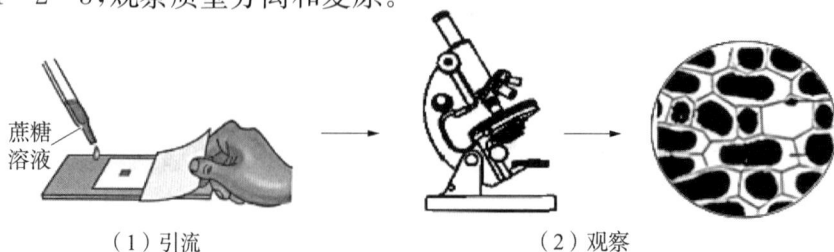

(1)引流　　　　　　　　　　(2)观察

图 4-2-3

(1) 观察 30％ 蔗糖溶液对植物细胞质壁分离的影响。在盖玻片的一侧滴加 1～2 滴_____溶液,在盖玻片的对侧用_____引流,如图 4-2-3,重复几次,使溶液渗入盖玻片下方,浸润洋葱鳞叶外表皮。用_____倍镜观察洋葱鳞叶外表皮细胞的变化,注意液泡、原生质体的体积和颜色变化以及是否出现质壁分离现象。

(2) 如图 4-2-4,观察蒸馏水对质壁分离细胞的影响。取已发生_____的洋葱鳞叶外表皮细胞装片,在盖玻片一侧滴加_____,用引流法使洋葱鳞叶外表皮浸润在蒸馏水中,持续观察细胞形态变化。

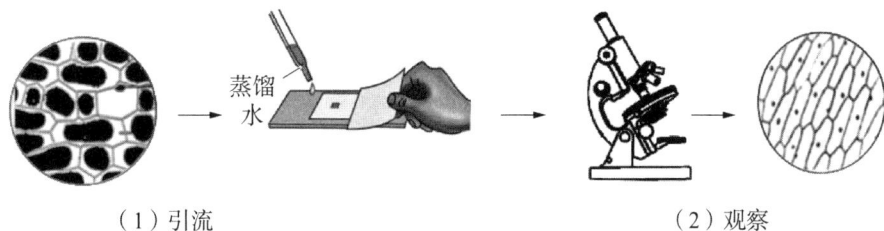

（1）引流　　　　　　　　　（2）观察

图 4-2-4

任务二:查阅植物细胞吸水、失水的生活实例。

———— 课堂学习 ————

活动一:制作并观察植物细胞质壁分离和复原现象(达成学习目标 1,对应评价任务 1、2、3)

1. 观察洋葱鳞叶外表皮细胞的正常状态。

2. 用 30％ 蔗糖溶液进行引流,观察并记录实验现象,注意液泡、原生质体的体积和颜色变化。

3. 在一个视野中,取 3 个长宽比为 3：1 至 2：1 的质壁分离细胞,每隔 1 min 用目镜测微尺测量细胞长度(l_1)和原生质体长度(l_2),拍摄记录观察结果,持续记录 8～10 min。也可用计算机软件计算出每个时间点拍摄的细胞面积(S_1)和原生质体面积(S_2),拍摄记录观察结果,持续记录 8～10 min。

4. 用清水进行引流,观察并记录实验现象,注意液泡、原生质体的体积和颜色变化。

活动二:分析实验数据,得出实验结论(达成学习目标2、3,对应评价任务4、5)

1. 绘图:在图4-2-5所示的方框中各绘制一个洋葱鳞叶细胞正常状态、质壁分离和质壁分离复原的示意图。

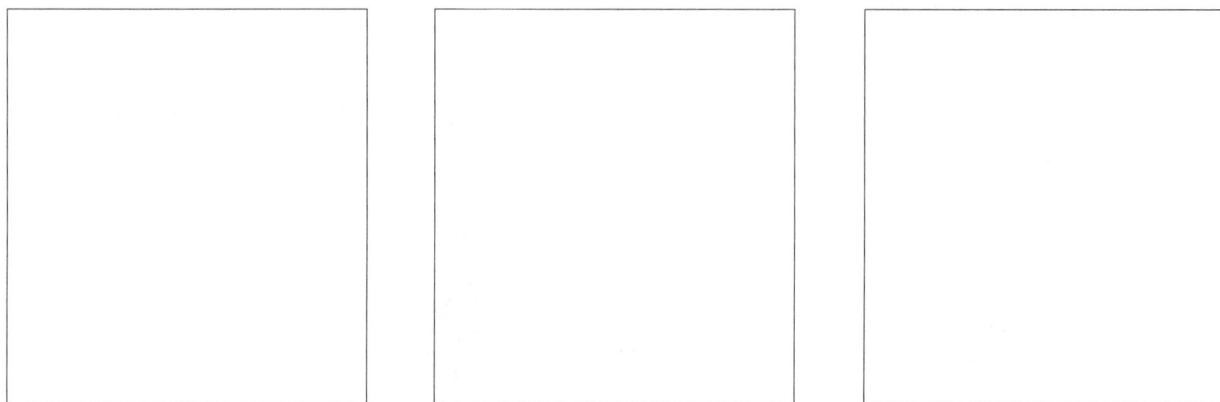

（A）细胞正常状态　　　　　　　（B）细胞质壁分离　　　　　　　（C）细胞质壁分离复原

图4-2-5

2. 根据上面绘制的细胞示意图,结合观察的现象,完成表4-2-2。

表4-2-2

细胞及其所在的溶液	正常细胞 在蒸馏水中	正常细胞 在30%蔗糖溶液中	质壁分离的细胞 在蒸馏水中
液泡体积大小变化			
液泡颜色深浅变化			
原生质体与细胞壁位置关系			

3. 数据记录和处理:不同时间下植物细胞质壁分离程度如表4-2-3。

表4-2-3

样品	1 min			2 min			3 min			4 min		
	l_2	l_1	l_2/l_1 (%)	l_2	l_1	l_2/l_1 (%)	l_2	l_1	l_2/l_1 (%)	l_2	l_1	l_2/l_1 (%)
1												
2												
3												
l_2/l_1(%) 平均值												

注:l_1为每个细胞的长度,l_2为原生质体的长度。

4. 分析并处理数据,请在图4-2-6中画出l_2/l_1(%)值与时间的相关曲线。

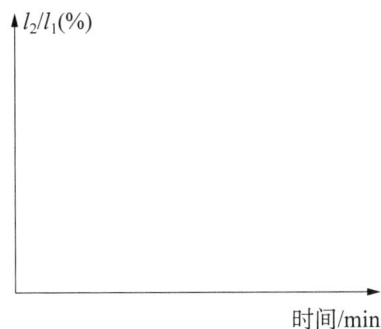

图 4 - 2 - 6

5. 得出实验结论：

6. 小组讨论：

(1) 什么样的植物细胞才能发生质壁分离？

(2) 不同细胞在同一溶液浓度条件下,细胞质壁分离程度是否相同,为什么？

(3) 植物细胞会主动吸收 K^+ 和 NO_3^-,如果将洋葱鳞叶外表皮细胞放在 3‰KNO₃ 溶液中,植物细胞会如何变化呢? 为什么？

(4) 本实验中如果先后用 50％蔗糖溶液和清水进行质壁分离实验和复原实验,实验结果有什么不同？

7. 完成下面《探究植物细胞外界溶液浓度与质壁分离的关系》实验自评表 4 - 2 - 4。

表 4 - 2 - 4

实验评价内容		掌握	一般	需努力
取材部位	取洋葱鳞叶紫色外表皮			
取材效果	显微镜下能看到一层洋葱鳞叶紫色外表皮			
气泡	视野中无明显影响观察的气泡			

(续表)

实验评价内容		掌握	一般	需努力
引流法	引流方法正确并保持装片整洁			
镜检	正确使用显微镜,物像清晰			
显微测微尺的使用	能正确读取实验数据			
实验数据	准确记录、处理实验数据并绘制曲线			

— 课 后 检 测 —

一、植物细胞吸水和失水

为了观察植物细胞质壁分离和复原的现象,小王同学设计并进行了如下实验:取洋葱的少量组织细胞制成临时装片,再用 0.3 g/mL 的蔗糖溶液和清水按照如图 4-2-7 所示的流程研究植物细胞的吸水和失水,整个实验过程保证细胞始终为生活状态。回答下列问题:

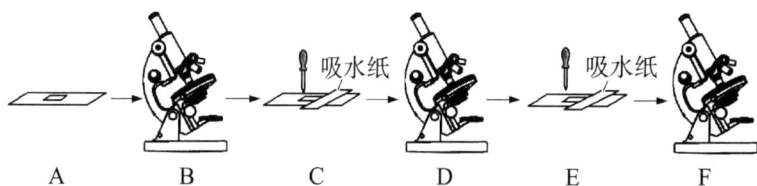
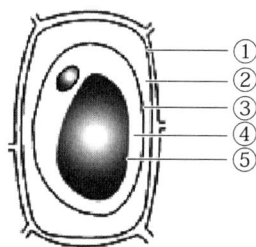

图 4-2-7　　　　　　　　　　　　　图 4-2-8

1. 图 4-2-7 中三次用显微镜观察能看到质壁分离现象的是第_____次观察。

2. (多选)图 4-2-8 是小明观察到的一个正在发生质壁分离的细胞,下列观点正确的是 　　　　　　　　　　　　　　　　　　　　　　　　　　　　　(　　)

A. 图 4-2-8 中,颜色会变深的结构为⑤

B. 质壁分离后的复原过程中细胞的吸水能力变强,细胞液的浓度变小

C. 若将图示细胞放于蒸馏水中不能发生质壁分离复原现象,说明细胞已死亡

D. 该细胞质壁分离过程中,细胞体积明显缩小

3. 细胞借助主动运输维持 K$^+$ 的细胞内浓度远高于细胞外浓度。若将蔗糖溶液换为一定浓度的 KNO$_3$ 溶液,则 D 过程观察到的现象和原因分别是什么?

4. 若用红墨水代替蔗糖溶液进行上述实验,能观察到红墨水所达到的区域为图 4-2-8 中的_____。(填序号)

5. 小王同学为了节约实验时间,认为可以省略第一次显微观察步骤,你是否同意小王同学的观点? 并说明理由。

6. 细胞液中物质浓度对于维持细胞的生命活动非常重要。小王同学想在实验室探究某植物细胞液的浓度,现提供紫色洋葱鳞叶表皮细胞,请你帮他设计实验,测定该细胞的细胞液浓度相当于多少质量分数的蔗糖溶液。结合本节实验的原理,写出简要的实验思路。

二、粮食安全

一篇题为《大地之殇——盐碱地》新闻报道引起了小王同学的关注,其内容如下:"世界上盐碱地面积约占陆地面积的三分之一,中国是盐碱地大国,我国盐碱地总面积约为15.2亿亩。盐碱地由于土壤溶液中盐离子浓度高,造成植物根系脱水,从而抑制其生长发育,研发盐碱地农作物可以充分利用盐碱地和海洋滩涂,解决粮食问题。可突破我国18亿亩土地红线,保障我国粮食的安全。"

1. 小王同学在高一生物课堂中进行了探究实验《观察外界溶液对植物细胞质壁分离和复原的影响》,他认为盐碱地不利于农作物生长的原因如下:盐碱地中 NaCl 含量高,_____(填"大于"或"小于")农作物根系细胞内浓度,使根系细胞_____,从而抑制生长。在实验课中,可以选择植物根尖分生区细胞作为质壁分离和复原的观察材料吗? 请说明理由。

2. (多选)图 4-2-9 是小明在课堂上用显微镜观测到的同一个洋葱外表皮细胞质壁分离与复原过程中的物像变化,下列相关叙述正确的是　　　　(　　)

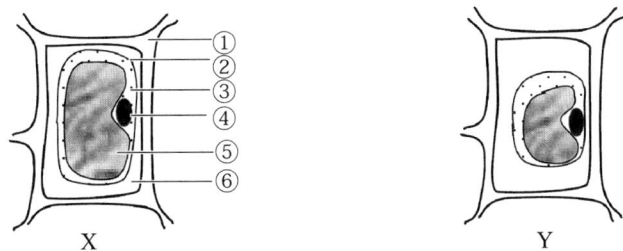

图4-2-9

  A. 结构②③④⑤构成原生质体   B. 视野中呈现紫色的部位是③

  C. Y 时结构⑤中的自由水显著减少 D. ⑥空间大小与外界溶液浓度呈反比

3. 与植物细胞的吸水和失水的探究实验材料及外界溶液有关的叙述,正确的分别是
（ ）

①实验材料必须是成熟的植物活组织细胞;②细胞液最好有颜色,便于观察和判断细胞质壁分离和复原的程度;③细胞液必须有颜色,否则不能发生质壁分离和复原;④外界溶液的浓度应适中,不能过低或过高;⑤外界溶液必须对细胞无毒害;⑥外界溶液的浓度无特殊要求,任何浓度均可以。

  A. ①②、⑤⑥   B. ①②、④⑤

  C. ①③、④⑤   D. ①③、⑤⑥

4. 小王同学在实验室用 30% 蔗糖溶液来处理某细胞,在操作步骤完全正确的情况下,该细胞没有出现质壁分离现象。试分析小王同学所使用的实验材料可能是（ ）

① 根尖分生区细胞 ② 动物细胞 ③ 死细胞 ④ 去除了细胞壁的植物细胞

  A. ②④   B. ①②④   C. ②③④   D. ①②③④

5. 通过学习,小王同学认识到合适的土壤盐浓度对植物生长的重要性,耐盐碱树种适于在盐碱地环境下生长,同时对于高盐碱环境有一定的适应性。由此看出,耐盐碱树种对于生态环境改善具有重要的意义。请你查阅资料,看看我国在开发耐盐农作物种植方面取得的进展。

三、糖蒜制作的分析

  小王同学跟奶奶学习如何腌制糖蒜,将新鲜的大蒜放在蔗糖与食醋配制成的糖醋汁液中,开始时大蒜呈现萎缩,糖醋汁液面上升。2 天后,糖醋汁液面下降,大蒜呈现膨胀并有酸甜味道。

  1. 在腌制糖蒜的过程中,糖醋汁液面开始时为什么会上升?

  2. 大蒜有酸甜味,说明糖醋汁进入大蒜细胞内,请你分析原因。

── 课后反思 ──

1. 请以概念图的形式自主梳理本节课的知识结构。(如思维导图或概念图)

2. 还存在哪些疑惑或还需要解决的问题有哪些?(结合重难点和易错点)

第3课　酶催化细胞的化学反应(上)

内容出处

普通高中教科书必修1第4章第2节。

课标要求

1. 内容要求:说明绝大多数酶是一类能催化生化反应的蛋白质,酶活性受到环境因素(如pH和温度等)的影响。

2. 学业要求:(1)在建立"绝大多数酶是一类能催化生化反应的蛋白质"概念时,用实例说明酶具有催化功能。(2)从蛋白质本质的角度,用结构与功能观解释酶的作用特点。

学习目标

1. 观察酶的催化作用演示实验,描述实验现象,尝试解释产生该现象的原因。

2. 阅读并分析"关于酶本质的探究"资料,尝试定义酶的概念。

3. 阅读分析资料,归纳总结酶作为生物催化剂与无机催化剂的共性和特性,基于结构与功能相适应的观点,以图文结合的方式解释酶专一性的原理。

4. 阅读资料及课本P77"广角镜"的文字,分析并阐述磺胺药的抑菌机理,逐渐形成用科学思维解决社会现实问题的能力,认同酶在日常生活中的应用价值。

评价任务

表 4-3-1

评 价 内 容	等第(在对应的等第内打√)			
	优秀	良好	合格	不合格
1. 记录实验现象,尝试分析产生实验现象的原因				
2. 概述酶的定义				
3. 归纳总结酶的特性,解释酶专一性的原理				
4. 运用结构与功能观阐释磺胺药的抑菌机理				
5. 课后检测和课后反思的完成情况				

学习过程

— 学 习 建 议 —

1. 本节课学习内容的地位和作用

本节课是必修 1 第 4 章第 2 节的第 1 课时,内容涉及酶是生物催化剂和酶的功能与其分子结构相关两个方面。继上一节课学习了细胞通过质膜与外界进行物质交换,顺理成章地学习细胞是如何通过代谢活动利用这些物质的。细胞代谢是细胞内全部化学反应的总称,是细胞获得所需能量和物质的基础,也是细胞进行一切生命活动的基础,这一过程离不开酶的催化。因此酶是细胞代谢过程中必不可少的物质。学生通过对本节课的学习,了解酶的本质和特性,进一步强化结构与功能相适应的生命观念,有助于学生理解复杂而井然有序的细胞代谢过程,为后续光合作用、细胞呼吸的学习打下基础。

2. 学习路径

如图 4-3-1。

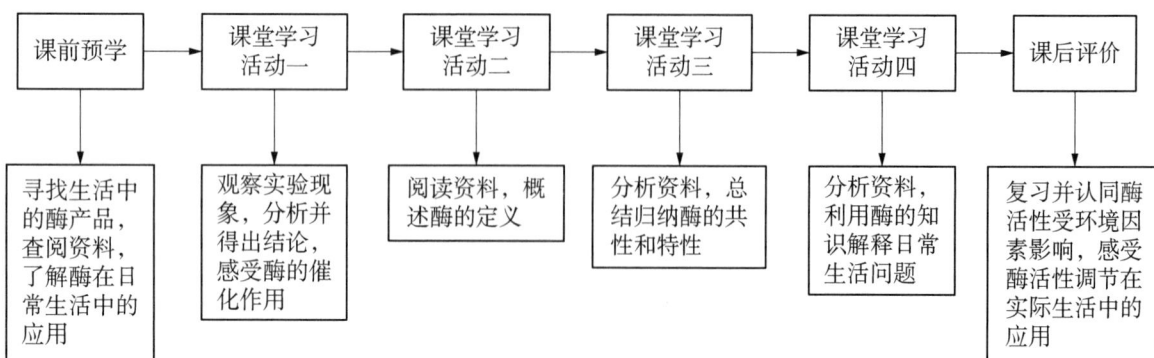

图 4-3-1

3. 学习重难点

酶的本质和特性是本节课内容的重点,其中酶的专一性且利用该特性解决社会现实问题是学习的难点。你可以通过课本图片和教师补充的资料,以图文结合的方式,认识到底物只有与酶的活性中心契合时才能被催化,从而归纳出酶具有专一性。

4. 评价标准

能够正确记录观察到的实验现象,并参照对照组解释试管 B、C 产生现象的原因为优秀;未说明试管 A 作用的为良好;只记录现象,未能解释原因为合格;实验现象记录有误,也未能解释原因为不合格。能准确从三方面定义酶的概念为优秀,酶的化学本质只说出蛋白质的为良好,不能说出酶的来源为合格,不能完成为不合格。正确归纳总结酶的特性,并能基于结构与功能观解释酶专一性的原理为优秀,只归纳出酶的特性为合格,不能完成为不合格。能够根据资料,运用结构与功能观准确阐释磺胺药的抑菌机理为优秀,未能指明磺胺药是酶的竞争性抑制剂为良好,只说明磺胺药与对氨苯甲酸具有相似的结构为合格,不能完成为不合格。

------- 课 前 预 习 -------

(时间:10 分钟)

任务一:请列举你熟悉的几种酶。

任务二:寻找身边的酶产品,并查阅资料,了解一下酶在我们日常生活中的应用有哪些?

------- 课 堂 学 习 -------

活动一:观察实验,认识酶的催化作用(指向学习目标 1 的活动设计)

请看课本 P76"观察酶的催化作用",仔细观察 A、B、C 三支试管的气泡生成量和带火星的线香复燃亮度,及时记录于表 4-3-2 中。

表 4-3-2

加入材料及结果观察	试 管 号		
	A	B	C
3% H_2O_2/mL	5	5	5
蒸馏水/mL	1	0	0
新鲜的动物肝脏匀浆/mL	0	1	0
3.5% $FeCl_3$ 溶液/mL	0	0	1

(续表)

加入材料及结果观察	试 管 号		
	A	B	C
气泡产生量(可用"+"表示)			
火光亮度(可用"+"表示)			

1. 说明试管 A 的作用。

2. 描述试管 B、C 的实验现象,并尝试分析产生该现象的原因。

活动二:阅读资料,构建酶的概念(指向学习目标 2 的活动设计)

资料:关于酶本质的探究。

19 世纪中叶,法国科学家巴斯德对蔗糖转化为酒精的发酵过程研究中,认为酵母细胞中存在一种活力物质,命名为"酵素"。他提出发酵是酵素催化的结果。

1897 年,德国科学家比希纳将发挥催化作用的物质命名为"酶"。

1926 年,美国生物化学家萨姆纳首次从刀豆种子中分离得到脲酶结晶,并证明了脲酶的蛋白质本质。其后,他在 1931 年对过氧化氢酶的研究中再次证实了酶为蛋白质。约翰·霍华德·诺斯罗普和温德尔·梅雷迪斯·斯坦利通过对胃蛋白酶、胰蛋白酶等消化酶的研究,最终证明了其蛋白质的本质。以后陆续在各种活细胞中发现的 2 000 余种酶均证明其本质是蛋白质,以上三位科学家因此获得 1946 年诺贝尔化学奖。

1981 年,托马斯·切赫和悉尼·奥尔特曼分别从四膜虫的 rRNA 前体的加工研究和细菌的核糖核酸酶 P 复合物的研究中都发现 RNA 本身具有自我催化作用,并提出了核酶的概念,第一次发现了蛋白质以外的具有催化活性的生物分子。1989 年,二人也因此获得了诺贝尔化学奖。

请你结合上述资料,尝试从来源、功能和化学本质三方面给酶下一个定义。

活动三:阅读资料,归纳酶的性质(指向学习目标 3 的活动设计)

(一) 共性

酶与无机催化剂的共性:改变化学反应速率,而本身的性质和数量在反应前后没有变化。

1. 图 4-3-2 表示酶催化蔗糖水解的化学反应,请指出 A、B、C、D 分别代表什么?

图 4-3-2

(二) 特性

资料 1:单个过氧化氢酶分子在 1 s 内可以催化 4 000 万个过氧化氢分子分解。

资料 2:通常情况下,酶的催化效率是无机催化剂的 $10^7 \sim 10^{13}$ 倍。我们将酶的催化效率称为酶活性,也叫酶活力,可用其在一定条件下催化某一化学反应的速率表示。

1. 结合资料 1 和资料 2,你认为酶具有什么特性?

2. 尝试判断出图 4-3-3 中 B、C 两条曲线各自代表何种情况(不加催化剂、加催化剂)? 若图中催化剂曲线代表加入无机催化剂,请画出加酶组的曲线。

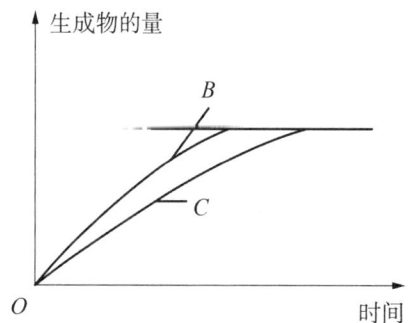

图 4-3-3

3. 酶的该特性对生命活动具有怎样的意义?

资料 3:酶的种类很多,很多酶会同时存在于同一空间(同一细胞、同一消化道),每一个空间内也同时有各种底物,它们在一起却能有条不紊地进行各自的催化作用。淀粉酶只能催化淀粉的水解,脂肪酶只能催化脂肪的水解。

4. 结合资料 3,你能总结出酶作用的什么特性?

5. 阅读课本 P77 最后一个自然段及 P78 图 4-12,尝试说出酶具有此特性的原因。

6. 你能在"观察酶的作用"实验基础上再续写一步实验来验证酶的这个特性吗? 尝试写出你的实验设计思路。

7. 尝试判断出两条曲线哪条代表加入酶 A,哪条代表加入酶 B,标注在图 4-3-4 上。

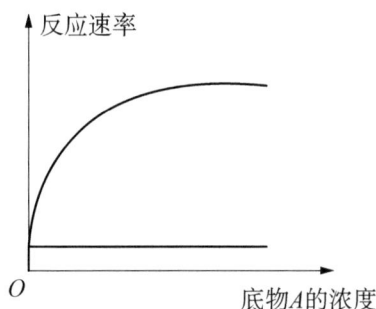

图 4-3-4

活动四:阅读资料,体会酶的应用(指向学习目标 4 的活动设计)

资料:磺胺药是一类人工合成的广谱抗菌药物,在控制各种细菌性感染的疾病中,特别是在处理急性泌尿系统感染中具有重要价值。

细菌不能直接利用其生长环境中的叶酸,而是利用环境中的对氨苯甲酸(PABA)和二氢喋啶、谷氨酸在菌体内的二氢叶酸合成酶催化下合成二氢叶酸,后者能转变为四氢叶酸。四氢叶酸是细菌合成核酸不可缺少的辅酶,而核酸是细菌生长繁殖所必须的成分。

磺胺药与对氨苯甲酸具有相似的结构。

请结合资料和课本 P78"广角镜"的内容,尝试阐述磺胺药的抑菌机理。

—— 课后检测 ——

一、新冠病毒防治

新冠病毒严重威胁着人类的生命健康。研究人员发现 3CL 蛋白酶在新冠病毒的 RNA 复制中具有重要作用,主要作用于病毒进入宿主细胞后的初始复制阶段,其氨基酸序列在目前已出现的多个新冠病毒变异株几乎没有变化,属于高度保守的抗新冠病毒药物研发的重要靶标,也是目前新冠药物开发的热门靶点之一。

1. 3CL 蛋白酶在高温下会失去活性,这与酶的化学本质有关,它的化学本质是 (　　)

A. 蛋白质　　　　　B. 核酸　　　　　C. 固醇　　　　　D. 磷脂

2. 该酶的功能是催化_____的水解。

3. 我国科学家研制出了能成功检测新冠病毒的酶联免疫试剂,专用于新冠的快速诊断。此试剂具有准确、灵敏、快速、方便和经济等优点,一个测试板可同时检测 96 个样品,1 小时左右获得检测结果。它应用的是 (　　)

A. 酶的高效性和专一性原理　　　　B. 酶的专一性原理

C. 酶的识别原理　　　　　　　　　D. 酶的高效性

4. 结合情境中的信息,尝试提出研发抗新冠病毒药物的思路:

_____

_____

二、人体衰老与酶活性

诺丁汉大学的科学家近期发现了一种在人体老化进程中起重要作用的酶——碳酸酐酶。研究人员利用双向凝胶电泳技术,从年轻人大脑和中年人大脑的脑细胞线粒体中分离出了碳酸酐酶,并进行对比。结果显示,中年人的大脑细胞的碳酸酐酶水平远远高于年轻人。此外,在有神经退行性疾病的早期人群中,碳酸酐酶的水平也很高。由此可见,碳酸酐酶水平升高是有害的,与衰老密切相关。大脑的衰老导致认知功能下降,影响人的记忆能力、反应能力和多种技能,最终导致痴呆。

1. 人的血液中,1 个分子的碳酸酐酶每分钟可催化 1 900 万个碳酸分子反应,这说明酶具有 　　　　　　　　　　　　　　　　　　　　　　　　　　　　　　　　(　　)

A. 多样性　　　　B. 专一性　　　　C. 可控性　　　　D. 高效性

2. 碳酸酐酶由一条卷曲的多肽链和一个锌离子构成,是红细胞内一种重要的蛋白质,在 CO_2 的运输中具有重要意义。在人体组织中,该酶催化 CO_2 与水结合生成 H_2CO_3,H_2CO_3 解离为 HCO_3^-,从红细胞运出。在肺部,该酶催化反应向相反方向进行(如 $CO_2 + H_2O \rightleftharpoons H_2CO_3 \rightleftharpoons HCO_3^- + H^+$)。下列相关叙述错误的是 (　　)

A. 碳酸酐酶催化的反应速率受到 CO_2 的扩散速率限制

B. 碳酸酐酶对维持血浆和细胞中的酸碱平衡有作用

C. 碳酸酐酶可催化上述反应朝不同方向进行,因此不具有高效性

D. 锌离子参与酶的组成,说明无机盐离子对于维持生命活动有重要作用

3. 在磺胺类药物使用时,发现患者出现代谢性酸中毒的副作用,推测磺胺药物可能 _____(填"促进"或"抑制")碳酸酐酶的活性。

三、比较过氧化氢在不同条件下的分解

过氧化氢俗称双氧水,外观为无色透明液体,具有强氧化性。过氧化氢是细胞内产生的一种代谢废物,其水溶液适用于医用伤口消毒、环境消毒和食品消毒等。某同学设计了以体积分数为 3% 的过氧化氢溶液为反应底物的四组实验,实验结果如表 4-3-3 所示。请回答下列问题:

表 4-3-3

组别	A 组	B 组	C 组	D 组
H_2O_2 溶液	2 mL	2 mL	2 mL	/
$FeCl_3$ 溶液	/	?	/	/

（续表）

新鲜肝脏研磨液	/	/	2 滴	2 滴
温度	常温	常温	常温	常温
实验结果	无明显现象	气泡稍多而小	气泡极多而大	无明显现象

注:$FeCl_3$ 的质量分数为 3.5%,肝脏研磨液的质量分数为 20%,已知此浓度下每滴 $FeCl_3$ 中的 Fe^{3+} 数量,大约是每滴研磨液中过氧化氢酶分子数的 25 万倍。

1. 本实验的对照组是_____(填组别),因变量是_____;B 组和 C 组对比,实验的自变量是_____,B 组中应加入_____质量分数为 3.5% 的 $FeCl_3$ 溶液。

2. A 组和 C 组对比,可得出的实验结论是_____;C 组和 B 组对比,可得出的实验结论:_____。

3. 若该同学按照表 4 - 3 - 3 完成实验后,发现每个组别的实验现象都不明显,最可能的原因是_____。

—— 课 后 反 思 ——

1. 根据实验结果,分析你的实验是否达到了预期的实验目的;如果没有,请分析原因。

2. 你在实验操作过程中有何感悟,请写下来。

第 4 课　　酶催化细胞的化学反应(下)

内容出处

普通高中教科书必修 1 第 4 章第 2 节。

课标要求

1. 内容要求:(1) 细胞的功能绝大部分基于化学反应,这些反应发生在细胞的特定区域。(2) 说明绝大多数酶是一类能催化生化反应的蛋白质,酶活性受到外界环境(如 pH 和温度等)的影响。

2. 学业要求:从物质与能量角度,阐释细胞生命活动中贯穿着物质和能量的变化。

学习目标

1. 进行实验探究,基于数据总结温度和 pH 等条件对酶活性的影响,结合结构与功能的观念,尝试解释实验现象。

2.结合相关原理,举例说明酶活性调节在生产和生活中的应用。

评价任务

表4-4-1

评 价 内 容	等第(在对应的等第内打√)			
	优秀	良好	合格	不合格
1.运用数学、物理模型解释酶活性受到温度、pH、抑制剂等的影响				
2.结合实例,分析说明基于酶活性调节的应用可服务于生产和生活				
3.课后检测和课后反思的完成情况				

学习过程

— 学 习 建 议 —

1. 本节课学习内容的地位和作用

必修1第4章的主题是细胞的代谢,细胞代谢是细胞中发生的生物化学反应的统称,是细胞所有生命活动的统称,细胞代谢可分为物质代谢与能量代谢两大方面。

通过学习本节内容,可聚焦细胞生化反应的催化剂——酶,对酶的成分、定义、功能、活性等基础概念有深入的认识,为后期理解光合作用和呼吸作用两个反应中的物质转化和能量变化做铺垫,有助于物质与能量观的形成。

2. 学习路径

如图4-4-1。

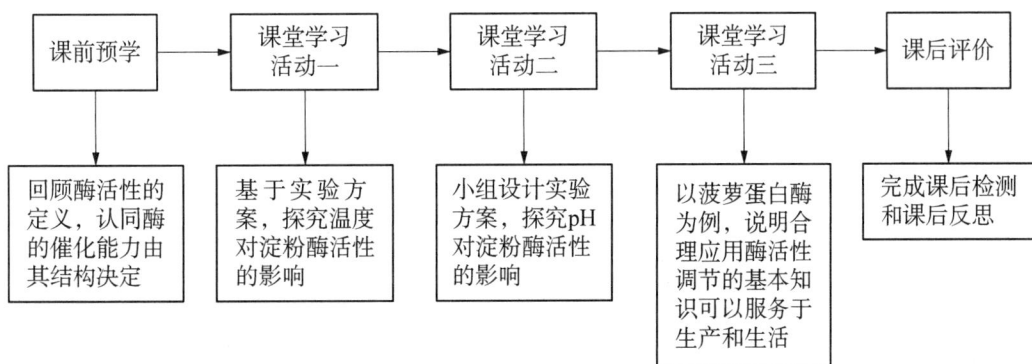

图4-4-1

3. 学习重难点

本节课的重难点是基于实验现象,理解酶活性受外界因素影响;运用结构与功能观,阐释酶活性的变化是因为外界因素影响自身空间结构,尤其是活性中心的状态。基于生产生活实践,举例说明酶活性调节在生产和生活中的应用。在学习过程中可以通过以下策略突破重难点:首先,明确酶是细胞产生的具有催化活性的有机大分子,空间结构决定其催化功能;其次进行小组内合作学习,共同完成探究实验,小组成员先后提出并修订实验的计划,记录现象,得出结论。学生可通过完成课堂学习的思考题和课后检测来了解对本节课的学习情况。

课前预学

（时间:3分钟）

任务:请完善相关知识点。

1. 酶的催化能力由其结构,尤其是_____的结构决定。

2. 我们将酶催化特定化学反应的能力称为酶活性,可用在单位时间内底物的_____或产物的_____加以表示。

课堂学习

活动一:探究温度对酶活性的影响（达成学习目标1,对应评价任务1）

资料1:任何影响酶和底物结合的环境因素都会影响酶活性。其中,抑制剂、环境温度、pH是最常见的因素。淀粉酶可催化淀粉水解,其产物使用DNS试剂加以检测,结果呈棕红色。小明同学设计了一个探究温度对淀粉酶活性的影响的实验,具体操作如图4-4-2所示。

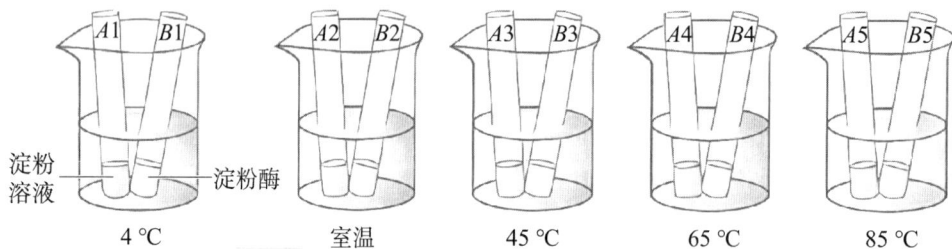

图4-4-2

表4-4-2

组　　别	4℃	25℃（室温）	45℃	65℃	85℃
0.25%可溶性淀粉溶液	1 mL	1 mL	1 mL	1 mL	1 mL
0.005%淀粉酶溶液	1 mL	1 mL	1 mL	1 mL	1 mL
实验前,将各自组别中的试剂在对应温度下保温。实验时,将底物与酶混合,充分反应5分钟,加入1 mL 5% NaOH溶液终止反应,加入1 mL DNS试剂,加热					
棕红色的深浅					

注:"+"代表呈现棕红色,其数量代表颜色深浅;"-"表示未出现棕红色。

1. 请分组完成该实验,并将实验现象记录在表 4-4-2 中。

2. 请将本实验结果绘制在图 4-4-3 所示的方框中。

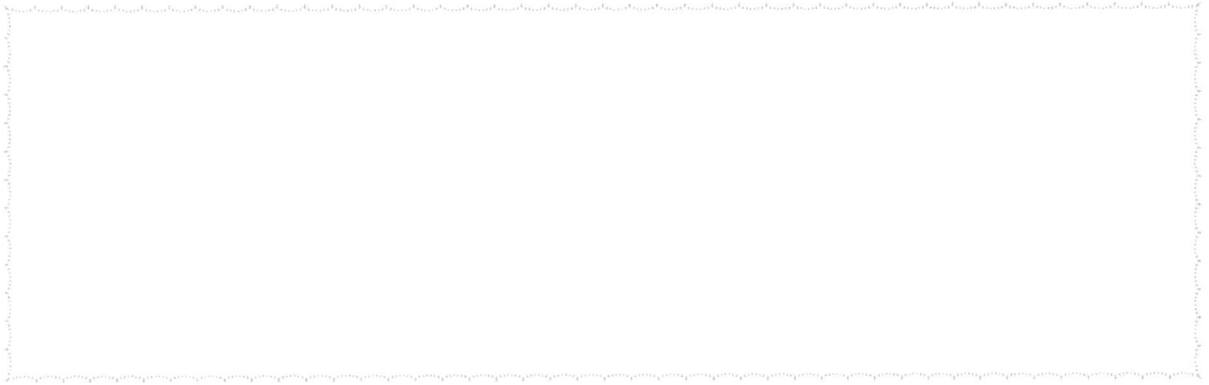

图 4-4-3

3. 酶在其合适的温度时活性最高,此时的温度称为最适温度,高于或低于最适温度,酶活性均会下降。据实验结果可知,该实验中淀粉酶的最适温度在哪个范围内?

活动二:探究 pH 对酶活性的影响(达成学习目标 1,对应评价任务 1)

资料 2:环境 pH 对酶活性影响同样明显,每一种酶都有其最适 pH 范围,图 4-4-4 是胃蛋白酶和唾液淀粉酶活性与 pH 关系示意图。

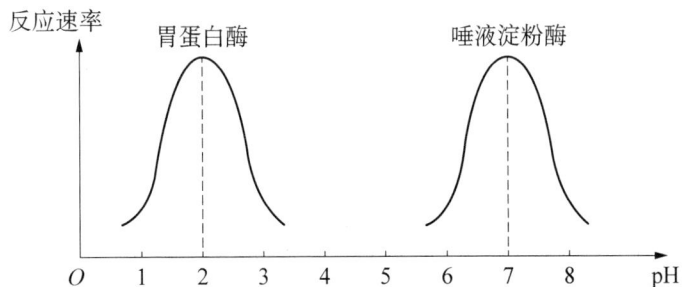

图 4-4-4

1. 胃蛋白酶和唾液淀粉酶各自的最适 pH 范围是多少? 唾液淀粉酶随食物进入胃后,是否能持续发挥作用,为什么?

探究实验:影响胃中 pH 的主要物质是 HCl,请利用以下实验材料,尝试设计实验,完成你的假设。

实验材料:5% NaOH 溶液、5% HCl 溶液、蒸馏水、可溶性淀粉、DNS 试剂、酒精灯、试管若干、试管架、试管夹。

提示:可参考上述温度对淀粉酶活性的探究实验进行设计。pH 的高低可用加入 NaOH 溶液、HCl 溶液的滴数进行区分。

2. 简要阐述你的实验设计。

3. 将本实验结果绘制在图 4-4-5 所示的方框中。

图 4-4-5

4. 结论:_____。

活动三:酶活性调节的实际应用(达成学习目标2,对应评价任务2)

资料3:菠萝果肉中含有一定量的菠萝蛋白酶,可以水解蛋白质,直接食用或造成口腔黏膜受损。人们用食盐水泡制菠萝可以破坏菠萝蛋白酶活性,同时也能令菠萝甜度更高;与此同时,育种科学家选育了低菠萝蛋白酶含量的鲜食品种,现已成为市场上的热销商品。

请基于上述材料作答:

1. 这说明除温度和 pH 外,_____也可以影响酶活性。

2. 菠萝蛋白酶在食品工业有广泛应用,请推测其主要用途。

课后检测

一、酶活性受外界因素影响

酶的催化能力由其结构,尤其是活性中心的结构决定,凡是可以影响活性中心结构的外界因素都可以影响酶活性。通过探究相关因素对酶活性的影响可以得出酶的催化特性。

1. 探究温度对酶活性的影响,最合理的实验步骤是   (   )

①取 3 支试管编号,各注入 2 mL 可溶性淀粉溶液;另取 3 支试管编号,各注入 1 mL 新鲜

的淀粉酶溶液;②将淀粉酶溶液注入相同温度下的可溶性淀粉溶液试管中,维持各自的温度 5 min;③向各试管滴两滴碘液,摇匀;④将 6 支试管分成三组,每组各有一份可溶性淀粉溶液和一份淀粉酶溶液,分别放在 60 ℃的温水、沸水和冰水中;⑤观察实验现象。

A. ①→②→④→③→⑤　　　　B. ①→③→②→④→⑤

C. ①→③→④→②→⑤　　　　D. ①→④→②→③→⑤

2. 下面是验证酶的催化特性的几组实验,对实验的处理如表 4 - 4 - 3 所示,下列相关叙述不正确的是　　　　　　　　　　　　　　　　　　　　　　　　　　　　　　( )

表 4 - 4 - 3

试管号	试管内容物	条　件	检　测
1	2 mL 淀粉溶液＋2 mL 纯唾液	37 ℃处理 10 min	3 滴碘液
2	2 mL 淀粉溶液＋2 mL 清水	37 ℃处理 10 min	3 滴碘液
3	2 mL 淀粉溶液＋2 mL 稀释 10 倍的唾液	37 ℃处理 10 min	3 滴碘液
4	2 mL 淀粉溶液＋2 mL 纯唾液	95 ℃处理 10 min	3 滴碘液
5	2 mL 淀粉溶液＋2 mL 纯唾液＋2 滴浓 HCl	37 ℃处理 10 min	3 滴碘液

A. 通过上述实验中的 1 号和 2 号试管比较,能够说明酶具有催化作用

B. 通过上述实验中的 1 号和 3 号试管比较,能够说明酶具有专一性

C. 通过上述实验中的 1 号和 4 号试管比较,能够说明酶的活性受温度影响

D. 通过上述实验中的 1 号和 5 号试管比较,能够说明酶的活性受 pH 影响

二、家庭酸奶制作

制作酸奶的过程实际上是应用了乳酸菌的无氧呼吸:$C_6H_{12}O_6 \longrightarrow 2C_3H_6O_3$(乳酸)。超市中的酸奶含有活性乳酸菌株,可作为家庭制作酸奶的菌种。将灭菌纯牛奶混入一定量的白砂糖和酸奶,保持 40 ℃密闭发酵一天即可完成酸奶制作。

原料:灭菌纯牛奶、白砂糖、酸奶。

器具:高温消毒过的碗和勺、电子天平或其他称量工具、电热水壶、温度计、电饭煲。

任务:尝试制作家庭版酸奶,成功后品尝并与家人分享。若制作失败,尝试找出原因并再次制作。

三、果酒和果醋发酵

酵母菌是一种兼性厌氧性真菌,在无氧条件下发生以下反应:$C_6H_{12}O_6 \longrightarrow 2C_2H_5OH + 2CO_2$。利用该反应可以制作果酒,酒精发酵温度一般控制在 18~25 ℃。

醋酸菌是一种好氧性细菌,当氧气、糖充足时会发生以下反应:$C_6H_{12}O_6 + 2O_2 \longrightarrow 2CH_3COOH + 2CO_2 + 2H_2O$。当缺少糖时,反应简式如下:$C_2H_5OH + O_2 \longrightarrow CH_3COOH + H_2O$。利用该反应可以制作果醋,果醋的发酵最适温度为 30～35 ℃。

植物细胞壁的主要成分为纤维素和果胶,鲜果榨汁时,破损的细胞壁成分悬浮在果汁中,造成浑浊现象。通过纤维素酶和果胶酶水解可以澄清果汁,提高出汁率,提升果汁品质。细菌中提纯的纤维素酶和果胶酶最适温度在 35 ℃左右,最适 pH 在 6 左右。

1. 以李子为材料,先后制作李子酒和李子醋是基于哪两个化学反应式?

2. 图 4-4-6 是制作李子酒和李子醋的工业流程图,请你思考并回答如何控制酶降解和两个发酵阶段的反应条件?

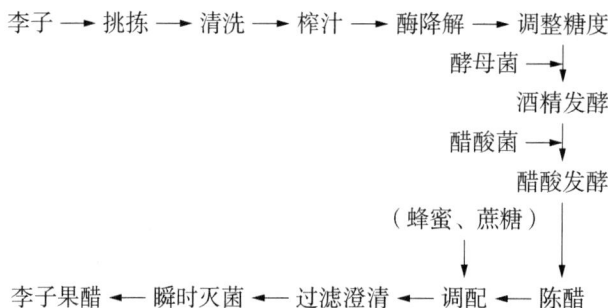

```
李子 ─→ 挑拣 ─→ 清洗 ─→ 榨汁 ─→ 酶降解 ─→ 调整糖度
                                    酵母菌 ↓
                                   酒精发酵
                              醋酸菌 ↓
                                  醋酸发酵
                          (蜂蜜、蔗糖) ↓        ↓
李子果醋 ←─ 瞬时灭菌 ←─ 过滤澄清 ←─ 调配 ←─ 陈醋
```

图 4-4-6

——— 课后反思 ———

1. 请自主梳理本节课的知识结构。(用思维导图或概念图的方式)

2. 还存在哪些疑惑或还需要解决的问题有哪些?(结合重难点和易错点)

第 5 课　探究·实验 4-2　探究温度对淀粉酶活性的影响

▶ 内容出处

普通高中教科书必修1第4章第2节探究·实验 4-2。

课标要求

1. 内容要求:说明绝大多数的酶是一类能催化生化反应的蛋白质,酶活性受到环境的影响(如 pH 和温度等)的影响。

2. 素养水平:能正确地使用恒温水浴锅、试管、分光光度计等实验工具进行酶的催化实验、物质含量测定系列实验,并能与小组成员合作完成探究,如实记录实验结果,分析数据,总结结论及实验探究过程。

学习目标

1. 根据给定的实验方案,探究温度对淀粉酶活性的影响,并进行数据记录和分析,提高合作实践能力。

2. 结合本实验的原理,设计探究 pH 对酶活性的影响实验方案,掌握科学探究的基本思路与方法,在学习过程中发展科学思维。

评价任务

表 4-5-1

评 价 内 容	等第(在对应的等第内打√)			
	优秀	良好	合格	不合格
1. 根据分组实验内容,完成各自温度条件下,淀粉酶对淀粉的催化作用,并做好记录				
2. 综合各小组的实验数据,绘制曲线,解释温度对酶活性的影响,并交流讨论				
3. 结合本实验原理,设计探究 pH 对酶活性影响的实验方案,并交流讨论				
4. 课后检测和课后反思的完成情况				

学习过程

—— 学习建议 ——

1. 本节课学习内容的地位和作用

本节课内容是必修 1 第 4 章第 2 节的实验部分,主要内容探究温度对淀粉酶活性的影响,通过实验动手操作,直观认识到酶的催化活性受到温度的影响,并能根据课本给定的实验,设计新的实验方案用于探究其他因素(如 pH)对酶活性的影响。使学生初步掌握科学探究的基本方法,并能应用于实践,解决生活中的问题。

2. 学习路径

如图 4-5-1。

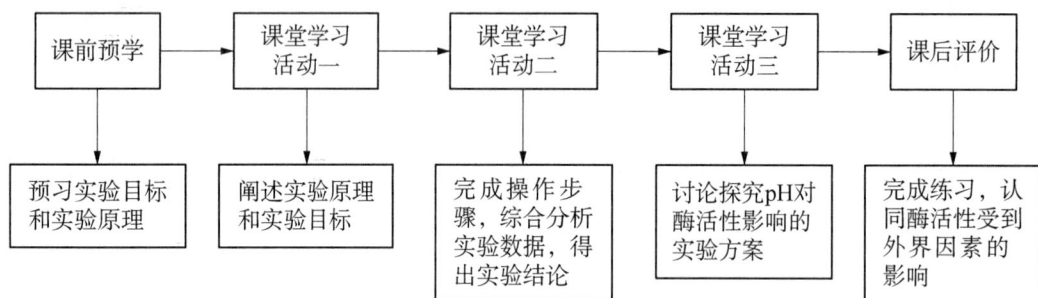

图 4-5-1

3. 学习重点和难点

本课时学习的重点有：①温度对酶活性影响的实验操作；②分光光度计的使用；③设计探究 pH 对酶活性影响的实验方案。

难点主要在于设计探究 pH 对酶活性影响的实验方案，能够体现出学生自主探究能力。

4. 评价标准

完成课堂学习活动一，明确"探究温度对淀粉酶活性的影响"的实验原理，复习掌握分光光度法测定溶液中物质的量。

完成课堂学习活动二，操作探究温度对淀粉酶活性的影响的实验。

完成课堂学习活动三，对实验记录的数据，小组间进行合作分享，并分析处理数据，讨论交流实验结论。

完成课堂学习活动四，明确探究 pH 对酶活性影响的实验原理，讨论探究 pH 对酶活性影响的实验方案。

———— 课 前 预 学 ————

（时间：15 分钟）

任务一：自主阅读课本 P79～P80 内容，熟悉实验原理、实验目标和材料器具。

实验目标：探究温度对淀粉酶活性的影响。

实验原理：酶活性是反映酶功能的重要指标，一般通过测定单位时间内_____的减少量或_____的增加量来表示。淀粉酶催化淀粉水解产生_____，DNS 试剂（主要成分为_____）与还原糖反应产生颜色变化，还原糖量越多，颜色变化越大。可通过_____定量测定颜色变化来测定淀粉酶活性。

任务二：设计实验记录表格，便于记录实验现象，复习分光光度计的使用，知道如何测定溶液中淀粉的量。思考测定的吸光度与酶活性之间的关系。

> —课堂学习—

活动一：讨论完成课堂预学中提出问题（达成学习目标 1，对应评价任务 1）

1. 实验的目标和原理是什么？

2. 测定的吸光度与酶活性之间的关系是什么？

活动二：根据分组分配的实验内容，各小组配合完成各自温度条件下，淀粉酶对淀粉催化状况，并做好记录（达成学习目标 1，对应评价任务 1、2）

实验步骤：

（1）取 5 支试管，分别标上 $A1 \sim A5$，各注入 0.25% 可溶性淀粉溶液 1 mL。

（2）另取 5 支试管，分别标上 $B1 \sim B5$，各注入 0.005% 淀粉酶溶液 1 mL。

（3）取 5 只烧杯（或恒温水浴锅）标为 1~5 组，依次设置水温为 4 ℃（冰浴）、室温（记录水温）、45 ℃、65 ℃、85 ℃。

（4）将 1~5 号的 A、B 试管分别放置在相应编号的烧杯水浴中保温（如图 4-5-2）。5 min 后，将 B 试管中的淀粉酶溶液倒入相应编号的 A 试管，摇匀后继续保温 5 min，随后加入 1 mL 5% NaOH 溶液终止反应。

（5）另取 1 支试管，标上 $A0$，加入 1 mL 0.25% 可溶性淀粉溶液、1 mL 蒸馏水和 1 mL 5% NaOH 溶液。分别向 $A0 \sim A5$ 试管中加入 DNS 试剂 1 mL，摇匀后置于 85 ℃ 水浴 5 min，冷却至室温。观察各试管中的颜色变化并记录。

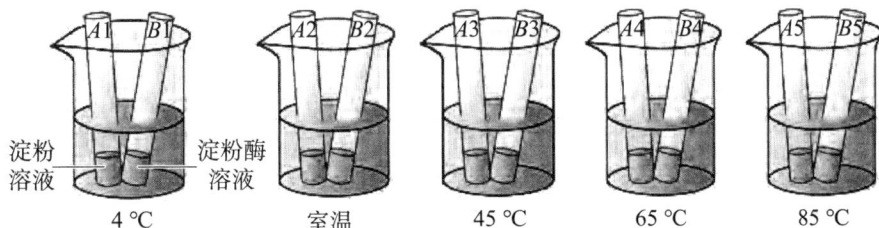

温度对酶活性影响实验示意图

图 4-5-2

（6）用分光光度计在 540 nm 处以 $A0$ 的溶液调零，然后分别测 $A1 \sim A5$ 试管中溶液的吸光度，记录数据。每个样品重复测三次，取平均值。以温度为横坐标，吸光度为纵坐标进行作图。

1. 实验结果记录在表 4-5-2 中。

组别：_____、温度：_____、吸光度值：_____。

表 4-5-2

组别	温度	吸光度值	平均值
1	4 ℃		
2	4 ℃		
3	室温		
4	室温		
5	45 ℃		
6	45 ℃		
7	65 ℃		
8	65 ℃		
9	85 ℃		
10	85 ℃		

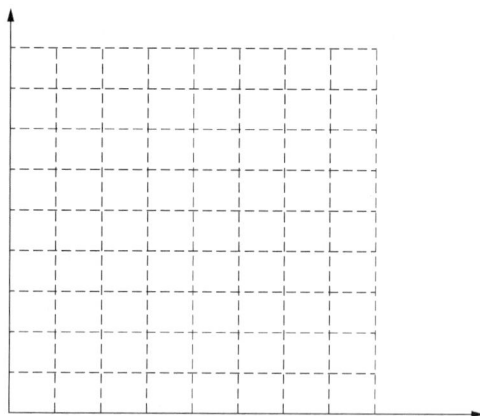

图 4-5-3

2. 综合分析各小组的实验数据,在图 4-5-3 中绘制曲线,解释温度对酶活性的影响,并交流讨论。

问题:描述你绘制的曲线,解释温度对酶活性的影响。从曲线中能否得出该淀粉酶反应的最适温度?

活动三:使用给定的实验材料,完善实验原理并设计探究 pH 对酶活性影响的实验方案,并交流讨论(达成学习目标 2,对应评价任务 3)

材料器具:0.005% 淀粉酶溶液、0.25% 可溶性淀粉溶液、碘液、5% NaOH 溶液、5% 盐酸溶液、烧杯、试管、滴管、玻璃棒、恒温水浴锅等。

1. 完善实验原理。

酶活性是反映酶功能的重要指标,一般通过测定单位时间内底物的减少量或产物的增加量来表示。淀粉酶催化淀粉水解产生还原糖,碘液与淀粉反应产生_____,颜色越深说明淀粉含量越_____。可通过定时记录颜色变化来比较淀粉酶的活性。

2. 交流实验方案。

—— 课后检测 ——

一、温度对酶活性的影响

某实验小组利用图 4-5-4 所示的装置探究温度对酵母菌溶液中 H_2O_2 酶活性的影响。

实验结果如图 4-5-5 所示。

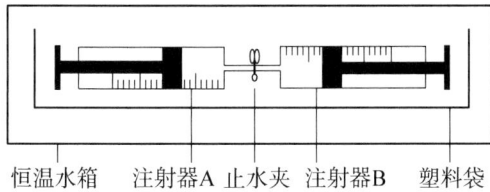

图 4-5-4

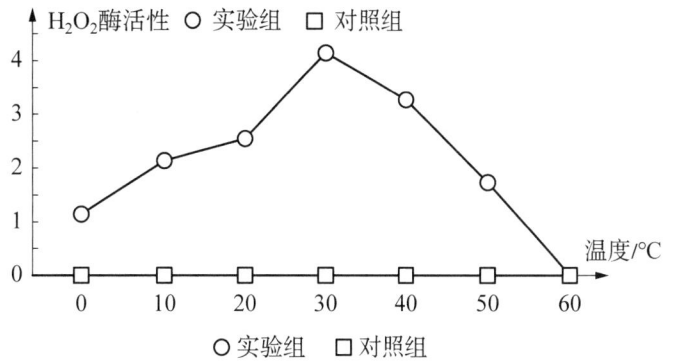

图 4-5-5

1. 酶是具有催化作用的_____,绝大多数的酶是_____,所以容易受到_____和_____等条件的影响。

2. 在实验中,每个温度条件下实验需要重复多次,最后取_____值,绘制出如图 4-5-5 曲线。

3. 由图中的实验结果可以得出温度对酵母菌溶液中 H_2O_2 酶活性的影响是_____。在 60 ℃ 条件下,H_2O_2 酶的_____被破坏,失去活性。

二、pH 对酶活性的影响

表 4-5-3 是探究 pH 对酶活性影响的实验操作,请据表回答下列问题。

表 4-5-3

步　骤	试 管 编 号		
	1	2	3
20%肝脏研磨液	1 mL	1 mL	1 mL
蒸馏水	1 mL	—	—
5%氢氧化钠溶液	—	1 mL	—
5%盐酸溶液	—	—	1 mL
3%过氧化氢溶液	2 mL	2 mL	2 mL
振荡试管			
结果			

1. 请将实验最可能的结果填写在表 4-5-3 中相应位置。

2. 请对三支试管出现的现象做出简要分析。

—— 课后反思 ——

1. 根据实验结果,分析你的实验是否达到了预期的实验目的,如果没有,请分析原因。

2. 你在实验操作过程中有何感悟,请写下来。

第 6 课　　**细胞通过分解有机分子获取能量(上)**

内容出处

普通高中教科书必修 1 第 4 章第 3 节。

课标要求

1. 内容要求:(1)细胞的功能绝大多数基于化学反应,这些反应发生在细胞的特定区域。(2)解释 ATP 是驱动生命活动的直接能源物质。(3)说明生物通过细胞呼吸将储存在有机分子中的能量转化为生命活动中可以利用的能量。

2. 学业要求:用文字和图示解释 ATP 是驱动生命活动的直接能源物质;从物质与能量角度说明细胞呼吸过程;通过探究酵母的呼吸方式,认识不同条件下细胞获取能量的方式不同。

学习目标

1. 用文字和图示解释 ATP 是驱动生命活动的直接能源物质,从分子水平认识结构与功能相适应、稳态与平衡。

2. 探究酵母在有氧条件下的呼吸方式,从物质与能量角度说明有氧呼吸的过程。能基于事实和证据,运用归纳的方法概括出生物学规律,并用模型图阐明其内涵。

评价任务

表 4 - 6 - 1

评 价 内 容	等第(在对应的等第内打√)			
	优秀	良好	合格	不合格
1. 认识 ATP 的结构,能写出 ATP 与 ADP 转化的关系式,能判断 ATP 供能的方式				
2. 根据探究实验分析推理有氧呼吸各阶段的物质变化和能量转化,能用模型图阐明其内涵				
3. 课后检测和自我反思的完成情况				

学习过程

—— 学 习 建 议 ——

1. 本节课学习内容的地位和作用

学生在第 2 章和第 3 章学习了细胞的分子组成和结构基础,知道生命活动需要能量。糖、脂肪、蛋白质是生命活动的供能物质,同时线粒体是细胞的动力工厂。那么,生命活动的直接能源物质是三大有机物还是另有其他物质? 细胞在有氧条件下是如何获取这种直接能源物质的? 厘清这些疑问,有助于学生从分子水平上帮助学生建立物质和能量观。

2. 学习路径

如图 4 - 6 - 1。

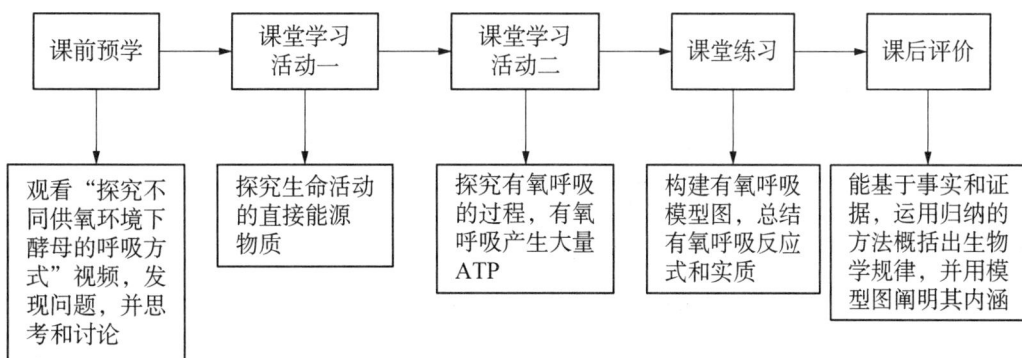

图 4 - 6 - 1

3. 学习重点和难点

本节课学习的重点是从 ATP 的分子结构认识到它成为生命活动的直接能源物质的原因。难点是通过对酵母有氧条件下的呼吸方式的探究,厘清有氧呼吸的物质变化和能量变化。对于重难点的突破,学生可以通过课前预学,观看演示实验"探究不同供氧环境下酵母的呼吸方式"视频,它为本节学习创设一个与细胞呼吸相关的研究情境;参与课堂的探究活动,通过对实验现象的观察、对过程的推理,最终构建有氧呼吸的模型图,帮助你从分子水平上建立"物质和能量观"。你可以通过"评价任务"和"课后检测"的完成来判断自己对学习目标的达成程度。

4. 评价标准

完成课前预学,观察演示实验,能描述实验现象,初步认识在不同供氧状态下,酵母的呼吸方式不同,能列表比较不同点。

完成课堂活动一,能用文字和图示解释 ATP 是驱动生命活动的直接能源物质,能写出 ATP 与 ADP 转化的关系式,能判断 ATP 供能的方式。

完成课堂活动二,能从物质与能量角度说明有氧呼吸的过程,概括出生物学规律,并用模型图阐明其内涵。

————课前预学————

(时间:10 分钟)

任务一:观看"探究不同供氧环境下酵母的呼吸方式"视频。

任务二:列表比较两组实验结果中 CO_2 浓度和酒精含量的数据,分析不同供氧状态下,酵母产生的物质有何差异? 你能否解释原因?

任务三:酵母在分解葡萄糖、释放 CO_2 的过程中获得了什么?

————课堂学习————

活动一:探究生命活动的直接能源物质(达成学习目标 1,对应评价任务 1)

(一) 探究萤火虫发光的直接能源

资料 1:萤火虫的尾部发光细胞中有荧光素和荧光素酶。荧光素接受能量后就被激活,在荧光素酶的催化作用下,激活的荧光素与氧发生化学反应,形成氧化荧光素并且发出荧光。

发光原理:荧光素 $+O_2+$ 能量 $\xrightarrow{\text{荧光素酶}}$ 氧化荧光素(发出荧光)$+H_2O$。

材料用具:活萤火虫数只、解剖刀、试管、滴管、葡萄糖溶液、脂肪溶液、ATP 溶液、蒸馏水等。

实验步骤:用小刀将数十只萤火虫的发光器切下,干燥后研成粉末,取四等份分别装入 A、B、C、D 4 支试管,各加入少量水使之混合,置于暗处,可见试管内有淡黄色荧光出现,约过 15 分钟后荧光消失。接下来的实验过程如图 4-6-2 所示。

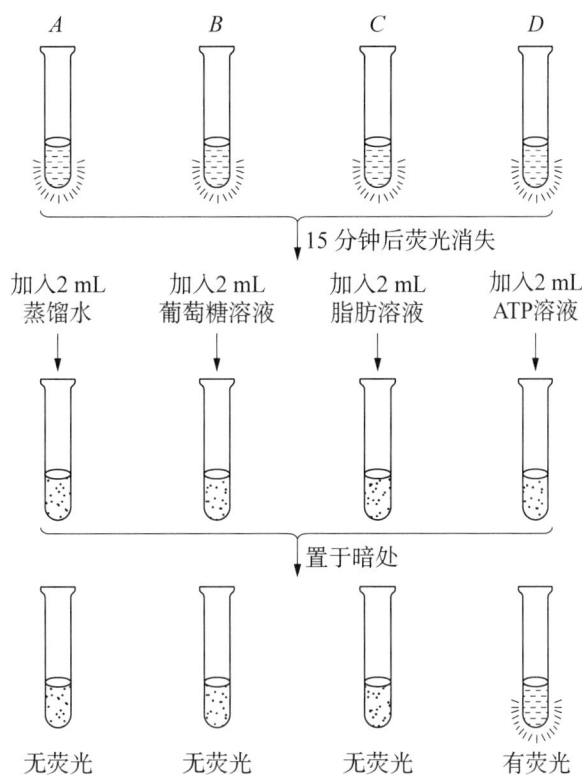

图 4-6-2

据图分析实验:

1. 本实验的自变量是什么? 说出实验组与对照组。

2. 为什么要等到荧光消失后再加入待测的能源物质?

3. 实验结果说明什么物质是萤火虫发光的直接能源物质?

(二) 认识 ATP 的结构和功能

阅读课本 P83 第 1 段并结合下面的资料 2～5,探索 ATP 的结构和功能。

1. ATP 的中文名称是什么? 字母 A、T、P 的含义分别表示什么?

2. 写出 ATP 结构简式,能量储存在哪里?

资料 2:一个成年人在静止状态下一天所消耗的 ATP 约有 40 kg;在剧烈运动的状态下,

每分钟约有 0.5kg 的 ATP 转化成 ADP。

资料 3:成人体内 ATP 总量为 2~10 mg,人体安静状态下,肌肉内 ATP 含量只能供肌肉收缩 1~2 s。

3. 从量的角度分析资料 2、3,写出你得出的结论。

4. 你能否推测出 ATP 在较少含量的情况下是如何持续供能的?

资料 4:每个细胞每秒钟可合成约 1000 万个 ATP,且同时有等量 ATP 被水解。

5. 结合课本相关内容和资料 4,用文字和图示写出 ATP 和 ADP 相互转化的关系式。

资料 5:ATP 主要通过含磷基团转移到目标分子上或水解,为生命活动提供能量。

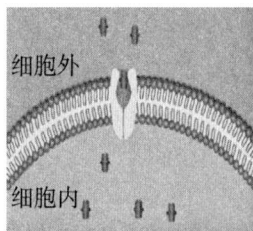

(1) 质膜上有 K^+ 主动运输的载体蛋白,当膜外侧的 K^+ 与其相应位点结合时。

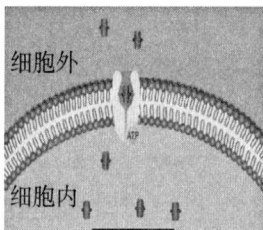

(2) ATP 水解释放的磷酸基团与载体蛋白结合,这一过程伴随着能量的转移,这就是载体蛋白的磷酸化。

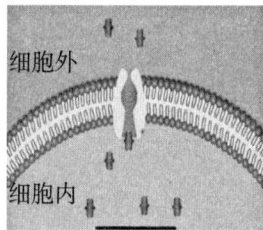

(3) 载体蛋白磷酸化导致其空间结构发生改变,使 K^+ 的结合点转向膜内,将 K^+ 释放到膜内。

载体蛋白消耗 ATP 完成主动运输 K^+

图 4 - 6 - 3

初始状态

ATP 结合并水解,释放能量,驱动肌球蛋白构象改变

ADP 与 Pi 释放,肌球蛋白构象恢复,肌动蛋白丝相对移动

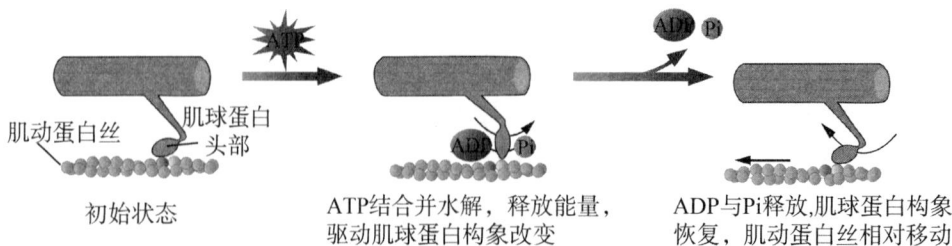

ATP 驱动肌细胞收缩

图 4 - 6 - 4

6. 图 4 - 6 - 3 和图 4 - 6 - 4 分别属于 ATP 的哪种供能方式?

活动二:探究有氧呼吸过程,有氧呼吸产生大量ATP(达成学习目标2,对应评价任务2)

发光原理:荧光素＋O_2＋ATP $\xrightarrow{\text{荧光素酶}}$ 氧化荧光素(发出荧光)＋H_2O。

荧光素在荧光素酶催化下和O_2反应发出荧光,可证明ATP的存在。

资料6:酵母是一种真菌,它的呼吸作用能通过分解有机物从而获得能量存活下来并繁殖。图4-6-5中将酵母分别加入A试管和A′试管中。结果A试管发出荧光,A′试管没有发出荧光。

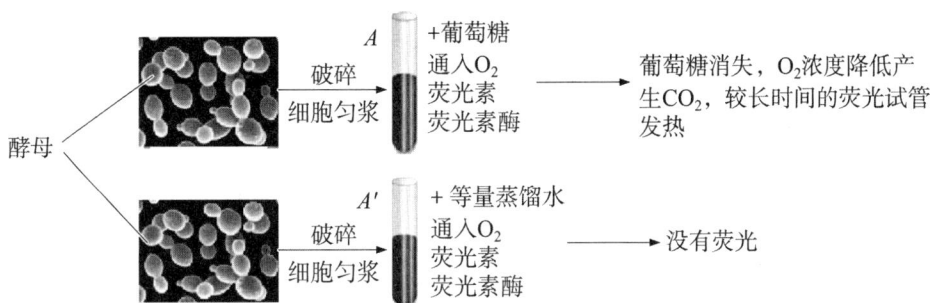

图4-6-5

据图4-6-5推理酵母有氧呼吸的反应物和产物。

推理1:酵母能分解＿＿＿＿＿＿＿,消耗＿＿＿＿＿＿＿,产生＿＿＿＿＿＿＿和＿＿＿＿＿＿＿。

资料7:破碎酵母制成悬液,进行差速离心。取上清液(细胞质基质)置于试管B中,取含有线粒体的沉淀制成溶液,置于试管C中。酵母分解葡萄糖的场所在哪里,生成了什么?继续实验探究,如图4-6-6所示。

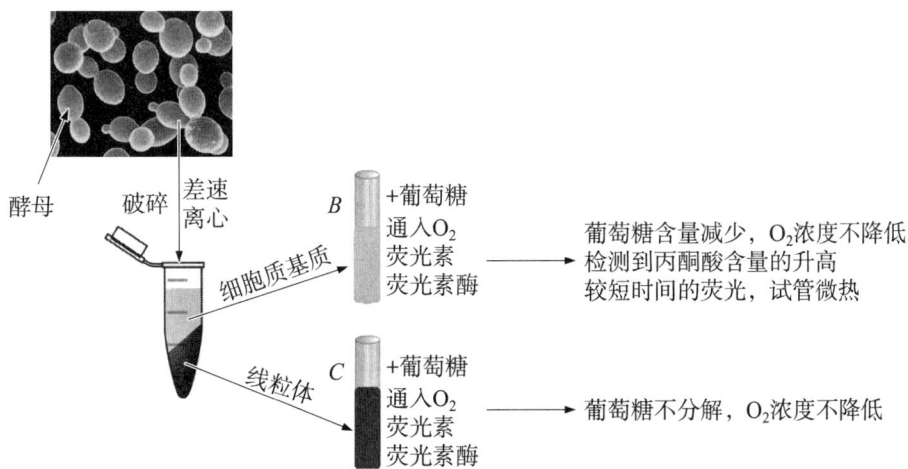

图4-6-6

探究有氧呼吸的第一阶段糖酵解,据图4-6-6推测它的场所、反应物、产物。

推理2:葡萄糖氧化分解的第一阶段称为糖酵解。葡萄糖在＿＿＿＿＿＿＿＿＿中被分解,产生_____,产生_____,此阶段不消耗_____。

资料 8:糖酵解脱下的 H^+ 由还原型辅酶 I(NADH)携带。电子和 H^+ 的载体是 NAD^+,当它获得电子和 H^+ 后转化形成 NADH,它们相互转化过程如图 4-6-7。

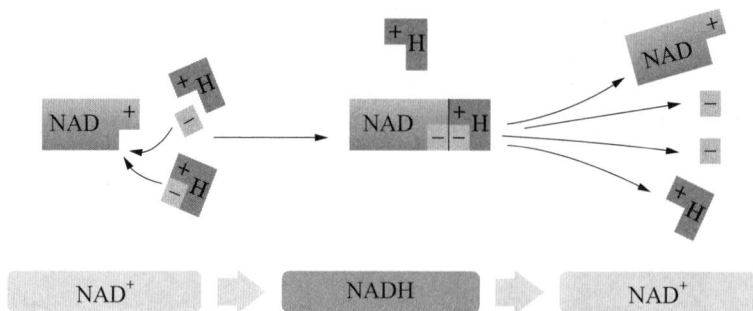

图 4-6-7

小结:有氧呼吸第一阶段(糖酵解)的场所、物质变化和能量转化。

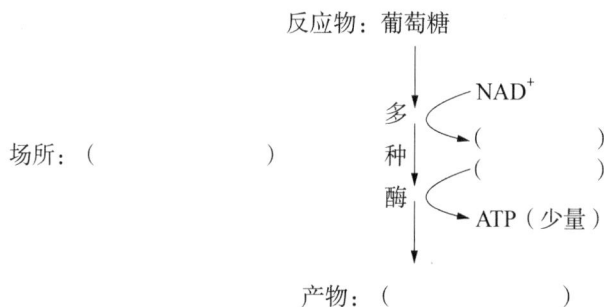

图 4-6-8

通过对比 A 试管和 B 试管的实验结果不难发现,葡萄糖的彻底分解并不停留在糖酵解阶段,而是继续分解。那么继续分解的场所在哪里?O_2 的消耗场所在哪里?继续实验探究,如图 4-6-9 和图 4-6-10。

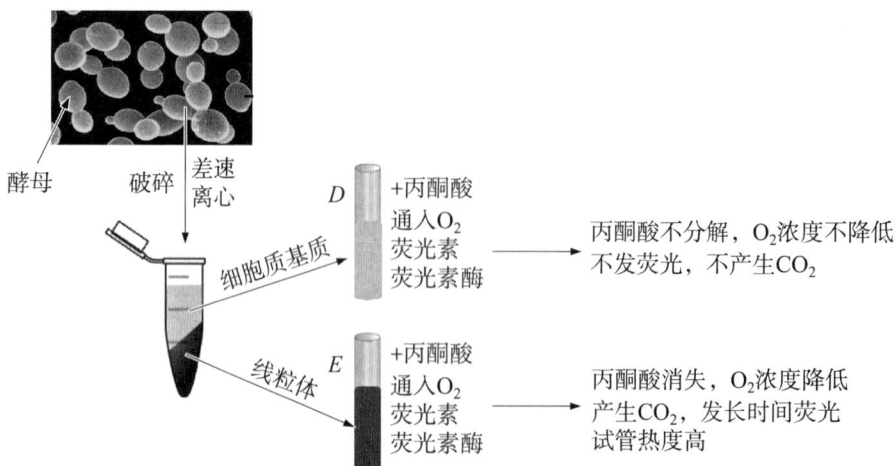

图 4-6-9

　　如果 E 试管内不通入氧气,丙酮酸还会分解吗? 请根据课前预学的"探究不同供氧环境下酵母的呼吸方式"视频设计一个实验组 F 试管,并做出判断,过程如图 4-6-10。

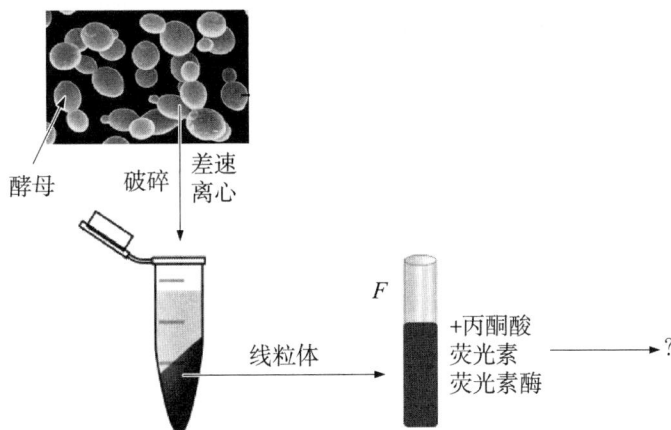

图 4-6-10

1. 为 F 试管制造无氧环境,具体应该怎么做? 预测 F 试管的现象。

2. 根据 D、E、F 试管的实验现象推测有氧呼吸第二阶段的条件、场所、反应物和产物。

推理 3:丙酮酸在＿＿＿＿＿＿＿＿条件下,进入＿＿＿＿＿＿内被分解,消耗＿＿＿＿＿＿,产生

＿＿＿＿＿＿＿＿＿。

　　小结:根据课本 P85 第 2 自然段的描述和上述探究实验,在图 4-6-11 中归纳有氧呼吸第二阶段(三羧酸循环)的场所、物质变化和能量转化。

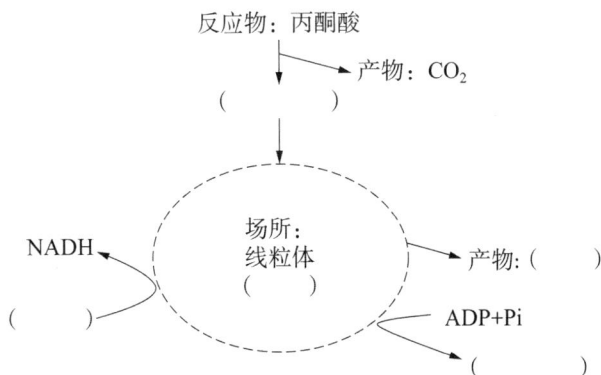

图 4-6-11

　　资料 9:图 4-6-12 中还原型辅酶Ⅰ(NADH)是质子(H^+)和 e^- 的携带者和传递者,线粒体内膜上的多种蛋白质复合体(电子传递链)从 NADH 获得电子 e^-,并依向后次传递,逐渐释放能量。

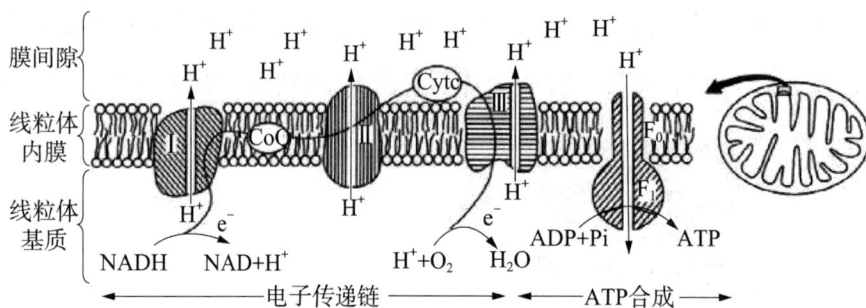

图 4 - 6 - 12

3. 通过观察图 4-6-12,哪种物质接受 e^-? 生成了什么物质?

4. 据图 4-6-12 分析,线粒体内膜上的蛋白质复合体还有什么功能?

5. 电子传递过程建立起的线粒体内膜两侧 H^+ 浓度差,使线粒体内外膜间隙具有较高浓度 H^+,这与形成 ATP 有什么关系?

小结:根据课本 P85 第 2 自然段的描述和资料 9,在图 4-6-13 中归纳有氧呼吸第三阶段(电子传递链)的场所、物质变化和能量转化。

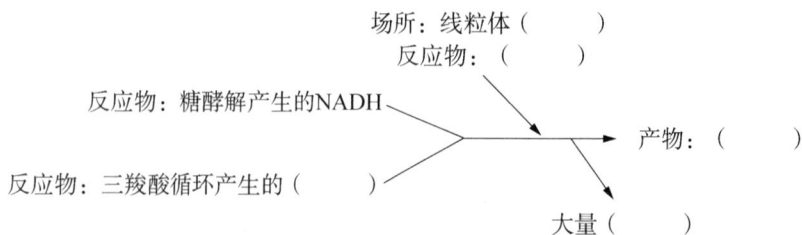

场所：线粒体（　　　）
反应物：（　　　）
反应物：糖酵解产生的NADH
反应物：三羧酸循环产生的（　　　）
产物：（　　　）
大量（　　　）

图 4 - 6 - 13

资料 10:1 mol $C_6H_{12}O_6$ 彻底氧化分解约释放出 2 870 kJ 的能量,其中约有 1 161 kJ 的能

量储存在 ATP 中,其余的能量都以热能的形式散失。

6. 结合资料 10,计算有氧呼吸能量的转换效率大约是多少? 这个过程中大部分能量作为热能释放,其生物学意义是什么?

小结:在图 4-6-14 中构建有氧呼吸的模型图。

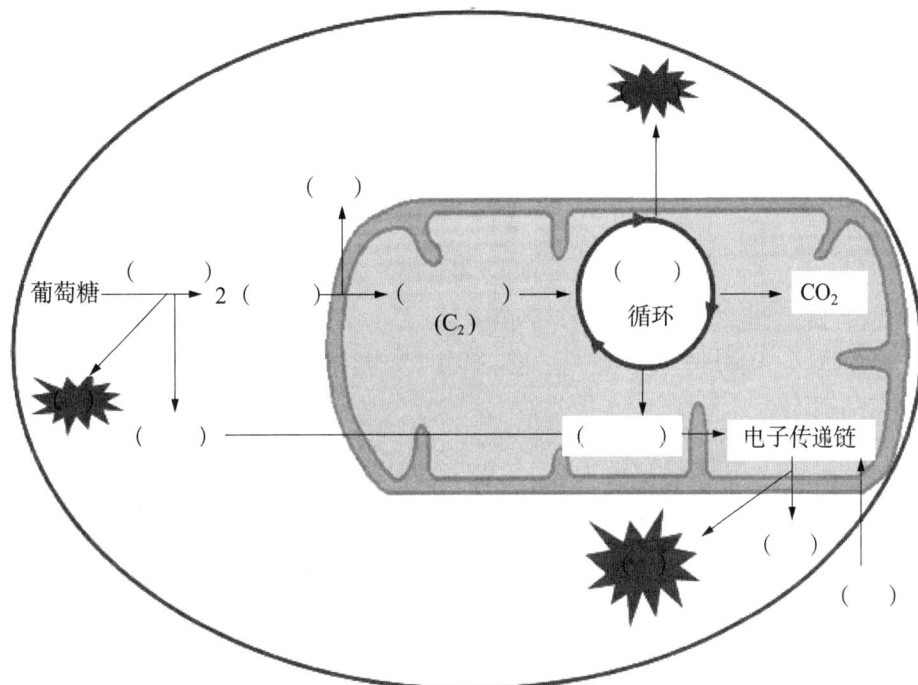

（　　）
葡萄糖 → 2（　　）→ （　　）
（C₂）
循环 → CO₂
电子传递链

图 4-6-14

—— 课堂检测 ——

1. 有氧呼吸的总反应式。

2. 有氧呼吸的实质(物质变化、能量变化)。

—— 课后检测 ——

一、ATP 的合成与水解

　　物质甲、乙通过反应①②相互转化的反应如图 4-6-15 所示,α、β、γ 所示位置的磷酸基团分别记为 Pₐ、P_β、P_γ。请据图回答下列问题:

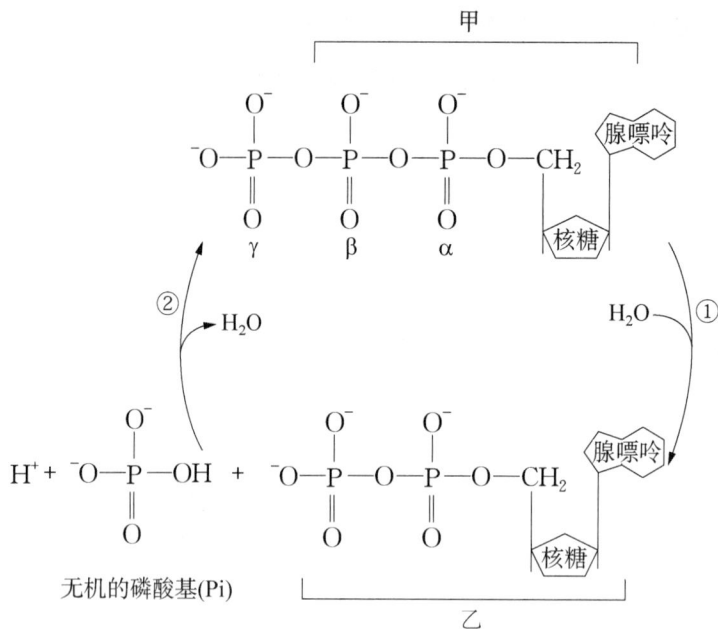

图 4-6-15

1. 图中物质甲、乙分别是_____,物质甲的结构简式是_____,反应①释放的能量用于_____。

2. 甲的 P_β、P_γ 被水解后,可作为_____合成的原料。

ATP 合酶是一种功能复杂的蛋白质,与生物膜结合后能催化 ATP 的合成,其作用机理如图 4-6-16 所示。请据图回答下列问题:

3. 图中能量的变化和图 4-6-17 的过程_____(填"①"或"②")相符。

4. 在动物细胞中,ATP 合酶主要分布于_____膜上,推测好氧性细菌的_____上存在该酶,理由是_____。

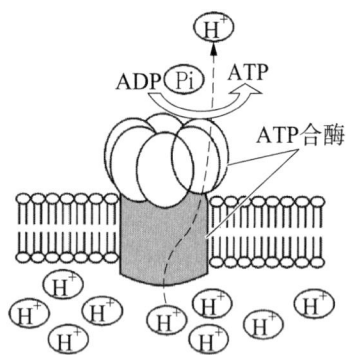

图 4-6-16

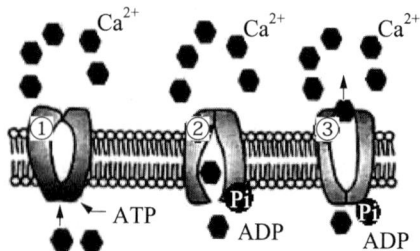

图 4-6-17

5. 图 4-6-17 是 Ca^{2+} 的跨膜运输的示意图,由图可知,细胞中 Ca^{2+} 的跨膜运输方式是_____,ATP 为此过程供能的方式是_____。

二、磷酸肌酸与供能

磷酸肌酸是一种高能磷酸化合物,它能在肌酸激酶的催化下,将自身的磷酸基团转移到

ADP 分子中,合成 ATP,从而在一段时间内将细胞中的 ATP 量维持在正常水平。研究者对蛙的肌肉组织进行短暂电刺激,检测对照组和实验组(肌肉组织用肌酸激酶阻断剂处理)肌肉收缩前后 ATP 和 ADP 的量,结果如表 4-6-2 所示。

表 4-6-2

磷酸腺苷	对照组/(10^{-6} mol·g^{-1})		实验组/(10^{-6} mol·g^{-1})	
	收缩前	收缩后	收缩前	收缩后
ATP	1.30	1.30	1.30	0.75
ADP	0.60	0.60	0.60	0.95

请回答下列问题:

1. 请根据题中信息写出合成 ATP 的反应式:＿＿＿＿＿＿＿＿＿＿＿＿＿＿。

2. 表 1 对照组数据表明肌肉组织中的 ATP 有什么特点?＿＿＿＿＿＿＿＿＿＿＿＿＿。

3. 实验组中消耗的 ATP 量与产生的 ADP 量相等吗?请根据 ATP 的结构特点推测其可能的原因。

4. 在长期进化过程中,为什么各种生物最终都选择了 ATP 作为直接能源物质?

三、动力车间——线粒体

线粒体是细胞的"动力车间",为细胞提供约 95% 的所需能量。细胞中糖、脂肪和氨基酸的有氧分解最终都在线粒体中完成。除了产生能量外,线粒体还参与细胞基质代谢、细胞凋亡等多种细胞活动。图 4-6-18 是线粒体的结构示意图,其中 A、B、C、D、E 代表物质,①②③代表生理过程。

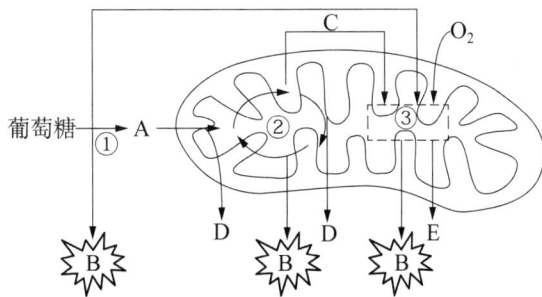

图 4-6-18

请据图回答下列问题:

1. 图 4-6-18 所示的生理活动是＿＿＿＿,写出其反应方程式:＿＿＿＿＿＿＿＿＿＿＿＿＿＿＿＿。其中过程①表示的生理过程是在细胞的＿＿＿＿＿中进行的,这一过程将葡萄糖分解后,在有氧气存在的条件下,其分解产物_____(写出物质名称)会进入线粒体继续氧化分解。

2. 图 4-6-18 中字母 B、C、D、E 所代表的物质分别是:B. _____、C. _____、D. _____、E. _____。

3. 图 4-6-18 中产生能量最多的生理过程是_____(填编号),若图中过程发生在人体肝脏细胞中,1 mol 葡萄糖彻底氧化分解约释放出 2 870 kJ 的能量,其中约有 1 161 kJ 的能量储存在 ATP 中,其余的能量以热能的形式散失,这个过程中大部分能量作为热能释放,其生物学意义是什么?_____。

4. 图 4-6-19 所示,线粒体内膜上的质子泵能将 NADH 分解产生的 H^+ 转运到线粒体内外膜间隙,使内外膜间隙中 H^+ 浓度增加;结构①能将 H^+ 运回线粒体基质,同时催化 ATP 的合成。下列叙述正确的是 ( )

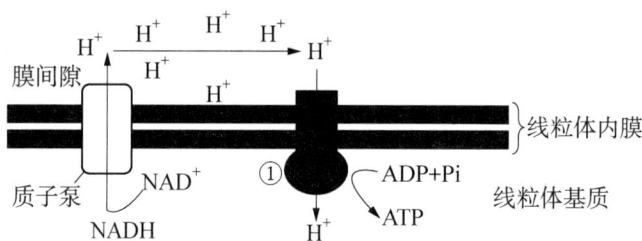

图 4-6-19

A. H^+ 通过质子泵和结构①的跨膜运输方式都是主动运输

B. 结构①具有物质转运和催化 ATP 合成的功能

C. 抑制结构①的活性也会抑制无氧呼吸过程中 ATP 的产生

D. 内质网膜上也含有大量能促进 ATP 合成的结构①

四、细胞呼吸能为生命活动提供能量

有氧呼吸的全过程可分为糖酵解、三羧酸循环和电子传递链(如图 4-6-20 所示)。柠檬酸是三羧酸循环中产生的主要中间代谢物。同时,细胞呼吸反应产生的一些中间产物可以合成氨基酸、脂肪等(如图 4-6-21 所示)。

请据图分析并回答问题:

1. 由图 4-6-20 可知,糖酵解的过程发生在_____,_____(填"需要"或"不需要")氧气的参与。参与三羧酸循环的酶经合成加工后将被转运到_____中发挥作用。

2. 据图 4-6-21 可知,Ca^{2+} 经由内质网腔进入线粒体的运输方式是_____,并参与调控_____阶段反应,影响脂肪合成。

3. 科研人员用 ^{13}C 标记的淀粉饲料饲喂野生型小鼠和蛋白 S 基

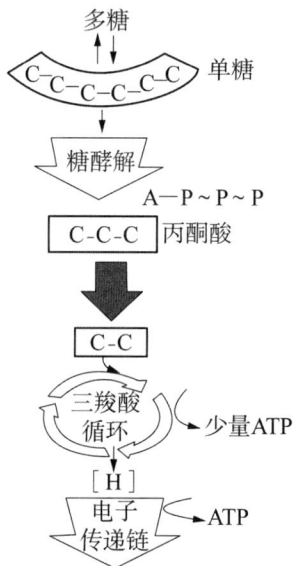

图 4-6-20

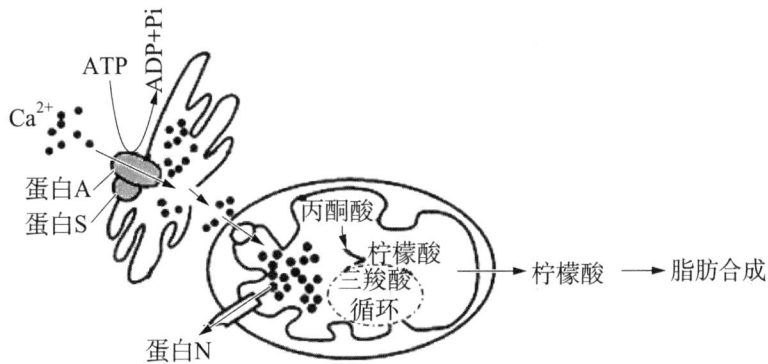

图 4 - 6 - 21

因突变体小鼠，一段时间后分别检测小鼠体内^{13}C-丙酮酸和^{13}C-柠檬酸的量，结果如图 4 - 6 - 22 所示。

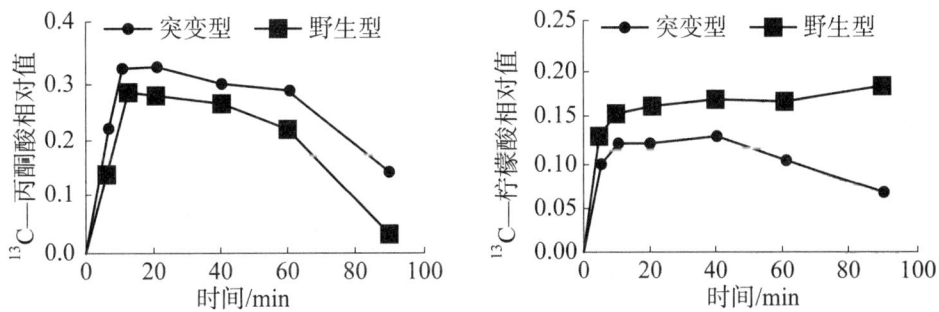

图 4 - 6 - 22

根据图 4 - 6 - 22 分析，对低温环境适应较差的小鼠是＿＿＿＿＿＿＿＿＿＿＿＿＿＿＿＿

＿＿＿＿＿＿＿＿＿。请阐述原因：＿＿＿＿＿＿＿＿＿＿＿＿＿＿＿＿＿＿＿＿＿＿＿

＿＿

＿＿＿＿＿＿＿＿＿＿＿＿＿＿＿＿＿＿＿＿＿＿＿＿＿＿＿＿＿＿＿＿＿＿＿＿＿＿＿。

—— 课后反思 ——

1. 请自主梳理本节课的知识结构。（如思维导图或概念图的方式）

2. 还存在哪些疑惑或还需要解决的问题有哪些？（结合重难点和易错点）

第7课 细胞通过分解有机分子获取能量(下)

内容出处

普通高中教科书必修1第4章第3节。

课标要求

1. 内容要求:(1) 细胞的功能绝大多数基于化学反应,这些反应发生在细胞的特定区域。(2) 说明生物通过细胞呼吸将储存在有机分子中的能量转化为生命活动可以利用的能量。

2. 学业要求:从物质与能量角度,探索呼吸作用,阐明细胞生命活动过程中贯穿着物质与能量的变化。

学习目标

1. 从物质和能量角度解释细胞无氧呼吸产生 ATP 的过程,培养物质与能量观。

2. 能利用表格比较有氧呼吸和无氧呼吸的异同,提高归纳与比较的科学思维能力。

3. 解释细胞分解其他有机物获取能量的过程,认识生物体内有机物的代谢是一个协调统一的过程。

4. 从人体物质与能量的需求和代谢角度,分析日常饮食中合理营养搭配的重要性。

评价任务

表4-7-1

评价内容	等第(在对应的等第内打√)			
	优秀	良好	合格	不合格
1. 写出无氧呼吸产生酒精、乳酸的反应式并能分析其中的物质变化和能量转换过程,分析无氧呼吸供能效率低的原因及存在的意义				
2. 完成从场所、条件、物质变化和能量转换等角度对比有氧呼吸和无氧呼吸的表格				
3. 写出脂肪和蛋白质氧化分解供能的途径				
4. 评价生酮饮食食谱的弊端,从营养与健康的角度说出日常饮食的合理营养搭配				
5. 课后检测和自我反思的完成情况				

学习过程

1. 本节课学习内容的地位和作用

通过上节课的学习,学生了解了ATP是驱动生命活动的直接能源物质及细胞有氧呼吸可以产生大量的 ATP。本节课依然要学习从物质变化和能量转换的角度进行细胞无氧呼吸的过程,以及一些非糖物质也可被细胞氧化分解获取能量。学生通过学习,可继续培养自身的结构与功能观、物质与能量观,从进化的角度认识到生物无氧呼吸是生物体在长期进化过程中逐步形成的应对缺氧环境下能量需求的一种代谢活动,还可养成日常饮食的合理营养观。

2. 学习路径

如图 4-7-1。

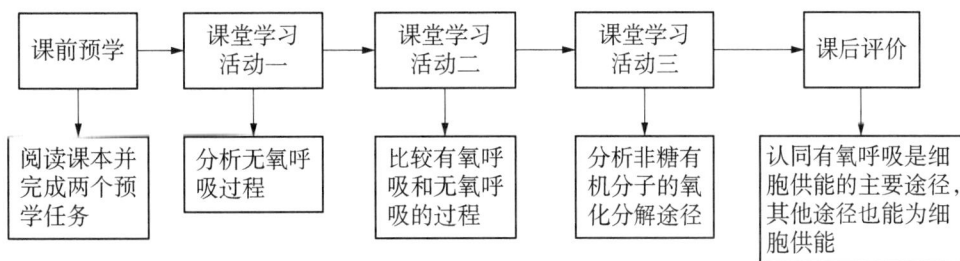

图 4-7-1

3. 学习重点和难点

本节课学习重点和难点是细胞无氧呼吸产生 ATP 的过程及原理、蛋白质和脂肪等其他有机分子氧化分解供能途径。学生可按阶段分析无氧呼吸过程中反应物和生成物等物质变化,再绘图建构整个过程,最后进行列表总结,把握细胞呼吸的实质;可通过分析糖、氨基酸、脂肪等有机分子的结构式的共同点突破非糖分子参与糖代谢途径的难点。

4. 评价标准

完成课堂学习活动一,能写出无氧呼吸的反应式,并描述其中的物质变化和能量转换,说出无氧呼吸的意义。

完成课堂学习活动二,能准确分类列举无氧呼吸和有氧呼吸的区别。

完成课堂学习活动三,能解释蛋白质和脂肪氧化分解的途径并能提出合理营养搭配的方案。

(时间:8分钟)

任务一:在缺氧环境下,人体细胞和酵母细胞的无氧呼吸各是什么类型? 无氧呼吸过程分成几个阶段?

任务二:人体内的脂肪和部分蛋白质是怎样氧化分解为细胞提供能量的?

— 课堂学习 —

生物的细胞在无氧条件下如何获得能量为生命活动供能? 除葡萄糖外,其他有机物如脂肪和蛋白质的氧化分解供能途径是什么样的?

活动一:分析无氧呼吸过程(达成学习目标1,对应评价任务1)

资料1:利用麦芽、葡萄、粮食和酵母以及发酵罐等,在控制通气的情况下,可以生产各种酒。图4-7-2是"探究不同供氧环境下酵母的呼吸方式"的实验结果。

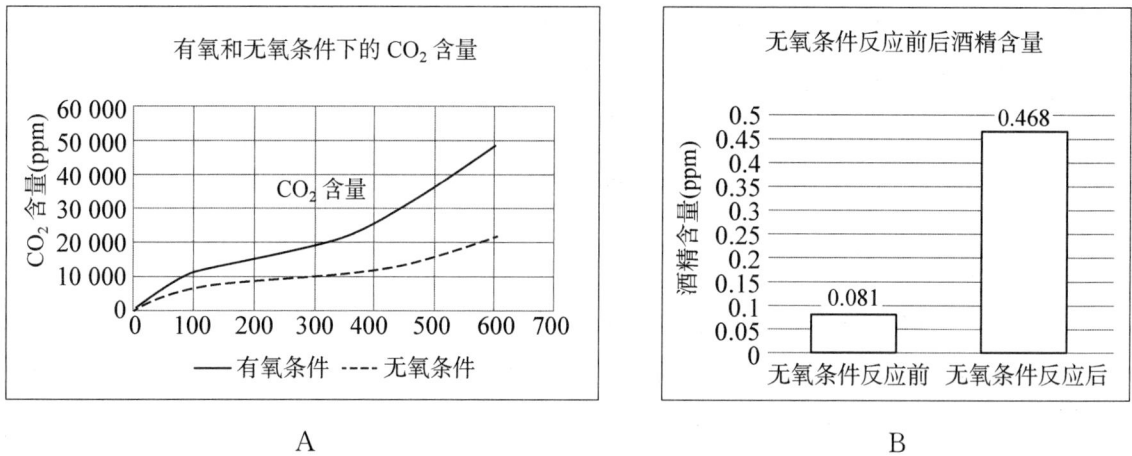

A

B

图4-7-2

1. 分析图4-7-2,在无氧条件下酵母细胞内葡萄糖的分解产生了什么新产物? 葡萄糖的分解是否彻底? 说出你的理由。

2. 与有氧呼吸相比,无氧呼吸的反应场所及参与反应的酶是否不变? 说出你的依据。

3. 写出酵母无氧呼吸的化学反应式,并分析其中的物质变化和能量转换过程。

4. 将微生物的无氧呼吸称为发酵,则酵母产生酒精的发酵可称为酒精发酵,除酵母外,还有哪些生物的无氧呼吸也产生酒精?

5. 酒精积累会对细胞产生伤害。请为酿酒厂、水稻田种植分别提出合理的生产建议。

资料2:人们常用乳酸菌的发酵生产酸奶。百米冲刺和马拉松长跑等运动时,人体的部分肌细胞因氧气不足,需进行无氧呼吸获取 ATP 满足肌肉收缩需要,产生的乳酸能够刺激肌细胞周围的神经末梢,使肌肉有酸胀乏力的感觉。图 4 - 7 - 3 是细胞以葡萄糖为底物进行无氧呼吸产生乳酸的过程示意图。

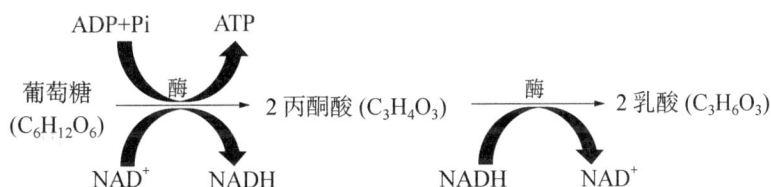

$$\text{葡萄糖} (C_6H_{12}O_6) \xrightarrow[\text{酶}]{\text{ADP+Pi} \to \text{ATP},\ \text{NAD}^+ \to \text{NADH}} 2 \text{丙酮酸} (C_3H_4O_3) \xrightarrow[\text{酶}]{\text{NADH} \to \text{NAD}^+} 2 \text{乳酸} (C_3H_6O_3)$$

图 4 - 7 - 3

6. 乳酸菌产生乳酸的发酵称为乳酸发酵,写出乳酸菌或人体肌细胞无氧呼吸的化学反应式,并分析其中的物质变化和能量转换过程。

7. 1 mol 葡萄糖在分解成乳酸时,只释放出 196.65 kJ 的能量,其中只有 61.08 kJ 的能量储存在 ATP 中,近 69% 的能量都以热能的形式散失。无氧呼吸供能效率低的原因是什么?从进化与适应的角度分析,生物进行无氧呼吸的意义是什么?

活动二:比较有氧呼吸和无氧呼吸的过程(达成学习目标2,对应评价任务2)
完成表 4 - 7 - 2,对比细胞有氧呼吸和无氧呼吸的反应场所、条件、物质变化和能量转换。

表 4-7-2

	对比指标	有氧呼吸	无氧呼吸
不同点	场所		
	条件		
	有机物分解是否彻底		
	物质变化		
	能量转换		
相同点			

活动三：分析脂肪、蛋白质等其他有机分子的氧化分解途径（达成学习目标 3 和 4，对应评价任务 3 和 4）

资料 3：生酮饮食是一种由高脂肪、低碳水化合物和适当蛋白质搭配的饮食方案，用脂肪来代替碳水化合物给人体供能。生酮饮食起初是用于治疗儿童难治性癫痫的非药物疗法，现在也被用作一种减肥饮食。表 4-7-3 为某减肥人士的生酮饮食食谱。

表 4-7-3

	早餐	午餐	晚餐	能量
第一天	防弹奶昔 坚果棒	香煎鸡胸肉 水煮青菜	回锅肉 炒芹菜	脂肪：134 g 蛋白质：35 g 碳水：19 g
第二天	培根鸡蛋 蔬菜沙拉	回锅肉 炒芹菜	排骨海带汤 （500 g）	脂肪：126 g 蛋白质：73 g 碳水：25 g
第三天	西兰花（100 g） 煎鸡蛋（2 个）	香煎鸡胸肉 水煮青菜	煎培根（100 g） 煎牛排（100 g）	脂肪：112 g 蛋白质：64 g 碳水：41 g

资料 4：脂肪是生物体中储能效率最高的化合物，蛋白质是细胞中含量最高的有机物，二者均是生物体内重要的营养物质。图 4-7-4 是几种化合物的结构式。

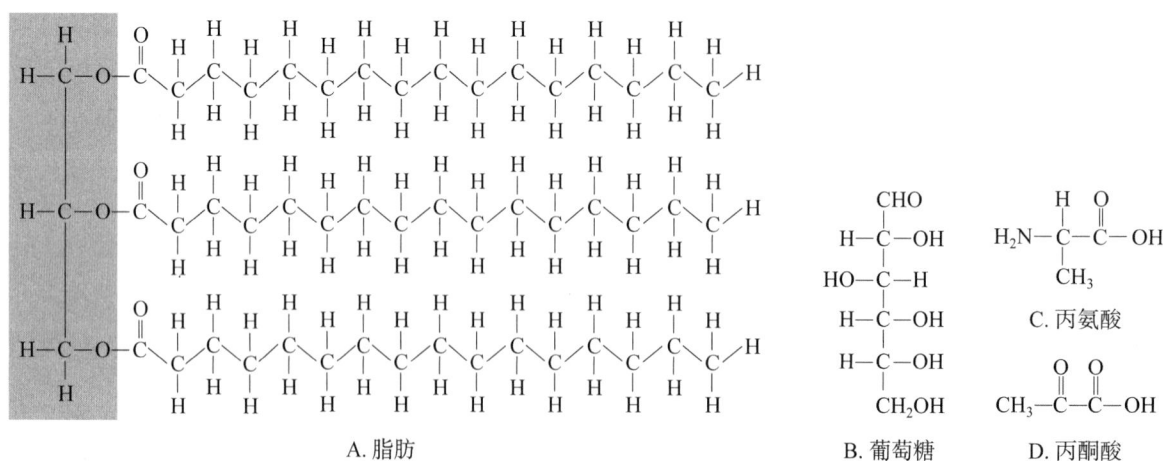

A. 脂肪 B. 葡萄糖 C. 丙氨酸 D. 丙酮酸

图 4-7-4

1. 机体内糖类供应不足时,脂肪和蛋白质也可以被细胞氧化分解供能。从分子结构角度说一说脂肪和蛋白质的分解可以参与葡萄糖分解路径的原因,并在图 4－7－5 中补齐脂肪和蛋白质氧化分解的过程。

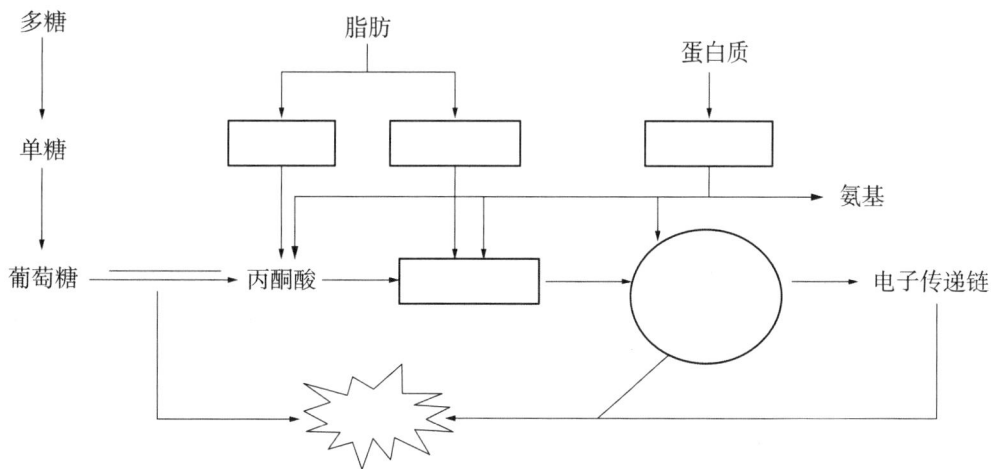

多糖、脂肪和蛋白质的氧化分解

图 4－7－5

2. 结合图 4－7－5,说一说三羧酸循环在细胞内有机物的氧化分解过程中的重要地位。

3. 从营养与健康的角度评价生酮饮食的弊端,并说一说日常饮食中如何进行合理的营养搭配。

———— 课后检测 ————

一、低氧胁迫对植物根系的影响

在自然界中,洪水、灌溉不均匀等因素易使植株根系供氧不足,造成"低氧胁迫"。不同植物品种对"低氧胁迫"的耐受能力不同。研究人员采用无土栽培的方法,研究了"低氧胁迫"对两个黄瓜品种(A、B)根系细胞呼吸的影响,第 6 天时测得根系细胞中丙酮酸和乙醇的含量,结果如表 4－7－4 所示。

表 4－7－4 不同实验条件下黄瓜品种的细胞呼吸产物测定

实验处理		正常通气,品种 A	正常通气,品种 B	低氧,品种 A	低氧,品种 B
测定指标	丙酮酸/$(\mu mol \cdot g^{-1})$	0.18	0.19	0.21	0.34
	乙醇/$(\mu mol \cdot g^{-1})$	2.45	2.49	6.00	4.00

1. 黄瓜根系细胞中丙酮酸转变为乙醇的场所是_____,此过程_____(填"能"或"不能")生成 ATP。

2. 该实验的自变量是_____。实验结果表明,品种_____(填"A"或"B")更易受到"低氧胁迫"的伤害。

3. 松土是许多农作物栽培中经常采取的一项措施。请写出农田松土对农作物或环境可能的影响:_____
_____。(至少写出两点)

二、呼吸作用类型和生境的关系

人体细胞和酵母细胞均可进行不同的细胞呼吸方式以应对不同的生活环境。图 4-7-6 为多种生物体内葡萄糖分解代谢过程的综合图解。请据图回答下列问题:

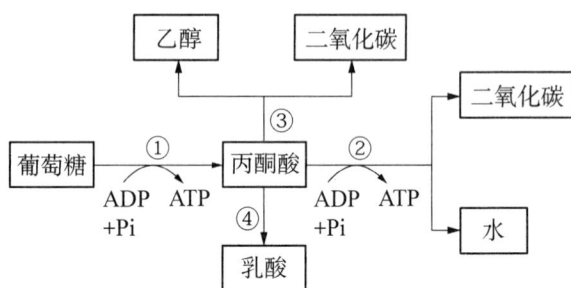

图 4-7-6

1. 反应①②③④中,可在人体细胞中进行的是_____,必须在有氧条件下进行的是_____。

2. 粮食贮藏过程中,有时会发生粮堆湿度增加和温热的现象,这是因为_____
_____。

3. ①②③的酶分别位于_____场所内。

4. 关于生物体内细胞呼吸的过程,下列相关叙述错误的是 (   )

A. 在有氧条件下,过程③或④将会受到抑制

B. 能进行过程②的生物体内不一定含有线粒体

C. 人在长跑运动时,所需能量主要由过程①④提供

D. 导致过程③④不同的原因是生物体内酶的种类不同

三、氨基酸代谢

人和动物体内的氨基酸代谢途径如图 4-7-7 所示。请据图回答下列问题:

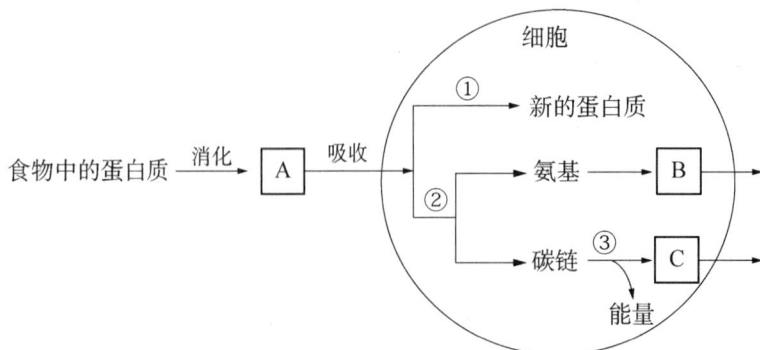

图 4-7-7

1. 来自食物中的蛋白质必须先被分解为 A 物质才能被小肠上皮细胞吸收,然后由血液

运送到身体的各组织细胞。A物质是指_____。

2. 完成图4-7-7中生理过程①的细胞器是_____;新的蛋白质合成所需的A物质主要来自食物中的蛋白质的_____、糖类等物质的转变和自身蛋白质的_____。

3. 写出图4-7-7中生理过程②的名称:_____,若③表示三羧酸循环,则完成生理过程③的细胞器是_____。

4. 写出图4-7-7中标号B、C分别代表的物质:_____、_____。

5. 淀粉、脂肪、蛋白质三大类有机物共同的氧化分解终产物是　　　　　　　　（　　）

A. CO_2

B. CO_2、水和丙酮酸

C. CO_2 和水

D. CO_2、水和尿素

———— 课后反思 ————

1. 请自主梳理本节课的知识结构。(如思维导图或概念图的方式)

2. 还存在哪些疑惑或还需要解决的问题有哪些?(结合重难点和易错点)

第8课　叶绿体将光能转换并储存在糖分子中(上)

内容出处

普通高中教科书必修1第4章第4节。

课标要求

1. 内容要求:(1)细胞的功能绝大多数基于化学反应,这些反应发生在细胞的特定区域。(2)说明植物细胞的叶绿体从太阳光中捕获能量,这些能量在二氧化碳和水转变为糖与氧气的过程中,转换并储存为糖分子中的化学能。

2. 学业要求:从物质与能量角度,探索光合作用,阐明细胞生命活动过程中贯穿着物质变化与能量转换。

学习目标

1. 通过对"探究植物光合作用的条件"实验结果的预测和分析,说明植物进行光合作用所需的条件和发生部位,并阐述理由。

2. 通过对光合作用研究历程的学习,掌握科学探究的一般方法,形成严谨的科学态度和创新合作的科学精神。

评价任务

表4-8-1

评价内容	等第（在对应的等第内打√）			
	优秀	良好	合格	不合格
1. 说明植物进行光合作用所需的条件和发生的部位，并阐述理由				
2. 分析科学史资料，学会设计相应实验方案，根据科学家探究结论尝试写出光合作用的总反应方程式				
3. 课后检测和自我反思的完成情况				

学习过程

—— 学 习 建 议 ——

1. 本节课学习内容的地位和作用

本节课是第4章第4节第1课时的内容，主要学习光合作用探究历程的科学史，通过分析资料体会科学家思考、探究的历程及归纳概括实验结论，有利于科学精神和科学思维的培养，同时也为后续"光合作用的过程和影响因素"的学习打下基础。

2. 学习路径

如图4-8-1。

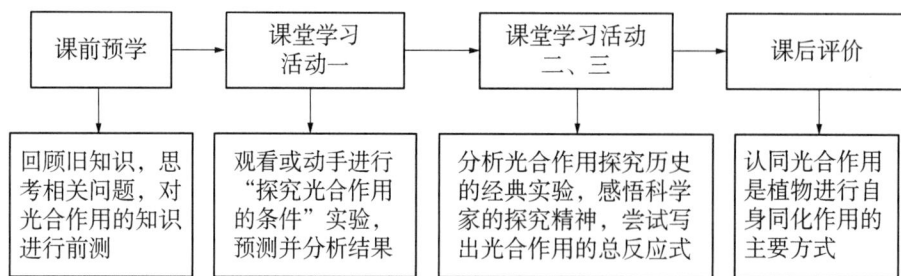

图4-8-1

3. 学习重点和难点

本课时学习的重点是通过分析科学家的经典实验，体验科学探究的一般过程和方法，感悟科学家们大胆质疑的科学精神和严谨的科学态度，体验生命科学的发展是依托科学技术的发展，科学结论的获得是多位科学家长期研究的共同成果，为提高科学素养奠定基础。学习难点是分析、讨论光合作用探究史上几个经典实验，理解科学实验的背景、本质和创意，关注实验设计技巧，分析实验设计的目的和原理。学生可以通过完成课堂学习的思考题和课后检测来判断自己学习目标的达成情况。

4. 评价标准

完成课堂学习活动一,预测和分析探究植物光合作用条件的实验结果,能说明植物进行光合作用所需的条件和发生部位,并阐述理由。

完成课堂学习活动二,能遵循科学家的探究思路,通过对几个经典实验的讨论分析,领悟科学探究的原则和一般方法,并根据科学家的探究结论尝试写出光合作用的总反应方程式。

—— 课 前 预 学 ——

（时间:3 分钟）

任务一:回忆初中学过的植物光合作用,光合作用过程需要哪些物质参与,产物有什么?

任务二:有些蔬菜大棚内悬挂发出红色或蓝色光的灯管,并且在白天也开灯,用这种方法有什么好处?

任务三:有兴趣的同学可以组建实验小组,按照课本 P88"探究植物进行光合作用的条件"的实验方案进行探究实验。

—— 课 堂 学 习 ——

活动一:探究光合作用的条件（达成学习目标 1,对应评价任务 1）

阅读课本 P88"探究植物进行光合作用的条件"相关内容,分析各组实验并观察教师的演示实验（或观察兴趣小组的实验）。

1. 在课本 P88 表 4-4 中填写实际观察到的实验结果。

2. 你预测的结果与实际结果相同吗？ 如果不同请分析原因。

3. 根据实验结果,比较试管 1、2,可以看出植物光合作用主要发生在什么器官？ 比较试管 3、4、5,可以看出光合作用需要什么条件？ 比较试管 1、6,可以得出什么结论？

4. 根据分析结果,尝试写出光合作用的反应方程式。

活动二:回眸历史,感悟光合作用探究过程(达成学习目标2,对应评价任务2)

植物为什么会长大? 所需的营养物质来源于哪里?

资料1:亚里士多德认为,植物生长在土壤中,土壤是构建植物体的唯一原料。

资料2:赫尔蒙特实验。

1642年,比利时科学家赫尔蒙特将十分容易生根成活的一段柳树枝条种植在一个加有盖子的密闭大盆里,在种植之前,分别称量了柳树枝条的质量和盆中干燥沙土的质量。此后,只向盆中浇水。5年以后,赫尔蒙特对柳树和盆中的干燥沙土再次进行称重,实验结果如表4-8-2所示。

表4-8-2

	实验前	实验后	重量变化
柳树	2.25 kg	76.70 kg	+74.75 kg
土壤	90.800 kg	90.743 kg	−0.057 kg

1. 根据赫尔蒙特实验结果,你认为亚里士多德的看法正确吗? 请简述理由。

2. 赫尔蒙特认为,植物生长增加的质量主要来源于水。你认为赫尔蒙特的结论忽略了哪些因素?

资料3:普里斯特利实验。

英国化学家普里斯特利偶然发现在封闭容器中的小鼠很快就会死去,燃烧的蜡烛会很快熄灭。由此推测空气可能有不同的组成,小鼠呼吸和蜡烛燃烧会使空气"污浊变坏"。动物在"受污染"的空气中会死去,那么植物又会怎样呢? 1771年,普里斯特利设计实验探究植物是否和动物一样会在"受污染"的空气中死去。他把一盆植物和一支点燃的蜡烛一同放到一个密闭的玻璃罩里,发现植物能够长时间地活着,蜡烛也没有熄灭。当把一盆植物和一只小鼠一同放到密闭的玻璃罩里,植物和小鼠都能够正常地活着(如图4-8-2所示)。

3. 根据普里斯特利的实验,你能得出什么结论?

4. 有人重复普里斯特利的实验,但并不总能成功,你觉得可能是什么原因呢?

图4-8-2

资料4:英格豪斯实验。

1779年,荷兰科学家英格豪斯选择不同的植物进行500多次重复实验,发现光照是植物净化空气的必要条件,没有光的时候植物也跟动物一样使空气变"污浊"。

资料5:1785年,随着空气组成成分的发现,人们才明确植物在光下放出的气体是O_2,吸收的是CO_2。

5. 根据资料1~5,你能得出光合作用需要哪些物质和条件?

1845年德国科学家迈尔发现植物把太阳能转化成化学能储存起来,作为能量的供给者。转换成的化学能储存于什么物质呢?

资料6:萨克斯实验。

1864年,德国植物生理学家萨克斯发现淀粉遇碘会变蓝色,他把紫苏在暗处放置12小时,使叶片中的淀粉等营养物质消耗掉,然后将叶片一部分遮光处理,其他部分照光。一段时间后,用酒精去除色素,再用碘液染色,发现遮光部分没有发生颜色变化,光照到的部分则呈深蓝色(如图4-8-3所示)。

图4-8-3

6. 萨克斯的实验中,将紫苏先在暗处放置12小时,目的是什么?

7. 酒精脱色是脱掉绿叶中什么成分?

8. 碘液染色的目的是什么?

9. 该实验是如何遵循对照原则的? 分析该实验,你能得出什么结论?

资料7:恩格曼实验。

1883年,德国科学家恩格曼利用水绵和需氧的运动细菌,对光合作用的有效光源进行了探索。恩格曼把一束丝状的水绵(绿色藻类)放在显微镜的载玻片上,同时在水绵周边滴加含有需氧细菌的溶液。通过调整棱镜,将照射在水绵上的可见光束分成不同颜色的光,就像彩虹一样穿过这束丝状的水绵。然后,在显微镜下观察细菌的运动,结果如图4-8-4。

图 4-8-4

10. 从图4-8-4可以看出,好氧细菌主要在水绵受什么光质照射的区域聚集?说明水绵光合作用的有效光源是什么?

11. 好氧细菌聚集区域,说明经水绵光合作用有较多的什么物质生成?

12. 恩格曼的实验中,你认为最巧妙的设计是什么?

资料8:鲁宾和卡门实验。

1941年,美国科学家鲁宾和卡门用同位素标记实验探明了光合作用 O_2 的来源。用稳定同位素 ^{18}O 分别标记 CO_2 和 H_2O 进行分组实验,一组加 H_2O 和 $C^{18}O_2$,另一组加 $H_2^{18}O$ 和 CO_2,其他实验条件相同,结果如图4-8-5。

13. 本实验为 O_2 的来源提供了直接的证据。

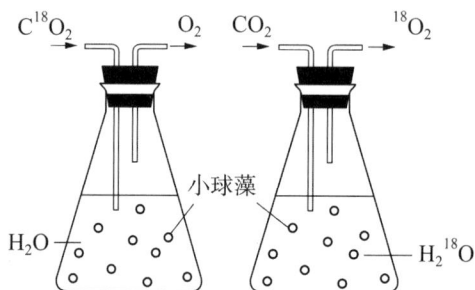

图 4-8-5

图 4-8-5 表明光合作用中释放的 O_2 来自什么物质？

　　资料 9：卡尔文实验。

　　20 世纪 40 年代美国科学家卡尔文用放射性同位素 ^{14}C 研究 CO_2 转化成糖的途径。他们通过控制供给小球藻 $^{14}CO_2$ 的时间和对中间产物的分析，于 1954 年探明了 CO_2 转化成糖的生化途径，称为卡尔文循环。

　　14. 分析上述资料 1～9，写出光合作用的总反应方程式。

课 后 检 测

一、问天实验舱

　　北京时间 2022 年 7 月 24 日 14 时 22 分 22 秒，搭载"问天实验舱"的长征五号运载火箭在我国文昌航天发射场成功发射。"问天实验舱"是我国空间站首个科学实验舱，我国科学家在其中采用人工光照、高效的水循环、标记踪迹等技术利用拟南芥和水稻等植物开展了丰富的培养实验，为有效利用有限的空间资源进行最大化的植物生产提供了重要证据，为人类长期探索空间提供了保障。图 4-8-6 所示为"问天实验舱"中拟南芥叶片进行光合作用的示意图，字母 A、B、C 表示物质；图 4-8-7 为拟南芥叶肉细胞中叶绿体结构示意图及电镜图。

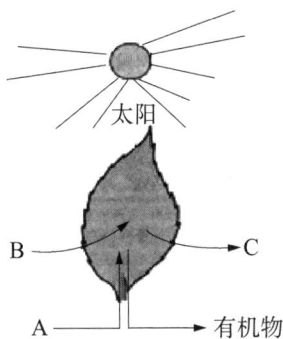

图 4-8-6

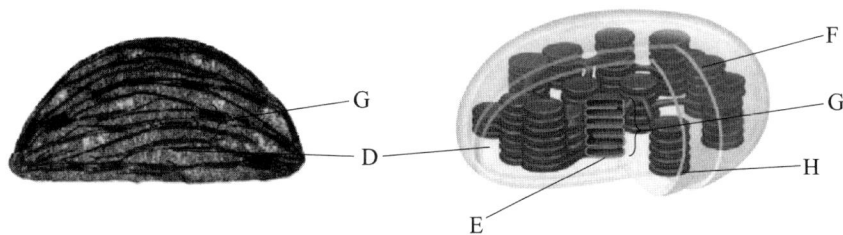

图 4-8-7

　　1. 图 4-8-6 中 A、B 表示叶片光合作用所需的原料，则 A 为＿＿＿＿，B 为＿＿＿＿气体。

　　2. 写出图 4-8-7 中各字母所代表的结构名称：D. ＿＿＿＿、E. ＿＿＿＿、F. ＿＿＿＿、G. ＿＿＿＿、H. ＿＿＿＿。

　　3. 叶绿体是将＿＿＿＿（填能量形式）转化为有机物中＿＿＿＿（填能量形式）的"能量转换器"，其含有丰富的膜结构，叶绿体色素分布于＿＿＿＿（填字母）结构上。

4. 一株质量为 8 g 的拟南芥栽种在水分、空气、温度、光照均适宜的环境中,一个月后重达 20 g,增加的质量主要来自 （　　）

　　A. 光照　　　　　　B. 空气　　　　　　C. 水分　　　　　　D. 空气和水分

5. （多选）科学家经研究发现,不同色素对可见光中特定波长的光具有选择性吸收的特点。图 4-8-8 为拟南芥叶绿体色素的吸收光谱,据图判断,叶绿素 b 能够吸收的可见光波长为 （　　）

　　A. 400 nm　　　　　　B. 450 nm

　　C. 640 nm　　　　　　D. 700 nm

6. 阳光经过三棱镜后会形成连续的七色光带（图 4-8-9 的 A）,若阳光先经过叶绿体色素提取液后再经过三棱镜,由于叶绿体色素对不同光的吸收度不同,光带会发生变化。请用涂色水彩笔在 B 处白板处涂画出相应光带（或用黑笔画出暗带的位置）。

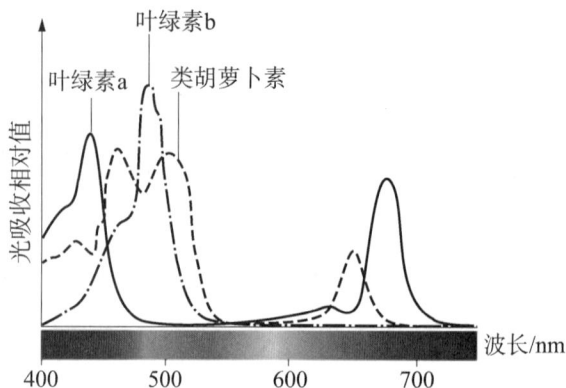

图 4-8-8

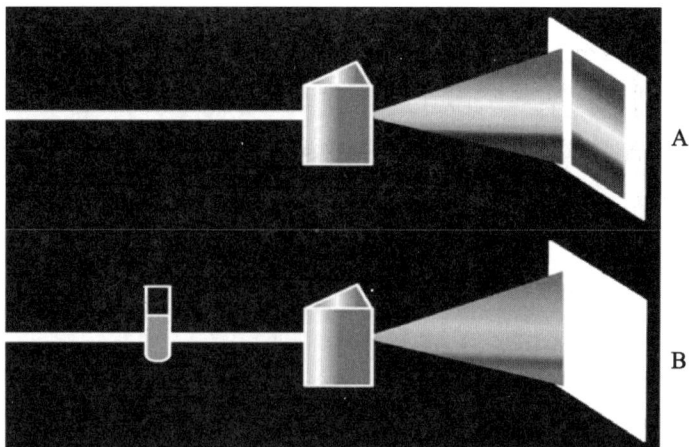

图 4-8-9

7. 某植物叶片（图 4-8-10）不同部位的颜色不同,与"问天实验舱"联系密切的地面实验室将该植物放置在黑暗中 48 小时后,用不透光的锡箔纸遮蔽叶片 A 侧,在日光下照光一段时间,去除锡箔纸,用碘液染色处理叶片,观察到叶片有的部位出现蓝色,有的没有出现蓝色。其中,没有出现蓝色的部位是 （　　）

　　A. a、b、d　　　　　　B. a、b、c　　　　　　C. b、c、d　　　　　　D. a、c、d

8. 请分析,科学家想要在太空种出新鲜蔬菜,需要考虑哪些关键的环境因素?

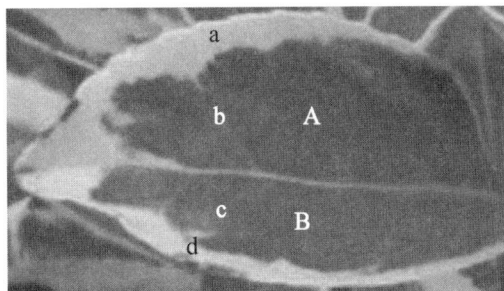

图 4 - 8 - 10

二、植物色素与光能吸收

水生藻类含有叶绿素等光合色素,能进行光合作用。恩格曼利用水绵为实验材料进行了光合作用光谱实验,获得实验结果如图 4 - 8 - 11 所示,图中黑点的位置代表好氧细菌的分布。某兴趣小组计划利用水绵为实验材料,以自然光、红光、蓝光、绿光等为光源进行光合作用光质条件的验证实验。

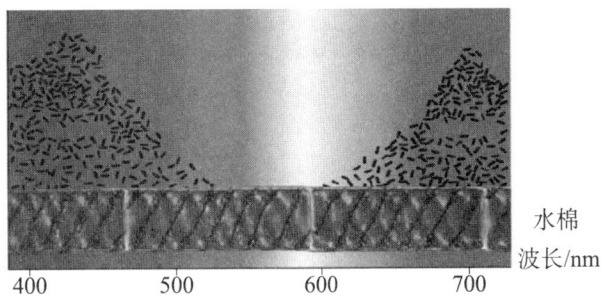

图 4 - 8 - 11

1. 分析恩格曼的实验结果,好氧细菌的分布说明了水绵_____。

2. 以下为兴趣小组讨论的实验方案,请你判断是否正确。

(1) 分别以红光、蓝光等为光源照射水绵作为实验组,以自然光照射水绵为对照组,不需要设置绿光组。　　　　　　　　　　　　　　　　　　　　　　　　　　　　　( )

(2) 各组试管中加入等量的蒸馏水。　　　　　　　　　　　　　　　　　( )

(3) 用传感器统计试管中溶解氧的变化作为量化指标。　　　　　　　　　( )

3. 水对红橙光的吸收比对蓝、绿光的吸收要多。海洋中的藻类,习惯上依其颜色分为绿藻、褐藻和红藻,它们在海水中的垂直分布大致依次是浅、中、深。结合图 4 - 8 - 12,这些藻类的垂直分布现象与光能的捕获有关吗?

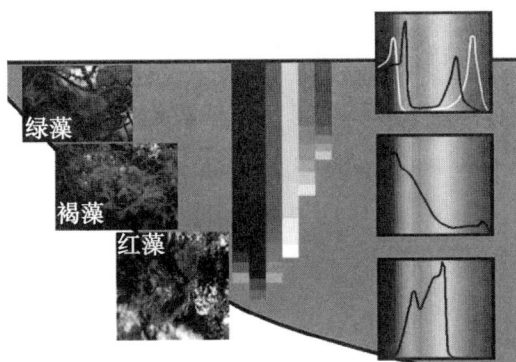

不同藻类及其吸收光谱

图 4 - 8 - 12

—— 学后反思 ——

1. 请自主梳理本节课的知识结构。（如思维导图或概念图的方式）

2. 你存有疑惑的地方可以与同学讨论或向老师寻求帮助。

第 9 课　探究·实验 4-3　叶绿体色素的提取分离及叶绿素含量的测定

内容出处

普通高中教科书必修 1 第 4 章第 4 节探究·实验 4-3。

课标要求

1. 内容要求:(1) 细胞的功能绝大部分基于化学反应,这些反应发生在细胞的特定区域。(2) 说明植物细胞的叶绿体从太阳光中捕获能量,这些能量在二氧化碳和水转变为糖与氧气的过程中,转换并储存为糖分子中的化学能。

2. 素养水平:能正确使用研钵、玻璃漏斗、分光光度计等实验工具进行色素的提取、分离和含量测定系列实验,并能与小组成员合作完成探究,如实记录实验结果。

学习目标

1. 阐明叶绿体色素提取、分离和测定实验的原理,学会用层析法分离色素。

2. 完成色素系列实验,建立"植物细胞的叶绿体从太阳光中捕获能量"的生物学概念,并为形成"物质与能量"的生命观念奠定基础。

3. 运用色素吸收可见光的原理解释"为何春天叶片呈现绿色,而秋天叶片呈现黄色"的生活现象,提高学生的科学思维能力,并为农业生产提出建议,从而建立社会责任意识。

评价任务

表 4 - 9 - 1

评价内容	等第(在对应的等第内打√)			
	优秀	良好	合格	不合格
1. 完成色素提取、分离和含量测定系列实验,阐述其原理				
2. 分析实验结果,说出叶绿体色素的种类、含量及吸收光谱				
3. 运用色素原理解释生活现象,并提出建议				
4. 课后检测和自我反思的完成情况				

学习过程

—— 学习建议 ——

1. 本节课学习内容的地位和作用

本节课内容是必修1第4章第4节的实验内容,包括绿色叶片中的色素提取、叶绿体色素层析分离、叶绿素含量的测定三个小实验。学生通过本节实验课的操作和学习,了解叶绿体色素的种类、含量和吸收光谱,为下一节光合作用过程的学习奠定基础。本节课内容与生活息息相关,学生在学习中应注重知识点的迁移和举一反三,注意多个知识点的关联。

2. 学习路径

如图 4 - 9 - 1。

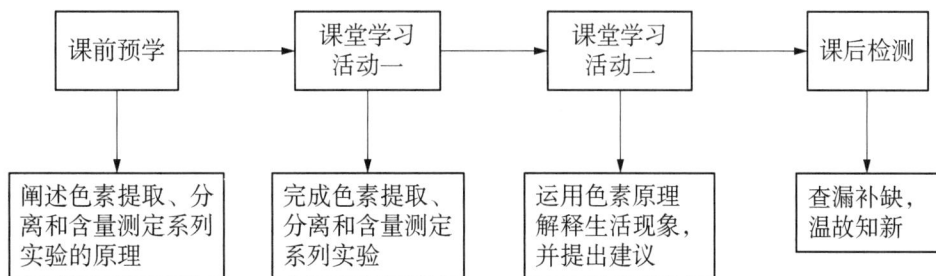

图 4 - 9 - 1

3. 学习重点和难点

本节课的重点是叶绿体色素的提取分离及叶绿素含量的测定;难点是色素的分离及叶绿素含量的测定。学生可以通过课前预学初步明确实验原理,通过课堂学习活动一、二、三逐步掌握叶绿体色素提取、分离和测定的方法步骤,并通过小组交流讨论来突破难点。

4．评价标准

完成课前预学，阐述色素提取、分离、含量测定系列实验的原理。

完成课堂学习活动一，操作色素提取、分离和含量测定系列实验。

完成课堂学习活动二，运用色素原理解释生活现象，并提出建议。

—— 课前预学 ——

（时间：10 分钟）

任务一：阅读课本 P91 内容，完成下列填空。

1．"绿色叶片中的色素提取"实验原理：叶绿体色素分布于_____，具有亲脂性，能溶于_____，可用_____将它们从叶片中提取出来。

2．"叶绿体色素层析分离"实验原理：不同色素在有机溶剂中的_____不同，在吸附载体上的吸附能力不同，因此，不同色素随有机溶剂在吸附载体上的_____也不同，这样就可将它们彼此分离。

3．"叶绿素含量的测定"实验原理：叶绿素具有特定的吸收波长，且_____与叶绿素 a、叶绿素 b 的含量有关。分别测定叶绿素在 649 nm 和 665 nm 处的吸光度，根据相关公式，可计算出其含量。

任务二：思考生活现象背后的生物学原理。

1．为何春天叶片呈现绿色，而秋天叶片呈现黄色？

2．从光质角度考虑，如何增加大棚农作物产量？

—— 课堂学习 ——

活动一：完成叶绿体色素的提取、分离、含量测定系列实验（达成学习目标 1、2，对应评价任务 1、2）

【实验 1】如图 4-9-2，绿色叶片中的色素提取。

完成下列实验步骤：

取材 { 材料：_____ / 处理：称取 1 g 材料，放入_____中

研磨 { 试剂：多次少量加入 6 mL_____（目的是_____） / 研磨：迅速、充分研磨成匀浆

(A) 准备叶片

(B) 研磨

(C) 过滤

叶绿体色素提取操作

图 4-9-2

过滤 { 器材:放置＿＿＿＿＿＿＿＿的玻璃漏斗

过程:将研磨液倒入漏斗中过滤

收集　将过滤液收集到试管中,用＿＿＿＿＿封住试管口

【实验2】如图4-9-3,叶绿体色素层析分离。

(1)完成下列实验步骤:

层析薄　将层析用的＿＿＿＿＿剪成合适大小
膜准备

A.点样

点样 { ① 用＿＿＿＿＿吸取少量色素提取液,于距层析薄膜底边＿＿＿＿＿
处划线

(注意:一次划线溶液不可过多)

② 晾干,重复点样＿＿＿＿＿次

(注意:每次等风干后再重复划线)

B.层析

层析 { ① 向烧杯中加入适量＿＿＿＿＿,不可使其玷污管壁

图4-9-3

② 将薄膜的点样端＿＿＿＿＿放入层析液,用培养皿盖住烧杯,进行
层析

(注意:＿＿＿＿＿不能进入或接触到层析液)

观察和记录　持续观察色素在薄膜上的分离现象,直至各色素条带的相对位置不变后,
取出晾干。记录色素条带的颜色和位置

(2)实验结果(完成表4-9-2):

表4-9-2

薄膜粘贴处	色素名称	颜色	含量	合称	吸收的光

【实验3】叶绿素含量的测定。

(1)实验步骤:

提取色素　选取经干燥处理的植物叶片,加等量＿＿＿＿＿研磨后过滤,获取色素提取液

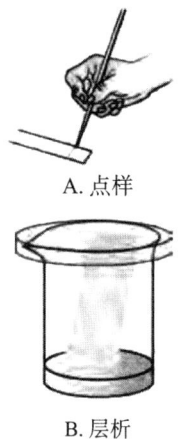

稀释色素　将色素提取液用＿＿＿＿＿＿＿＿稀释到合适倍数（N），摇匀,备用

测定吸光度　以 95％乙醇为对照＿＿＿＿＿,在＿＿＿＿＿中分别测定色素提取液在＿＿＿＿＿nm 和 ＿＿＿＿＿nm 波长处的吸光度,分别记录为 $A_{665\,nm}$ 和 $A_{649\,nm}$

数据处理　按公式计算各色素浓度

叶绿素 a 浓度（mg/L）＝$13.70A_{665\,nm}$－$5.76A_{649\,nm}$

叶绿素 b 浓度（mg/L）＝$25.80A_{649\,nm}$－$7.60A_{665\,nm}$

总叶绿素浓度（mg/L）＝叶绿素 a 浓度＋叶绿素 b 浓度

（2）实验结果（完成表 4-9-3）：

表 4-9-3

植物部位	稀释倍数	$A_{649\,nm}$				$A_{665\,nm}$				叶绿素含量/(mg/L)		
		1	2	3	平均值	1	2	3	平均值	叶绿素a	叶绿素b	总叶绿素

活动二:运用色素原理解释生活现象,并提出建议（达成学习目标3,对应评价任务3）

1. 很多植物的叶片总是春天呈现绿色,秋天呈现黄色,这是为什么?

2. 从光质角度考虑,如何增加大棚农作物产量?

———课 后 检 测———

一、叶绿体中色素的提取与分离

某位同学在做叶绿体色素的提取分离实验时,操作情况如下所述。

1. 分别分析以下三步操作过程中有何错误,并预测该错误对实验结果的影响。

（1）将 5 g 菠菜叶完整放入研钵中,迅速研磨、过滤。

（2）用毛细管吸取少量滤液,沿铅笔处小心均匀地画出一条滤液细线,并迅速重复 2～3 次。

(3) 把画好细线的滤纸插入层析液中,并不断摇晃,以求加快色素在滤纸上的扩散。

2. 若选用在缺 Mg 的营养液中长期培养的玉米叶片作实验材料,层析后层析薄膜上只出现了两条色素带,其原因是_____。

3. 实验结束几天后,甲、乙两同学发现部分预留叶片已变黄。甲同学认为这是由于叶片中叶绿素降解所造成的,乙同学则认为是类胡萝卜素含量增加所致。根据所学知识,设计实验来判断哪个同学的观点正确。

(1) 从预留的叶片中挑选出足量的分量相等、大小相近的已变黄叶片和绿色鲜嫩的叶片,分别编号为 A、B 两组。

(2) _____。

实验结论:与 B 组相比,若 A 组层析薄膜只有上面两条色素带,则_____的观点是正确的。_____,则_____的观点是正确的。

二、探究叶绿体中色素含量变化

某高中学校将学生分为 A、B、C 三组,以菠菜为实验材料,分别开展以下相关实验研究。

(一) A 组同学为更直观地观察类胡萝卜素吸收可见光的种类,进行了相关实验设计,请分析回答:

1. 在做叶绿体色素提取和分离实验时,利用菠菜的绿叶、无水乙醇等材料用具进行实验提取色素,在研磨开始前,_____(如何处理),可获得只含类胡萝卜素的提取液。

2. 某同学在密闭的暗室内,将获取的类胡萝卜素提取液的试管,放在白色光束和三棱镜之间,观察连续光谱中单色光的变化,以此确定类胡萝卜素吸收的可见光主要为_____。有同学认为,以上实验设计不够严谨,应增加一组实验,写出该组实验设计:_____
_____。

(二) B 组同学为探究光照强度对菠菜中叶绿素含量的影响,将菠菜的盆栽苗均分成甲、乙两组,甲组自然光照,乙组给予一定程度的遮光。培养一段时间后,在自然光下,测定实验结果如图 4-9-4 所示。

3. 图中色素带②的种类和颜色是 (   )

A. 叶绿素 a,蓝绿色

B. 叶绿素 b,黄绿色

C. 叶绿素 a,黄绿色

D. 叶黄素,黄色

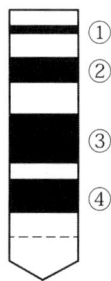

图 4-9-4

4. 图中扩散速度最快的色素带是_____（填编号）。

5. B 组同学发现遮光后，叶绿素 a 含量上升，色素带_____（填编号）会变宽，其主要采用_____（仪器）测量菠菜叶中叶绿素含量。

（三）有报道认为重金属离子 Cd^{2+}、Pb^{2+}、Hg^{2+}、Cr^{2+} 等均可使植物的叶绿素含量明显降低，可能是引起光合速率下降的原因之一。而又有学者认为重金属离子 Cd^{2+} 在低浓度短期内对叶绿素合成有刺激作用，而超过一定浓度后才对叶绿素起破坏作用。为了验证以上观点，C 组同学展开以下探究：

6. 将菠菜的盆栽苗均分成甲、乙两组，甲组喷施_____，乙组喷施加等量 1 mmol/L CdS，并获得图 4-9-5 的实验结果。

依据图中实验结果，可以验证以上哪个观点是正确的？

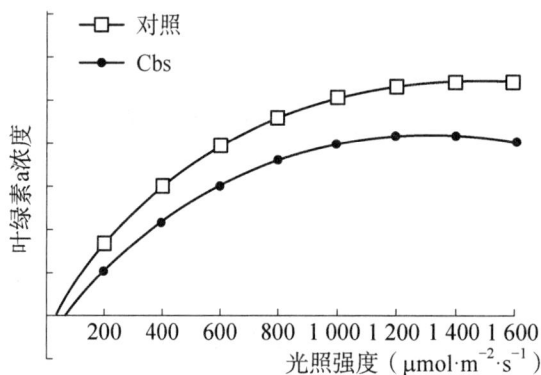

图 4-9-5

─── 课 后 反 思 ───

1. 根据实验结果，分析你的实验是否达到了预期的实验目的，如果没有，请分析原因。

2. 在实验过程中有很多需要注意事项，请你写下来。

第 10 课　叶绿体将光能转换并储存在糖分子中（中）

内容出处

普通高中教科书必修 1 第 4 章第 4 节。

课标要求

1. 内容要求:(1)细胞的功能绝大多数基于化学反应,这些反应发生在细胞的特定区域。(2)说明植物细胞的叶绿体从太阳光中捕获能量,这些能量在二氧化碳和水转变为糖与氧气的过程中,转换并储存为糖分子中的化学能。

2. 学业要求:从物质与能量视角,探索光合作用,阐明细胞生命活动过程中贯穿着物质与能量的变化。

学习目标

1. 经历自主学习和小组合作探究的过程,感知科学家的实验研究过程,归纳光合作用光反应、碳反应发生的条件、场所、物质变化和能量变化,感悟结构与功能相适应的学科思想。

2. 比较光合作用的光反应、碳反应过程及相互关系,进一步建立生命的物质与能量观。

3. 阅读研究资料,阐述光合作用的实质和意义。

评价任务

表 4－10－1

评 价 内 容	等第(在对应的等第内打√)			
	优秀	良好	合格	不合格
1. 归纳总结光反应、碳反应阶段的发生条件、场所、物质变化和能量变化				
2. 辨析光反应、碳反应的差异、相互联系及光合作用的实质和意义				
3. 课后检测和自我反思的完成情况				

学习过程

———— 学 习 建 议 ————

1. 本节课学习内容的地位和作用

通过上节课的学习,我们了解光合作用研究历程、光合作用所需的条件和发生部位。本节课在此基础上,进一步探究光合作用的光反应和碳反应过程及其相互联系。只有学生对光合作用的机制有了真正的理解,才能去分析"影响光合作用的因素",探讨如何在生产实践中采取有效措施来提高光合作用效率,因此本节课内容的学习是下一节课的重要铺垫。在本节课的学习中,学会归纳并总结光合作用各阶段的发生条件、场所、物质变化和能量变化的结果,形成结构与功能观以及物质和能量观。

2. 学习路径

如图 4－10－1。

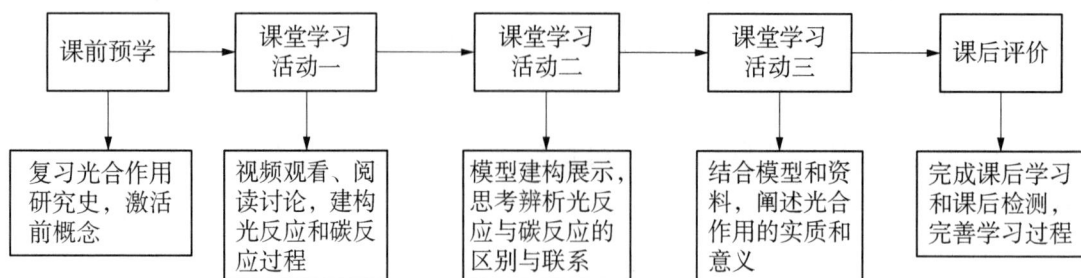

图 4－10－1

3. 学习重点和难点

本节课的重点是学会阐述光合作用的具体过程,建立模型。难点是从过程中发现并阐述光合作用的实质。在学习中可采用以下方法突破重难点:结合光合作用总反应式,以科学家的角度思考,若要探明光合作用的具体过程,有哪些可以深入研究的方向,以"提出问题"作为学习的开始。然后通过课堂学习活动一、二、三来层层递进地解决上述问题,并思考光合作用两个阶段的联系,以及光合作用的实质和意义。

4. 评价标准

完成课堂学习活动一,能从课堂中提取出有效信息,并结合教材,归纳梳理出光反应和碳反应的场所、条件、物质变化及能量变化,能初步理解光合作用的过程。

完成课堂学习活动二,通过讨论、总结,结合模型深刻理解光反应及碳反应的具体过程,自主找出二者的联系并理解光合作用的实质。

完成课堂学习活动三,能透过理论看本质,理解光合作用的实质和意义。

———— 课 前 预 学 ————

(时间:3分钟)

任务一:通过网络和书籍收集光合作用的相关资料,复习光合作用的研究历史及过程。

任务二:观看视频、聆听歌曲"光合作用之《追光者》"。

———— 课 堂 学 习 ————

活动一:观看视频,结合课本内容和课堂学习,建构光合作用过程(达成学习目标 1,对应评价任务 1)

1. 结合课本 P93 内容和课堂学习,在图 4－10－2 中建构光反应过程,并参与小组活动描述过程。

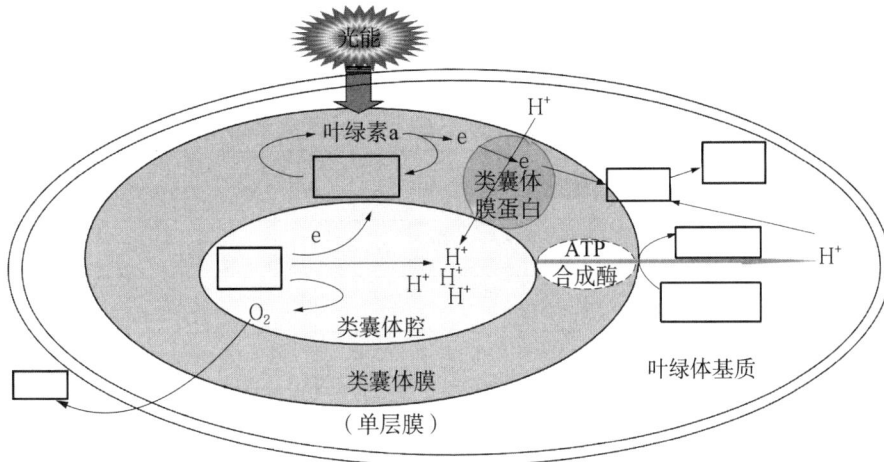

图 4 - 10 - 2

2. 结合课本 P94 内容和课堂学习,在图 4 - 10 - 3 中建构碳反应过程,并参与小组活动,描述过程。

活动二:光合作用全过程模型建构并展示交流(达成学习目标 1,对应评价任务 1)

1. 再次阅读课本,完善叶绿体中光合作用过程示意图(如图 4 - 10 - 4),并展示交流。

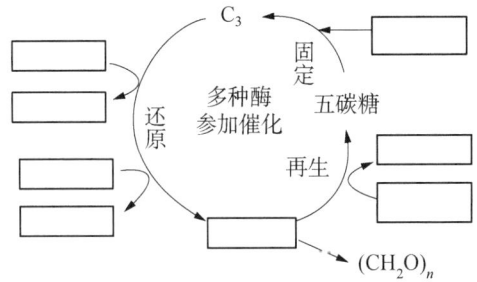

图 4 - 10 - 3

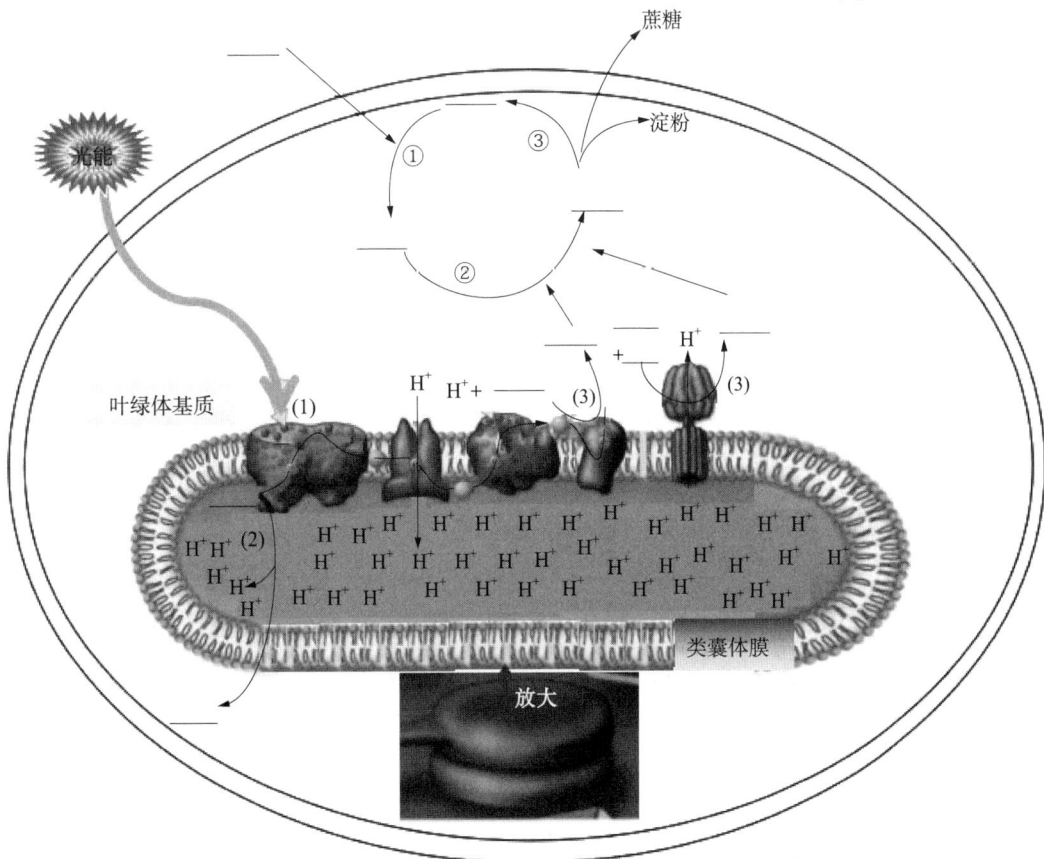

图 4 - 10 - 4

2. 结合你所完成的光合作用过程图解,梳理光反应与碳反应的联系,用箭头在自己的模型图中标注,并将二者的联系填写在表4-10-2中。

表4-10-2 光反应与碳反应的区别和联系

	光反应	碳反应
场所		
条件		
物质变化		
能量变化		
联系		

3. 光合作用过程中有物质变化和能量转换,请阐述变化过程。

活动三:阅读下列资料,小组交流,阐述光合作用的意义

资料:2021年9月17日,世界顶级学术期刊《科学》发表了我国中科院天津工业生物技术研究所所做的人工合成淀粉重大技术突破,这一研究是世界上首次实现人工通过二氧化碳合成淀粉,也就意味着淀粉的生产方式从传统的农业种植向工业制造转变成为可能。

1. 有人认为,人工合成淀粉这一重大技术突破能解决当前的世界粮食危机,甚至认为通过绿色植物的光合作用获得淀粉可能很快被人工合成技术取代。你赞同此看法吗?若不赞同,请根据已有知识,举例说明绿色植物光合作用对人类生产、生活及生态环境的有益方面?

2. 从结构和功能的角度分析,动物和人可以进行光合作用吗?为什么?

课后检测

一、"问天实验舱"中的植物实验

"问天实验舱"是我国空间站首个科学实验舱,我国科学家在其中采用人工光照、高效的水循环、标记踪迹等技术对拟南芥和水稻等植物开展了丰富的培养实验,为人类长期探索空间提供了保障。根据资料,请回答下列问题:

1. 虽然太空中的环境条件不是很适宜,但我国科学家还是克服重重困难在空间站种出了多种蔬菜。请思考,在空间站利用人工光照种植蔬菜时,应补充什么颜色的光源?

2. 科学家发现了一株白化苗,该苗仅长出几片叶片,不久就死亡了,可能的原因是什么?

3. 某蔬菜光合作用过程如图 4-10-5,请仔细观察图片并完成相关题目。

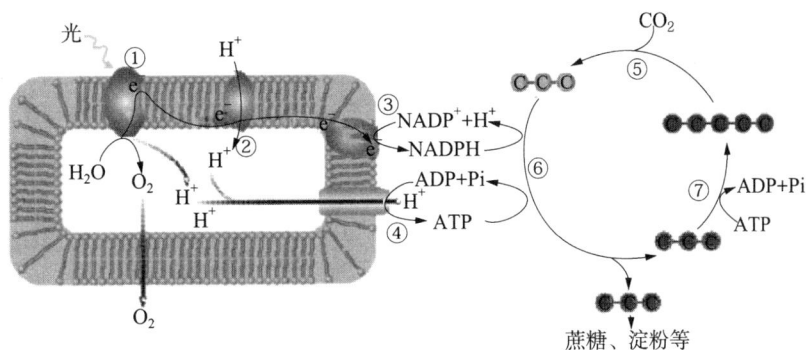

某蔬菜光合作用过程

图 4-10-5

(1) 图中_____(填写数字编号)表示光反应,该反应发生的场所为_____。产生 ATP 和消耗 ATP 的部位依次为　　　　　　　　　　　　　　　　　　　(　　)

①叶绿体外膜、②叶绿体内膜、③叶绿体基质、④类囊体膜。

A. ③②　　　　B. ③④　　　　C. ①②　　　　D. ④③

(2) ⑤代表的化学反应称为_____;⑥完成的能量转换为_____。

(3) 请根据你对光合作用的理解,在表 4-10-3 中填写下列相应字母。

a. 光反应、b. 碳反应、c. 光合作用的原料、d. 影响酶活性、e. 影响 ATP 合成、f. 影响 NADPH 合成、g. 影响气孔开闭。

表 4-10-3　不同环境因素对光合作用的影响

	直接影响光合作用的过程	影响光合作用的主要原因
光照		
温度		
CO_2		
H_2O		

4. 蔬菜种植过程中,应当特别关注提供适宜的温度,若温度过高蔬菜叶片的气孔关闭,会导致光合作用效率下降,主要原因是　　　　　　　　　　　　　　　　　　　(　　)

A. 水的光解产生 NADPH 的量不足　　　B. 碳反应过程中 CO_2 的供给量不足

C. 光反应过程中产生的 O_2 不足　　　　D. 光反应中产生的 ATP 含量减少

5. (多选)科学家在"问天实验舱"中种出了水稻、小麦等多种粮食作物。关于小麦的光

合作用,下列相关叙述正确的是 （　）

　　A. 光合作用过程中,既有 NADPH 的产生,又有 NADPH 的消耗

　　B. 叶绿体捕获的光能主要用于 CO_2 与五碳糖反应这一步骤

　　C. 用 ^{14}C 标记的 CO_2 作为碳源,放射性在五碳糖和 C_3 中都会出现

　　D. 用 ^{18}O 标记 H_2O,放射性仅会出现在 O_2 中

　　6. 在小麦光合作用的卡尔文循环中,唯一催化 CO_2 固定形成 C_3 的酶被称为 Rubisco,下列叙述正确的是 （　）

　　A. Rubisco 存在于细胞质基质中　　　　B. 激活 Rubisco 需要黑暗条件

　　C. Rubisco 催化 CO_2 固定需要 ATP　　　D. Rubisco 催化五碳糖和 CO_2 结合

　　7. 科学家用一定浓度的 $NaHSO_3$ 溶液喷洒到小麦的叶片上,短期内检测到叶绿体中 C_3 的含量下降,五碳糖的含量上升。$NaHSO_3$ 溶液的作用可能是 （　）

　　A. 促进叶绿体中 CO_2 的固定　　　　　B. 促进叶绿体中 ATP 的合成

　　C. 抑制叶绿体中 NADPH 的形成　　　　D. 抑制叶绿体中有机物的输出

二、人工光合作用体系

　　传统的粮食生产,难以摆脱对土地、水分等自然资源的依赖。目前,科学界已有"人造叶绿体""人工光合作用"等报道,为缓解世界"粮食危机"带来了曙光。

　　请思考并完成以下问题。

　　1. 科学家研制的人造叶绿体原理如图 4-10-6 所示。请据图判断下列叙述错误的是 （　）

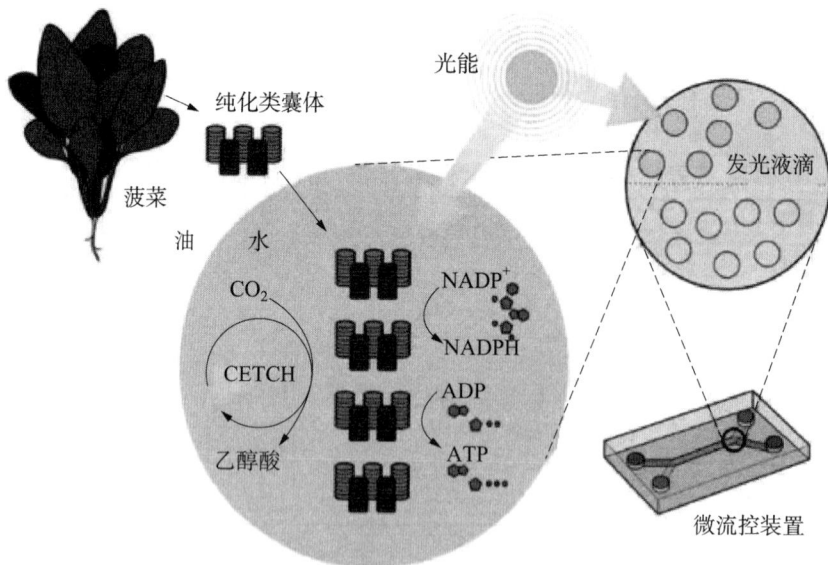

图 4-10-6

　　A. 从菠菜绿叶中纯化出类囊体,并保证其在实验条件下正常运转,是实验成功的必要条件

　　B. 油滴中 CETCH 循环类似于天然光合作用的碳反应,因而油滴内部模拟的是叶绿体基质

C. 液滴微流控技术实现了光反应和碳反应之间的物质循环,没有能量转换

D. 相同条件下,该装置合成有机物的效率比自然状态下的效率高

2. 人工光合作用是模拟自然界的光合作用,利用光能分解水制造氧气或固定 CO_2 制造有机物的过程。图 4-10-7 是人工光合作用模拟装置示意图,下列相关叙述错误的是　　　(　　)

A. 催化剂 a 的表面会有 O_2 产生

B. 质子交换膜的功能与叶绿体内膜类似

C. 自然光合作用离不开光合色素对光能的吸收和转化

D. 人工光合作用的研究对于人类解决能源危机具有重要意义

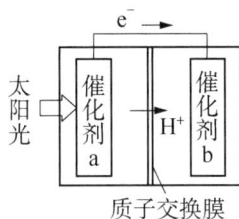

人工光合作用模拟装置

图 4-10-7

── 课后反思 ──

1. 请自主梳理本节课的知识结构。(如思维导图或概念图的方式)

2. 你对哪些地方存在疑惑,可以与同学讨论或向老师寻求帮助。

第 11 课　叶绿体将光能转换并储存在糖分子中(下)

内容出处

普通高中教科书必修 1 第 4 章第 4 节。

课标要求

1. 内容要求:(1) 细胞的功能绝大多数基于化学反应,这些反应发生在细胞的特定区域。(2) 说明植物细胞的叶绿体从太阳光中捕获能量,这些能量在二氧化碳和水转变为糖与氧气的过程中,转换并储存为糖分子中的化学能。

2. 学业要求:从物质与能量视角,探索光合作用,阐明细胞生命活动过程中贯穿着物质与能量的变化。

学习目标

1. 阅读资料,分析并阐释影响植物光合作用速率的内外因素。

2. 结合影响光合作用速率的外在因素,给出提高农作物产量的措施或建议,认同生物学

在生产实践中的应用价值。

评价任务

表 4 - 11 - 1

评 价 内 容	等第(在对应的等第内打√)			
	优秀	良好	合格	不合格
1. 观察光反应、碳反应过程示意图,梳理两个阶段的物质、能量变化并说出影响光合作用速率的因素				
2. 分析资料,阐述光照强度、CO_2 浓度、温度、空气湿度等外在因素对光合速率影响				
3. 课后检测和自我反思的完成情况				

学习过程

— 学 习 建 议 —

1. 本节课学习内容的地位和作用

本节课是必修 1 第 4 章第 4 节第 3 课时内容,主要学习影响光合速率的内在和外在因素,通过分析资料举例说明植物进行光合作用受到多种因素的影响。学生以课前预学、课堂上讨论交流等方式关注光合作用知识在日常生活和生产中的广泛应用,并尝试提出合理的农业增产增收的措施,通过将理论知识与生活实践相联系,有利于提高"科学造福于人类"的社会责任意识。

2. 学习路径

如图 4 - 11 - 1。

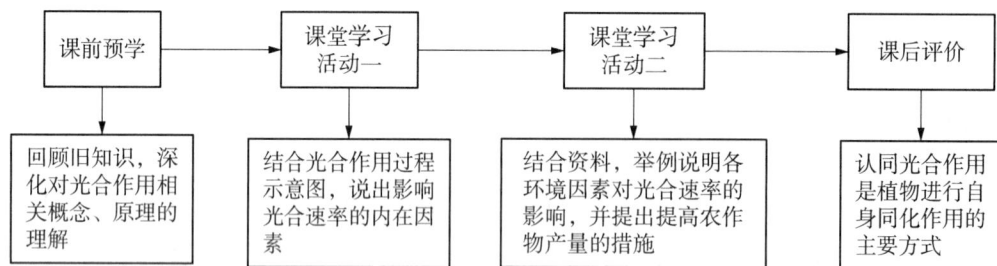

图 4 - 11 - 1

3. 学习重点和难点

本课时学习的重点是各环境因素对光合作用的影响,并结合影响因素分析生产和生活中增产的措施。难点是独立构建各影响因素的坐标曲线并准确描述影响过程。你可以通过以下方式来突破难点:阅读和分析资料,或者尝试单一因素影响光合作用的实验,记录相关数据,参与小组讨论,阐述色素含量、叶龄大小等内在因素及光照强度、温度等环境因素如何影响光合速率,提出进一步提高农作物产量的方法。你可以通过完成课堂学习的思考题和课后检测来判断自己学习目标的达成情况。

4. 评价标准

完成课堂学习活动一,说出光合速率的表示方法,并能根据所学的光合作用的相关知识,推测影响光合作用的内外因素。

完成课堂学习活动二,通过对光照强度、温度、CO_2 浓度等因素影响光合速率的曲线进行分析,理解环境因素如何影响光合速率。能根据影响光合作用的因素解释农业生产上提高农作物产量的一些措施。

—— 课前预学 ——

(时间:10 分钟)

任务一:复习光反应及碳反应的过程、场所、所需条件及二者的联系等相关知识,深化对相关概念、原理的理解。

任务二:收集日常生活及现代农业中提高农作物产量的具体措施,根据所学知识思考其生物学原理,提出可能的增产措施。

—— 课堂学习 ——

活动一:据图 4 - 11 - 2 分析影响光合速率的因素(达成学习目标 1,对应评价任务 1)

1. 光合作用强度(又称"光合速率")可用哪些指标来表示?

2. 据图 4 - 11 - 2 归纳影响光合作用的内外因素有哪些?

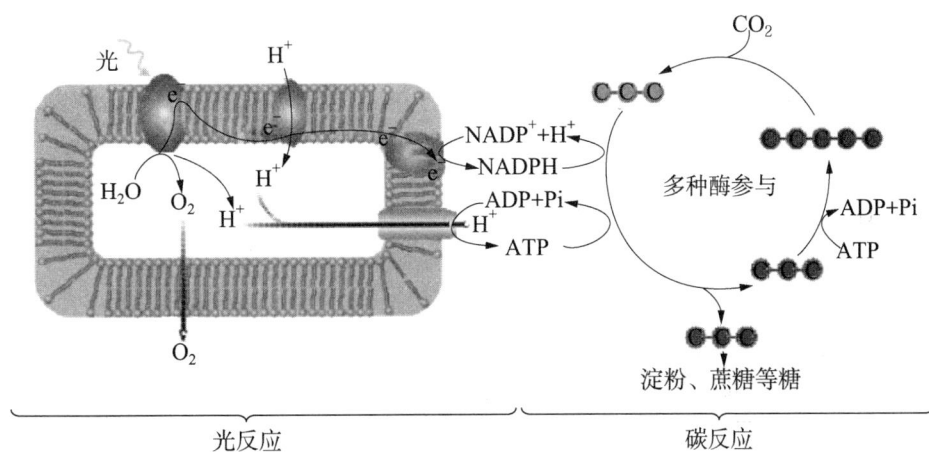

图 4 - 11 - 2

活动二:探究影响光合速率的环境因素(达成学习目标 2,对应评价任务 2)

资料 1:某学习小组在一定浓度的二氧化碳和适当的温度条件下,测定某双子叶植物叶片在不同光照条件下的光合速率,结果如表 4-11-2,表中负值表示二氧化碳释放量,正值表示二氧化碳吸收量。

表 4-11-2

光照强度/千勒克斯	0	1	3	5	7	9	11
光合速率/$(CO_2 \, mg \cdot 100 \, cm^{-2} \cdot h^{-1})$	−4.0	−2.0	+2.0	+6.0	+10.0	+12.0	+12.0

1. 请你在图 4-11-3 中绘制光照强度对光合速率影响的曲线图,并分阶段描述曲线特征。

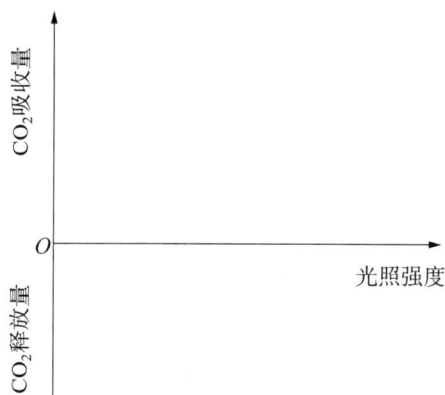

图 4-11-3

2. 图 4-11-4 表示植物叶肉细胞中氧气和二氧化碳的吸收、释放的变化情况,请将甲、乙、丙、丁代表的情况在表 4-11-3 中进行匹配。

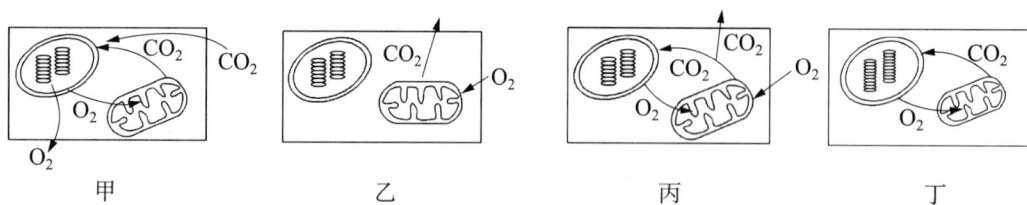

图 4-11-4

表 4-11-3

光照强度为零,仅进行呼吸作用	
光合速率小于呼吸速率	
光合速率等于呼吸速率	
光合速率大于呼吸速率	

资料 2：图 4-11-5 表示温度变化对植物光合速率的影响。

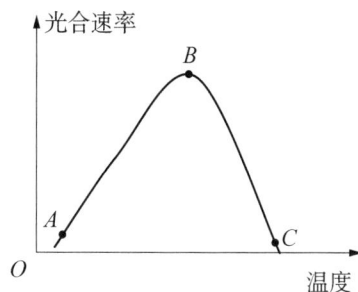

图 4-11-5

3. 请描述 AB 段、BC 段和 B 点所表述的生物学含义？

4. 温度会直接影响酶的活性，进而影响光合速率。推测温度主要是影响光反应还是碳反应？

5. 根据温度变化对植物光合速率的影响曲线，你认为农业生产中可以采取什么措施提高作物产量？

资料 3：图 4-11-6 表示 CO_2 浓度对植物光合速率的影响。

6. 当植物光合速率和呼吸速率相等时的特定 CO_2 浓度被称为 CO_2 补偿点，请在图中找出 CO_2 补偿点。

7. 限制 B 点之后光合速率升高的因素是什么？

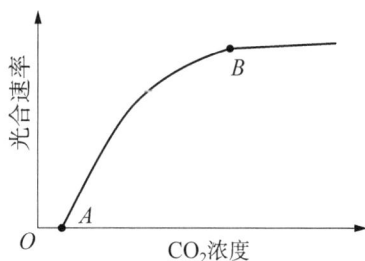

图 4-11-6

8. 大田种植时，要求"正其行，通其风"增加空气流动以增大 CO_2 浓度；温室栽培时除适当通风外，还可以采取哪些措施来增大 CO_2 浓度？

资料 4：植物胁迫是指对植物生长不利的环境条件，如营养缺乏、水分不足、洪涝、高温或低温、病虫害等。植物生长过程中水分不足可引发干旱胁迫。通过电镜观察发现干旱破坏了叶绿体的膜结构，使叶绿体基粒堆叠散乱，排列疏松，导致光合色素减少。洪涝易使植株根系供氧不足,造成低氧胁迫,影响农作物根细胞对 N、P、K 等矿质元素的吸收。盐碱地因其高盐和高 pH 等因素造成了盐胁迫,导致水稻等植物难以生存。

9. 结合上述材料和所学知识,概述土壤含水量对于植物光合作用的影响。

10. 农作物生长过程中,尤其是大田种植需要施一定浓度的氮肥、磷肥等,为植物提供矿质元素。结合已有知识推测矿质元素 N、P、Mg 分别是植物细胞合成哪些物质所必需的?

资料 5:在自然环境下生活的植物生长具有明显的昼夜节律性。夏日清晨,温度较低,伴随日出,光照强度增大,温度回升,气孔开放,植物开始进行光合作用。中午时分,由于温度过高,植物蒸腾速率快,为减少蒸腾失水,植物会关闭部分气孔,同时也影响了 CO_2 扩散进入叶肉细胞的过程,该现象被形象地称为"光合午休"。午后,外界环境温度逐渐回落,"光合午休"解除,光照强度逐渐减弱。夜晚,因光照强度较弱,植物无法进行光合作用,上述变化对植物光合速率的影响可用图 4-11-7 表示。

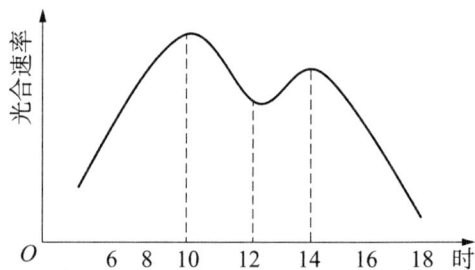

图 4-11-7

11. 6～10 时,植物光合速率不断提高,主要影响因素是什么?

12. 晴朗的夏日 10～13 时,植物光合速率为什么显著降低?

13. 16～18 时,植物光合速率为什么不断下降?

14. 从图中可以看出,限制光合作用的因素有哪些? 若是温室种植,可以采取哪些措施提高农作物的光合效率?

— 课 后 检 测 —

一、外界环境对植物光合速率的影响

某生物兴趣小组在不同温度与 CO_2 浓度的条件下进行生菜种植,三组实验条件及结果如图 4-11-8。

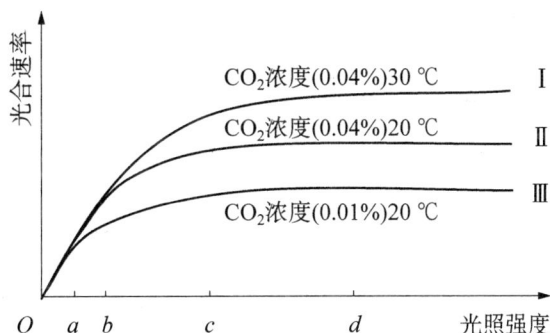

图 4-11-8

1. 光照强度为 a 时,曲线Ⅰ、Ⅱ、Ⅲ光合速率相同,其限制因素是什么?

2. 光照强度为 b 时,曲线Ⅱ、Ⅲ光合速率不同,其原因是什么?

3. 光照强度为 c 时,曲线Ⅰ、Ⅱ光合速率不同,其原因是什么?

4. 根据本题信息,提出提高生菜产量的一些措施?

二、CO₂ 浓度增加对植物光合速率的影响

研究人员以大豆、甘薯、花生、水稻、棉花作为实验材料，分别进行三种不同实验处理，甲组提供大气 CO_2 浓度（375 $\mu mol \cdot mol^{-1}$），乙组提供 CO_2 浓度倍增环境（750 $\mu mol \cdot mol^{-1}$），丙组先在 CO_2 浓度倍增的环境中培养 60 天，测定前一周恢复为大气 CO_2 浓度。整个生长过程保证充足的水分供应，选择晴天上午测定各组的光合速率，结果如图 4-11-9 所示。

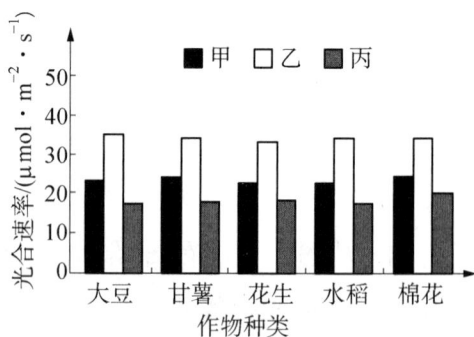

图 4-11-9

1. CO_2 浓度增加，作物光合速率发生的变化是什么？出现这种变化的原因是什么？

2. 在 CO_2 浓度倍增时，光合速率并未倍增，此时限制光合速率增加的因素可能是什么？

3. 丙组的光合作用速率比甲组低。有人推测可能是因为作物长期处于高浓度 CO_2 环境而降低了固定 CO_2 的酶的活性。这一推测成立吗？为什么？

4. 有人认为：化石燃料开采和使用能升高大气 CO_2 浓度，这有利于提高作物光合速率，对农业生产是有好处的。因此，没有必要限制化石燃料使用，世界主要国家之间也没有必要签署碳减排协议。请查找资料，对此观点作简要评述。

三、过强光照与非光化学淬灭

植物接受过多光照可能对进行光合作用的相关细胞器造成损害，因此植物需要一种名"非光化学淬灭"（NPQ）的机制来保护自身，在 NPQ 的作用下多余的光能会以热能的形式散失。该机制的启动和关闭特点如图 4-11-10 所示，其中符号"⊢"代表抑制作用。

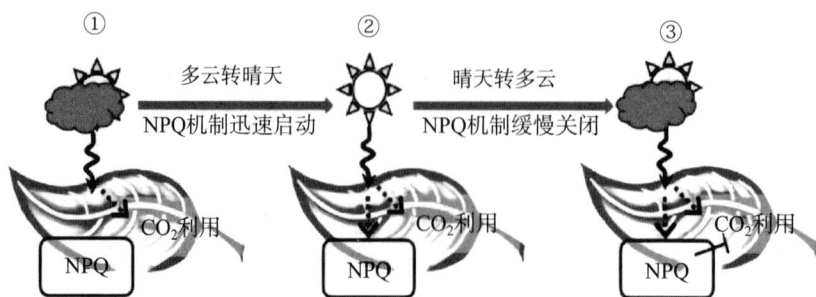

图 4-11-10

1. NPQ 直接作用于光合作用两个阶段中的_____,该阶段发生的场所是_____。

2. 由图 4-11-10 推测,在光照强度以及其他环境因素均相同的情况下,状态③比状态①的光合作用强度_____(填"强"或"弱")。下列关于 NPQ 机制从开启到缓慢关闭过程中的一系列生理变化中,导致上述差异的因素可能有_____(多选)。

A. 类囊体内 H^+ 浓度下降　　　　B. ATP 的合成量下降

C. 部分光能仍以热能形式散失　　D. $NADP^+$ 的量下降

科学研究者研发了一种转基因烟草(VPZ),相比野生烟草(WT)其在由强光转为弱光后 NPQ 机制关闭的时间缩短。图 4-11-11 为分别在恒定光强和波动光强下测得的两种烟草的 CO_2 最大固定速率。

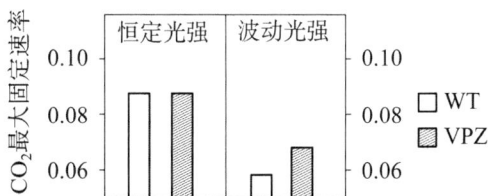

图 4-11-11

3. 农作物一半的光合作用是在有各种阴影时进行的。结合图 4-11-10 推断,同样环境条件下 VPZ 的产量比 WT 的产量_____(填"高"或"低")。

4. 由图 4-11-10 分析可知,与野生烟草相比,转基因烟草的优势和不足体现在哪些方面:

— 课 后 反 思 —

1. 请自主梳理本节课的知识结构。(如思维导图或概念图的方式)

2. 还存在哪些疑惑或还需要解决的问题有哪些?(结合重难点和易错点)

第 12 课　探究·设计 4-4　探究影响光合作用强度的环境条件

内容出处

普通高中教科书必修 1 第 4 章第 4 节探究·设计 4-4。

课标要求

1. 内容要求:(1) 细胞的功能绝大部分基于化学反应,这些反应发生在细胞的特定区域。(2)说明植物细胞的叶绿体从太阳光中捕获能量,并将其转化为细胞可利用的化学能储存在有机分子中。

2. 素养水平:能够使用注射器、叶片打孔器、烧杯等实验器具;模仿实验案例,尝试提出新问题,设计恰当可行的新实验;利用表格和坐标图记录并呈现数据;小组合作讨论,运用生物学术语精确阐明实验结果,给出实验结论。

学习目标

1. 运用实验设计原则,小组合作完成设计"探究影响光合作用强度的环境条件"实验方案,运用分析、推理和综合等思维方法分析实验结果,完成实验报告,提升合作能力和方案设计能力。

2. 通过对实验方案的交流分析,发现设计中的实验条件控制、信息技术辅助科学数据处理等方面的问题,感悟实验方案设计原则,发展科学探究的学科素养。

3. 以光合作用的物质和能量观为指导,结合具体情境分析,认识环境因素对植物新陈代谢的影响,初步提出提高农作物产量的具体措施。

评价任务

表 4 - 12 - 1

评 价 内 容	等第(在对应的等第内打√)			
	优秀	良好	合格	不合格
1. 能独立设计实验,合作完成实验探究				
2. 能进行数据记录、处理、结果分析				
3. 进行小组讨论、得出结论,完成自评表				
4. 课后检测和自我反思的完成情况				

学习过程

—— 学习建议 ——

1. 本节课学习内容的地位和作用

本实验安排在学习光合作用的过程之后,目的是通过教师给出的学校准备建设植物培养温室的新情境,应用相关理论分析影响光合作用强度的因素,并经历设计较为完整的科学探究过程来验证提出的假设和作出的预测。学生通过实施实验方案、观察实验现象、应用数字化的方式采集、处理和分析实验数据,建立光照强度等与光合速率的量变关系,小组讨论交流,对主要环境因素对光合作用强度的影响规律获得感性认识,定量测定建构数学模型,进而应用于分析解决生产和生活中实际问题,同时也为进一步深入分析各因素对光合作用影响的生理机制提供实验证据支持。

2. 学习路径

如图 4-12-1。

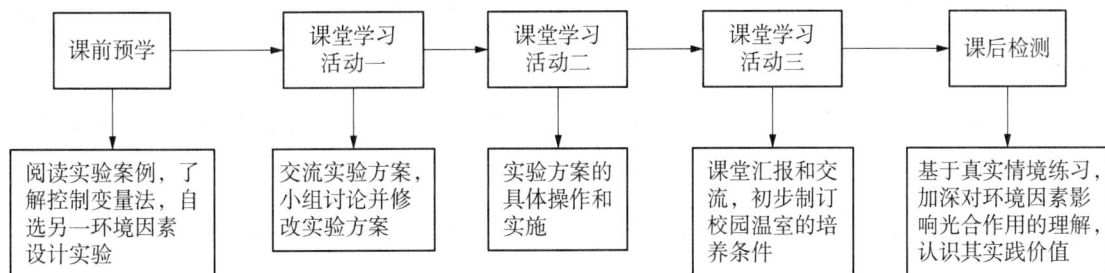

图 4-12-1

3. 学习重点和难点

设计"影响光合作用强度的环境条件"实验方案是本节课的重点和难点,通过制订并完成实验方案设计,初步认识实验方案设计中必须遵守的原则,学会控制变量等条件控制,记录实验现象和数据,学会科学处理数据,完成实验报告。小组讨论交流光照强度、CO_2 浓度等环境条件对光合作用强度的影响,最后总结不同的环境因素对光合作用强度的影响,制订建设植物培养温室方案。

4. 评价标准

通过小组探究活动并写出探究报告及完成评价任务表判断自己的学习掌握程度。

——课前预学——

(时间:20 分钟)

阅读任务:真空渗水法探究外界环境因素对植物光合作用的影响。

原理:植物叶片的叶肉海绵组织中存在大量气体,使得叶片浮于水面。若将叶片用打孔器打成均一大小的叶圆片(方便操作,有利于变量控制)后置于含有蒸馏水的注射器中抽真空处理(如图 4-12-2 所示),叶肉组织中气体逸散,叶片密度增大下沉至底部。影响光合作用强度的因素有很多,你们可以选择其中某种因素(光照强度、光质、CO_2 浓度、pH 等),探讨它与光合作用的强度有什么关系。

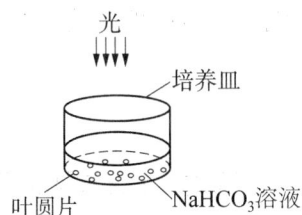

图 4-12-2

参考案例:探究 CO_2 浓度对光合作用强度的影响。

材料用具:打孔器、注射器、5 W LED 台灯、米尺、烧杯、绿叶(如菠菜、吊兰等)。有条件的学校可以使用化学传感器来测量 O_2 的浓度。

方法步骤:(1) 取生长旺盛的绿叶,用直径为 0.6 cm 的打孔器打出圆形小叶片 30 片(避开大的叶脉)。

（2）将圆形小叶片置于注射器内。注射器内吸入清水,待排出注射器内残留的空气后,用手指堵住注射器前端的小孔并缓慢地拉动活塞,使圆形小叶片内的气体逸出。这一步骤可能需要重复 2～3 次。处理过的小叶片因为细胞间隙充满了水,所以全部沉到水底。

（3）将处理过的圆形小叶片,放入黑暗处盛有清水的烧杯中待用。

（4）取 3 只小烧杯,记为 A、B、C 组,分别倒入质量分数为 1%、1.5%、2%的 $NaHCO_3$ 溶液来提供 CO_2。

注:$NaHCO_3$ 溶液中存在以下平衡 $HCO_3^- + H^+ \longleftrightarrow H_2CO_3$,碳酸不稳定分解 $H_2CO_3 \longleftrightarrow H_2O + CO_2 \uparrow$。

（5）向 3 只小烧杯中各放入 10 片圆形小叶片,然后分别置于相同光照下。实验中,可用 5 W 的 LED 灯作为光源,利用小烧杯与光源的距离来调节光照强度。

（6）观察同一时间段内各实验装置中圆形小叶片浮起的数量或上浮相同叶片所需时间,并记录表 4－12－2 中。

表 4－12－2

组　　别	10 片叶片上浮所需时间
A:1% $NaHCO_3$	
B:1.5% $NaHCO_3$	
C:2% $NaHCO_3$	

任务一:指出本实验的自变量,说明因变量检测的依据。

任务二:思考除光照强度外的环境因素如何进行自变量设置。

任务三:模仿案例探究思路,从 pH 和温度中自选一因素作为自变量,尝试设计实验新方案探究其对植物光合作用的影响。

———— 课堂学习 ————

活动一:交流课前设计的实验,完成实验(达成学习目标 1,对应评价任务 1)

学校正准备建设植物培养温室,需要一组合适的、可促进植物光合作用的环境条件数据,请基于课前预学中的案例,设计实验方案。

交流和分析实验设计方案:

小组思考并讨论以下问题,并结合讨论结果,确定修改并完善实验方案。

问题 1:在你的实验方案中,自变量是如何设置的?

问题 2：在你的实验方案中，无关变量是如何控制的？

问题 3：在你的实验方案中，因变量（光合速率）是如何检测的？

活动二：按照实验方案探究环境因素对光合作用的影响（达成学习目标 1、2，对应评价任务 2、3）

小组成员分工合作，按设计的实验方案实施实验，并在表 4 - 12 - 3 中记录实验结果。

1. 数据记录和处理。

表 4 - 12 - 3

组　　别	10 片叶片上浮所需时间
A	
B	
C	

2. 分析数据：利用数字化实验系统中的溶解氧传感器精确测量出溶液中氧的含量变化，并利用计算机影像分析软件直接生成氧气产生速率。请在图 4 - 12 - 3 中绘制特定影响因素与光合速率的相关曲线。

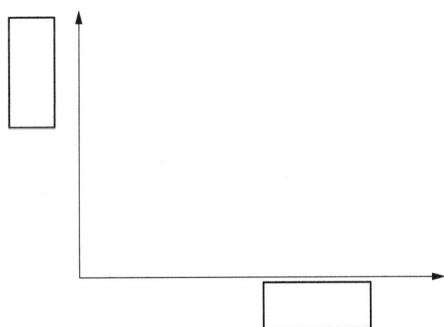

图 4 - 12 - 3

3. 小组讨论。

问题 1：如果本实验变量梯度太大，组别少，因此误差大，应该采取怎样的办法减小误差？

问题 2：实验结果与你的预期相吻合吗？它是否支持你所作的假设？如果有的结果与预期不同，你认为如何对它们做出解释？

问题 3:在本实验探究过程中你发现了什么新问题?

活动三:总结不同的环境因素对光合作用强度的影响,制订建设植物培养温室方案(达成学习目标 3,对应评价任务 3)

各实验小组通过互联网填写实验中的各项信息并上传实验结果,并汇总入实验数据库。利用数据库中的数据,在软件中生成各环境因素对光合作用的影响曲线,并针对实验结果进行分析。

总结:

小组讨论:

根据探究结果,为建设植物培养温室制订方案。

— 课 后 检 测 —

一、探究影响植物光合作用的因素

某生物学兴趣小组选用植物叶圆片用真空渗水法探究影响植物光合作用的因素,实验中使用不同功率的灯泡来控制光照强度,实验方案如表 4-12-4。

表 4-12-4

组别	实 验 条 件			观测指标
	温度/℃	灯泡功率(光照强度)/W	NaHCO₃ 浓度(%)	
1	10	40	1	
2	10	80	1	
3	?	80	1	
4	25	80	2	
5	15	60	0	

1. (多选)本实验的观测指标为 ( )

A. 单位时间内释放 O_2 的量　　B. 单位时间内消耗 CO_2 的量

C. 所有叶圆片上浮所需的时间长短　　D. 单位时间内上浮叶圆片数

2. 为探究 CO_2 对光合作用的影响,应将第 3 组的温度控制为 ( )

A. 10 ℃   B. 15 ℃   C. 20 ℃   D. 25 ℃

3. 为探究光照强度对光合作用的影响,如果实验室只有一种功率的台灯,如何设置不同的光照强度: _____。

4. (多选)下列有关光合作用过程及实验问题的叙述,正确的是 （   ）

① 传递给 $NADP^+$ 的高能电子由叶绿素 a 释放

② CO_2 不参与光反应阶段,只参与暗反应阶段

③ 用真空渗水法探究影响光合作用的因素,取材时最好避开大叶脉

④ 探究影响光合作用因素的实验中,采用真空渗水法可测量光合作用释放氧气的量

⑤ 第5组溶液中无 $NaHCO_3$,叶肉细胞无法存活,因而没有氧气产生

5. 光合作用的原理常被应用于生产实践中,当田间小麦种植密度过大时,产量不增反降,从影响光合作用效率的因素分析,产生上述现象的原因可能是 _____

_____。

二、哈密瓜种植

哈密瓜是一种喜强光、高温的作物,已在我国多个省份的温室中成功种植。与新疆产地的哈密瓜相比,若光照时间缩短、光照强度减弱,则其光合速率下降,不利于糖分积累,品质会有所下降。为培育高光效、耐弱光品种,生物学家对哈密瓜黄绿叶色突变体 Cygl-1 展开了一系列研究(MT 为突变体,WT 为野生型),结果如表 4-12-5 所示。请回答下列问题:
(注:不考虑 MT、WT 的细胞呼吸速率大小对净光合作用的影响)

表 4-12-5

材料	叶绿素 a/(mg/g)	叶绿素 b/(mg/g)	总叶绿素/(mg/g)	类胡萝卜素/(mg/g)
MT	0.117	0.058	0.175	1.019
WT	0.245	0.137	0.382	1.541

1. 据上表分析可知,理论上突变体的光合作用能力_____(填"高于""低于"或"等于")野生型,依据是_____。
若生物兴趣小组想要验证该结果,可通过实验运用_____法比较其色素带的宽窄。

2. 生物学家测定净光合速率、气孔导度、胞间 CO_2 浓度,所得数据如表 4-12-6:

表 4-12-6

材料	净光合速率/$(\mu mol \cdot m^{-2} \cdot s^{-1})$	气孔导度/$(mmol \cdot m^{-2} \cdot s^{-1})$	胞间 CO_2 浓度/$(\mu mol/mol)$
MT	10.19	0.53	146.75
WT	6.3	0.39	160.32

有人对实验结果分析后,认为突变体气孔导度高,有利用于 CO_2 的吸收,促进了暗反应,因此提高了净光合速率。你认同该说法吗? 为什么?

3. 为进一步研究突变体的光合作用特点,该生物学家利用分子生物学技术测定了光合作用中几种关键酶的活性(Rubisco 和 PEPC 均为酶的名称),如图 4-12-4 所示。

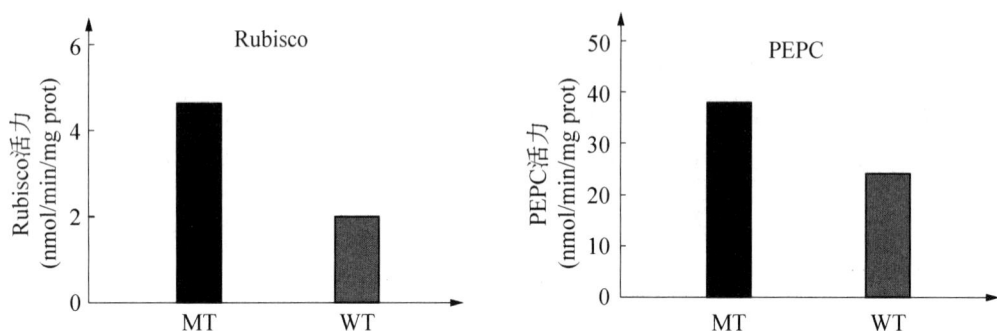

图 4-12-4

结合上述信息,你认为该突变株适合在光照时间不足、光照强度弱的省份推广吗? 并说明理由。

三、草莓种植

草莓营养丰富,酸甜多汁,深受人们喜爱。为研究硒元素对草莓果实的影响,科学家用不同浓度纳米硒,以叶面喷施的方式对草莓植株进行处理,实验结果如表 4-12-7。

表 4-12-7

处理	果实平均单果重/g	可溶性蛋白含量/(μg/g)	可溶性糖含量/(mg/g)	花色苷含量/(μmol/g)
CK	27.79	2.99	14.00	0.25
T_1	30.28	3.06	15.87	0.33
T_2	37.18	3.45	16.80	0.38
T_3	32.48	3.7	16.30	0.30

注:T_1、T_2、T_3 分别指 10 mg/L、20 mg/L、40 mg/L 的纳米硒溶液。

1. (多选)草莓光合作用的产物是花色苷合成的原料。花色苷含量越高,草莓果实色泽越艳丽。据此判断影响草莓果实色泽的因素包括   (   )

A. 昼夜温差   B. 光照时间   C. 氧气释放量   D. 叶绿素含量

2. 本实验应设置的条件组合是_____。

①光照强度相同,②环境温度相同,③随机选取草莓植株,④足够多长势相同的草莓植株,⑤纳米硒溶液喷施量相同。

3. (多选)关于硒元素对草莓果实影响的实验,据表 4-12-7 分析可知　　　　　(　　)

A. CK 组喷施等量清水　　　　　B. 三组中 T_2 为最佳浓度

C. 硒的作用具有两重性　　　　　D. 硒能促进糖转化成蛋白质

4. 由表 4-12-7 中数据能否得出"硒元素通过促进草莓植株的光合作用,提高了草莓果实品质"的结论? 请说明理由。

课后反思

1. 完成实验手册的实验报告。

2. 自我评价。

表 4-12-8　知识评价表

评 价 标 准	自评	互评	师评
认识探究实验的基本过程			
明确探究课题			
掌握实验原理			
知道实验需要遵循的原则			
理解环境条件对光合作用强度的影响			
设计可行的实验方案			
利用自制装置探究环境条件对光合作用强度的影响			
总结减少实验误差的方法			
能提出新的疑问			
总体			

表 4-12-9　实验操作评价表

评 价 标 准	自评	互评	师评
环境条件的设置			
用气体传感器测量气体变化			

(续表)

评 价 标 准	自评	互评	师评
小组内分工合理、合作高效			
真实记录了实验数据			
实验过程中遵循实验原则			
能分析实验数据,得出实验结论			
在实验过程中收获了小组合作的快乐			
总体			

评价分为三个等级:优(5分)、良(3分)、一般(1分)。

3. 总结本次实验过程成功的经验或失败的教训,提出下次出色完成实验的具体建议和策略。

第4章 学业评价

一、细胞与外界的物质交换

1997 年,科学家提出了生物膜的脂筏结构模型。研究者发现生物膜上有许多胆固醇聚集的微结构区,外层主要含鞘磷脂、胆固醇和锚定蛋白,内层主要含有酰基化的蛋白质和胆固醇,在一定条件下,内、外两层的成分可以相互转化。这些微结构区就像水面上漂浮的竹筏一样,由此命名为"脂筏"。2018 年,我国科研人员利用超分辨显微镜对葡萄糖转运蛋白(GLUT1)的分布和组装进行了研究。发现 GLUT1 在细胞膜上形成了平均直径约为 250 纳米的聚集体,通过对同一细胞的脂筏标记蛋白进行荧光标记,将 GLUT1 定位于脂筏。

1. 研究发现,GLUT1 存在于人体细胞膜表面,可顺浓度梯度运输葡萄糖分子。下列叙述错误的是 ( )

A. 葡萄糖运入细胞的方式均属于被动运输

B. 通过 GLUT1 顺浓度梯度运输葡萄糖分子不需要消耗 ATP

C. GLUT1 在细胞膜上是静止不动的

D. GLUT1 的数量增加可提高细胞运输葡萄糖的能力

2. 我国科研人员对同一细胞的脂筏标记蛋白进行了荧光标记,并与_____的荧光标记膜分布结果进行对比,发现二者分布的定位_____,由此证明 GLUT1 是结合于脂筏的。

3. 生物膜中的胆固醇与细胞膜的_____特性有关,GLUT1 运输葡萄糖体现了细胞膜具有_____特性。

4. 脂筏可以参与蛋白质和胆固醇在细胞中的运转,在胞吞和胞吐等物质运输过程中起着重要的作用。下列关于胞吞、胞吐的叙述,错误的是　　　　　　　　　　　　（　　）

A. 胞吞和胞吐都要发生膜的弯曲、折叠和融合,这体现了生物膜的流动性特点

B. 胞吞的物质需要与膜上的蛋白质结合,引起这部分细胞膜内陷形成小囊,包围着物质形成囊泡,进入细胞内部

C. 胞吐某种物质,先在细胞内形成囊泡,囊泡移动到细胞膜处,与细胞膜融合将该物质排出到细胞外

D. 细胞逆浓度进行胞吞和胞吐时,要消耗细胞呼吸所释放的能量,而顺浓度进行胞吞和胞吐时不消耗能量

5. 人工合成的仅由磷脂双分子层构成的封闭球状结构称为脂质体。缬氨霉素是一种十二肽的抗生素,若将它插入脂质体的脂双层内,可使 K^+ 的运输速度提高 100 000 倍,但却不能提高 Na^+ 的运输速率,由此可以推断出：_____。

二、酶和 ATP

酶是一类生物催化剂,它们支配着生物的新陈代谢、营养和能量转换等许多催化过程。以蛋白酶为例,可以将进入消化道的大分子(淀粉和蛋白质)降解为小于 15 微米的小分子,以便于肠道毛细血管充分吸收。淀粉不能被肠道直接吸收,而酶可以将淀粉水解为麦芽糖或更进一步水解为葡萄糖等肠道可以吸收的小分子。不同的酶分解不同的底物。在草食性反刍动物的消化系统中存在一些可以产生纤维素酶的细菌,纤维素酶可以分解植物细胞壁中的纤维素,从而提供可被吸收的养料,而肉食性动物不能分解纤维素。

1. 肉食性动物体内缺乏纤维素酶,不能分解纤维素,而能分解蛋白质,此实例能够说明酶具有　　　　　　　　　　　　　　　　　　　　　　　　　　　　　　（　　）

A. 专一性　　　　　B. 高效性　　　　C. 作用条件温和　　　D. 稳定性

2. 下列关于酶的说法,正确的是　　　　　　　　　　　　　　　　　　　　（　　）

A. 任何活细胞内都有酶　　　　　　　B. 酶适宜在最适温度下保存

C. 酶的基本组成单位是氨基酸　　　　D. 酶的专一性是指酶只能催化一种反应

3. 下列叙述正确的是_____(填序号)。

①线粒体中大量产生 ATP 时,一定伴随着 O_2 的消耗;②叶绿体中大量产生 ATP 时,一定伴随着 O_2 的产生;③在生命活动旺盛的细胞中 ATP 的含量较多;④ATP 与 ADP 的转化速率越快,细胞代谢耗能越多;⑤夜间,叶绿体中 C_3 的还原所需的 ATP 可以来自线粒体;⑥所有活细胞都具有与细胞呼吸有关的酶,但不一定都分布在线粒体中;⑦与无机催化剂相

比,酶具有高效性;⑧低温能降低酶活性的原因是其破坏了酶的空间结构。

4. 葡萄糖被吸收后,在细胞内氧化分解,释放的能量用于合成 ATP 才能被细胞直接利用,如图是生物界中能量通货——ATP 的循环示意图。下列相关叙述正确的是 （ ）

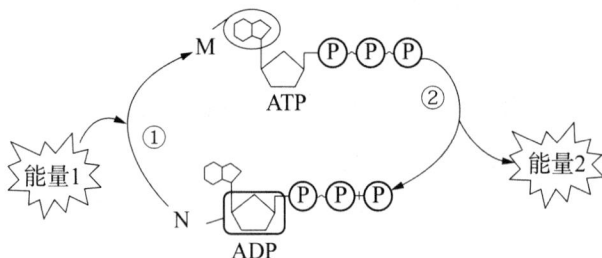

A. 组成图中"M"和"N"的元素与动植物体内脂肪的组成元素相同

B. 图中①过程发生的场所和催化的酶与②过程完全不相同

C. ATP 中全部的特殊的化学键断裂后,形成的产物有腺嘌呤核糖核苷酸和磷酸

D. 代谢旺盛的细胞内 ATP 含量较多,代谢缓慢的细胞内 ADP 含量较多

除了温度和 pH 对酶的活性有影响外,一些抑制剂也会降低酶的催化效果。下图中甲为酶的作用机理,乙和丙是两种酶抑制剂影响酶活性的机理的示意图。

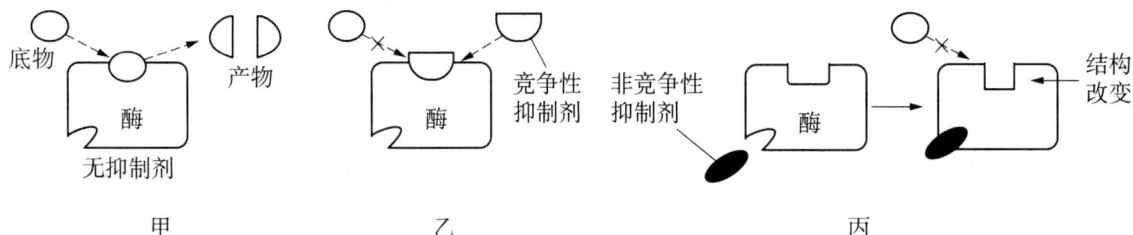

5. 竞争性抑制剂的作用机理是_____,如果除去竞争性抑制剂,酶的活性_____（填"可以"或"不可以"）恢复。非竞争性抑制剂与酶结合后,改变了_____,这种改变类似于_____（填"高温"或"低温"）对酶的影响。

6. 为探究不同温度下两种淀粉酶的活性,某同学设计了多组实验并对各组淀粉的剩余量进行检测,结果如右图所示。从图中可以看出,酶 A 的最适温度应_____（填"高于""低于"或"等于"）酶 B 的。欲继续探究酶 B 的最适温度,实验思路是：_____

_____

_____。

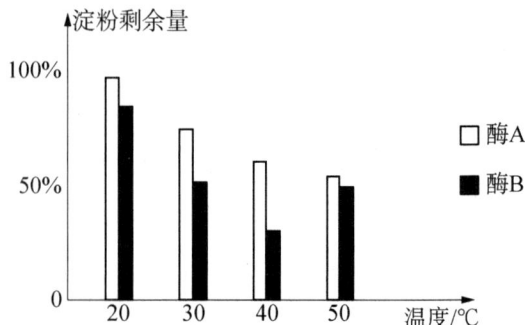

三、细胞呼吸

啤酒的酿制以小麦为原料,啤酒花为香料,经过麦芽糖化和啤酒酵母酒精发酵制成。含有丰富的 CO_2 和少量酒精。由于发酵工艺与一般酒精生产不同,啤酒中保留了一部分未分解的营养物,从而增加了啤酒的香味。在酿制啤酒的过程中首先需要先通入一段时间空气,

使酿酒酵母快速繁殖,再进行密封发酵,获得啤酒。某学习小组利用酿酒酵母进行了如图所示的实验(培养过程中均用糖类作为底物),请结合所学知识回答相关问题:

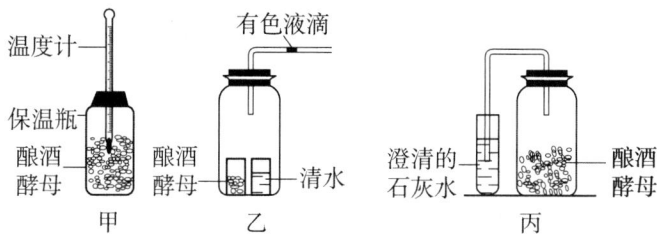

1. 图中甲装置的温度会_____(填"上升"或"下降"),乙装置的有色液滴右移说明酿酒酵母此时一定存在_____(填"有氧呼吸""无氧呼吸"或"有氧呼吸和无氧呼吸"),丙装置澄清石灰水的变化是_____,说明_____。

2. (多选)追踪酿酒酵母进行有氧呼吸过程中的元素的转移,可采用同位素标记法标记相关元素,下列说法不正确的是　　　　　　　　　　　　　　　　　　（　　）

A. 氧气中的氧最终可转移到水　　　　　　B. CO_2 中的氧都来自水

C. 葡萄糖中的氧可转移到产物水中　　　　D. 葡萄糖可进入线粒体分解为丙酮酸

3. 下列关于酿酒酵母无氧呼吸的叙述,正确的是　　　　　　　　　　　　　（　　）

A. 发生场所是细胞质基质　　　　　　　　B. 无氧呼吸过程中没有二氧化碳生成

C. 第一、第二阶段均有 ATP 生成　　　　　D. 有氢和氧反应生成水的过程

4. (多选)下图中表示酿酒酵母的能源物质的代谢途径,X、Y、Z、W 代表物质,①代表过程,下列叙述正确的是　　　　　　　　　　　　　　　　　　　　　　（　　）

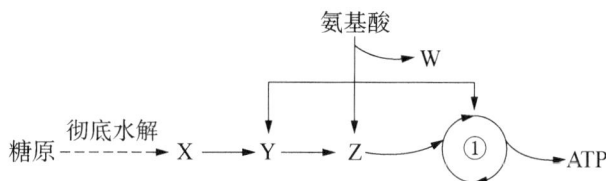

A. X 是麦芽糖　　　B. W 是蛋白质　　　C. Y 是丙酮酸　　　D. ①是三羧酸循环

四、光合作用

水稻是世界最重要的食作物之一,也是我国半数以上人口的主粮,以袁隆平院士为首的科学家研制成功的杂交水稻制种技术在世界上被誉为中国的"第五大发明"。育种技术的突破,杂交水稻的推广,不仅让中国人端稳饭碗,也为解决世界粮食短缺问题作出了巨大贡献。水稻通过光合作用,将水和二氧化碳合成糖类。

1. 以下有关水稻细胞中的色素的叙述,错误的是　　　　　　　　　　　　　（　　）

A. 叶绿素主要存在于叶绿体中　　　　　　B. 胡萝卜素的颜色为橙黄色

C. 与光合作用有关的色素只有叶绿素　　　D. 叶绿素主要吸收红光和蓝紫光

2. (多选)下图为某一水稻叶肉细胞中的气体交换示意图。下列有关说法正确的是

（　　）

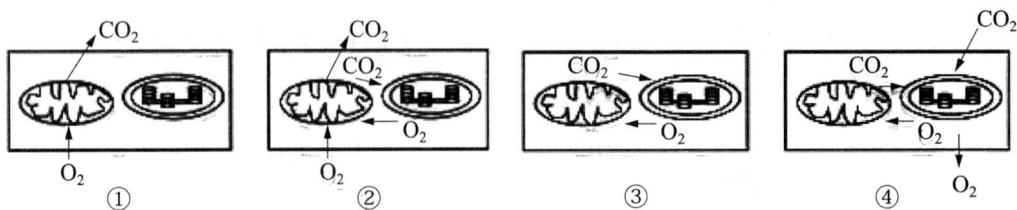

① ② ③ ④

A. 水稻叶肉细胞不会出现①的情况

B. 水稻根尖细胞内的气体交换状态对应图中的③

C. 水稻不可以长时间生活在②的状态下

D. 在晴朗夏日的中午,水稻叶肉细胞可能处于③的状态

3.（多选）基于对水稻光合作用的认识,下列叙述正确的是 （　　）

A. 黑暗条件下,叶绿体不能将 ATP 中的能量转化为有机物中的能量

B. 叶绿体基质中含有与光合作用有关的酶,有利于 CO_2 固定与还原

C. 叶绿体中的色素吸收的光能可转换成 ATP 与 NADPH 中的化学能

D. 在外界二氧化碳浓度稳定时,叶绿体中的 C_3 生成量是五碳糖消耗量的两倍

水稻通过光合作用将无机物合成有机物,图中甲和乙是水稻光合作用的两个阶段——光反应阶段和碳反应阶段。碳反应又称卡尔文循环,大致可分为 3 个阶段,即羧化阶段（固定二氧化碳）、还原阶段和更新阶段（五碳糖的再生）,具体过程如图乙所示。

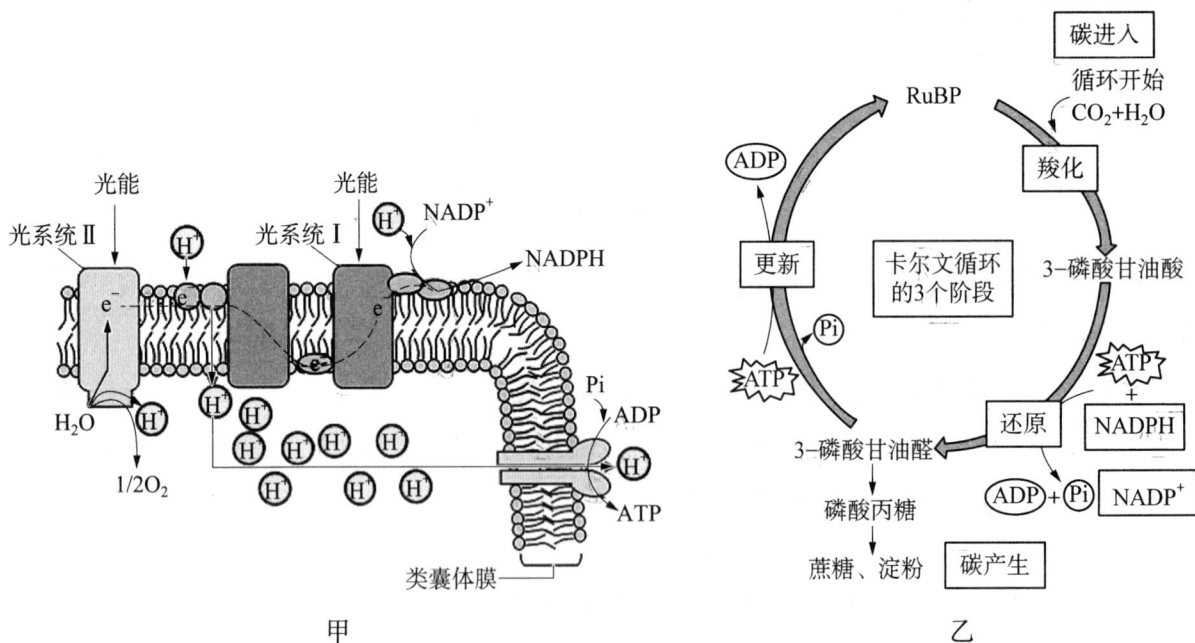

甲　　　　乙

4. 据图甲分析,光系统Ⅰ和光系统Ⅱ的主要功能是＿＿＿＿＿＿＿＿＿＿＿。经过图甲的过程,光能会储存在＿＿＿＿＿＿＿＿＿＿（物质）中。

5. 在光系统Ⅱ中的作用下,类囊体内 H^+ 的浓度远高于类囊体外,其生理学意义是＿＿＿＿

＿＿＿＿＿＿＿＿＿＿＿＿＿＿＿＿＿＿＿＿＿＿＿＿＿＿＿＿。

6. 图乙中,水稻叶肉细胞中 CO_2 固定发生的场所是_____;该过程_____(填"需要"或"不需要")光直接参与。

7. 可为 3-磷酸甘油酸还原为 3-磷酸甘油醛提供能量的物质是_____;图中由 3-磷酸甘油酸转变为 RuBP(五碳糖)的更新过程属于吸能反应,判断理由:_____。

五、细胞代谢

上海青是一种小白菜,叶少茎多,菜茎白白的像葫芦瓢。上海青的特点就在于长得光明磊落,每一片叶都是碧绿的,在亚热带及温带都有分布,在我国到处都有该物种的影子。上海某一生物兴趣小组的同学对上海青进行了一些研究,探究了不同品种的上海青受环境因素的影响后的生长变化,以选出在本地种植的最佳品种。

1. (多选)下列有关上海青的叙述,正确的是　　　　　　　　　　　　　(　　)

A. 上海青叶肉细胞既有叶绿体又有线粒体

B. 与上海青进行有氧呼吸有关的酶都分布在线粒体中

C. 上海青进行光合作用的场所是叶绿体

D. 上海青所有的细胞都具有叶绿体

2. 如图是上海青进行细胞代谢过程中,NADH 随化合物在生物体内转移的过程,下列分析正确的是　　(　　)

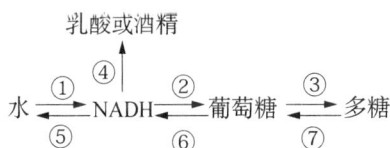

A. ①产生的 NADH 将用于②过程中 C_5 的还原

B. NADH 经⑤转移到水中,其过程需 CO_2 参与

C. 能形成 ATP 的过程有①②④⑤⑥⑦

D. 晴天时上海青的①过程比在阴雨天时旺盛

研究小组在夏天的某日,将一上海青放在密闭玻璃罩内,置于室外一昼夜,获得实验结果如图甲和图乙所示。

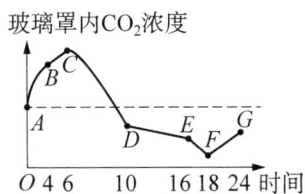

甲

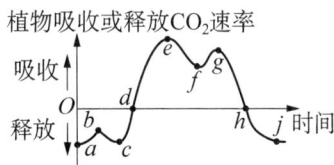

乙

3. 由图甲可知,经过一昼夜,上海青中有机物的含量变化是_____(填"上升""下降"或"不变");在一昼夜过程中,图甲中光合速率等于呼吸速率的点是_____(填字母)。

4. 图甲中 DE 段 CO_2 浓度下降不明显,原因是_____。

5. 玻璃罩内 CO_2 的浓度最高是对应图甲和图乙中点的分别是_____。

6. 将图乙中由 e 点降至 f 点过程中,上海青叶肉细胞叶绿体中物质含量上升的是_____。(填序号)

①NADPH、②ATP、③ADP、④NADP$^+$、⑤C$_3$、⑥五碳糖。

7. 图甲中的 F 点对应图乙中的_____点,此时影响光合作用的外界因素主要是_____。

第5章 细胞的生命进程

第1课　细胞通过分裂实现增殖(上)

内容出处

普通高中教科书必修1第5章第1节。

课标要求

1. 内容要求:(1) 细胞会经历生长、增殖、分化、衰老和死亡等生命进程。(2) 描述细胞通过不同方式进行分裂,其中有丝分裂保证了遗传信息在亲代和子代细胞中的一致性。

2. 学业要求:观察处于细胞周期不同阶段的细胞,结合有丝分裂模型,描述细胞增殖的主要特征。

学习目标

1. 认识染色质、染色体、染色单体和DNA的关系。

2. 描述有丝分裂各个时期的主要特征。

3. 构建有丝分裂的模型,阐述有丝分裂在保证遗传信息在亲代和子代细胞中一致性的意义。

评价任务

表5-1-1

评价内容	等第(在对应的等第内打√)			
	优秀	良好	合格	不合格
1. 结合图文认识染色质、染色体、染色单体和DNA的关系				
2. 结合模型描述有丝分裂各时期的主要特征				

(续表)

评 价 内 容	等第(在对应的等第内打√)			
	优秀	良好	合格	不合格
3. 小组合作,建构出有丝分裂的物理模型				
4. 阐述有丝分裂的意义				
5. 完成课后检测和课后反思				

学习过程

学习建议

1. 本节课学习内容的地位和作用

细胞的生命进程包括细胞的生长、发育、分化、衰老和死亡等。本节课的内容主要是细胞的增殖,这是本章的学习起点。通过对本节课的学习,能为学生后续学习细胞的分化、衰老和死亡等生命活动奠定基础,帮助我们理解生命的神奇,进而更加珍爱生命。

2. 学习路径

如图 5-1-1。

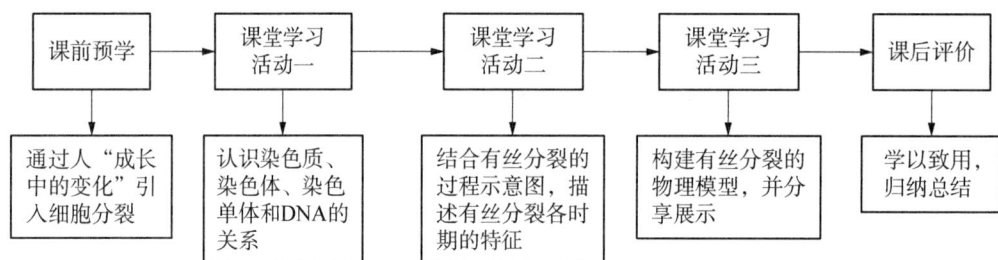

图 5-1-1

3. 学习重点和难点

本主题的重点是有丝分裂的基本过程和各时期的主要特征,难点是有丝分裂过程中染色体的行为变化及染色体和 DNA 的数量变化,你可以通过课堂学习活动二中建构模型的活动来突破重难点。

4. 评价标准

完成课前预学,对任务中的 3 个问题有自己的看法。

完成课堂学习活动一,能描述有丝分裂的过程并说出各个时期的主要特征。

完成课堂学习活动二,能构建出有丝分裂的数学模型和物理模型,并深入理解其各个时期的主要特征,归纳概括有丝分裂中出现的结构保证了遗传信息在亲代和子代细胞中的一致性。

── 课前预学 ──

（时间：8分钟）

任务：阅读课本P106"成长中的变化"，思考以下问题。

1. 人成长过程中，体内细胞的数量、大小有什么变化？

2. 请推测在这个过程中，体内细胞所含遗传信息是否有变化？

3. 关于个体成长，你有哪些感兴趣的生物学问题？请写下来，在学完本章内容后先尝试自己解答，若遇到困难请与老师和同学进行讨论。

── 课堂学习 ──

在分裂间期遗传物质由一份复制为两份，此阶段结束后细胞进入分裂期，开始进行细胞分裂。那么进入分裂期后细胞的两套DNA该如何分配给两个子细胞才合理？多细胞生物体细胞（或真核生物）进行细胞分裂的主要方式是有丝分裂，那么有丝分裂又是怎样进行的呢？

活动一：认识染色质、染色体、染色单体和DNA（达成学习目标1，对应评价任务1）

阅读课本P107内容，观察图5-1-2，完成以下问题。

蛋白复合物

DNA

染色体 姐妹染色单体

着丝粒

图5-1-2

1. 染色质呈细丝状，主要的组成成分是什么？

2. 染色质可被苏木精、洋红等碱性染料染成深色。在细胞分裂时,细胞核内长丝状染色质是如何形成染色体的?

3. 观察染色体复制和分离示意图(如图 5-1-3),填写表 5-1-2。

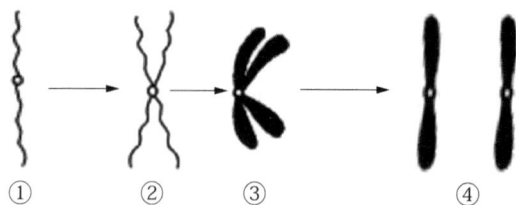

图 5-1-3

表 5-1-2

类型	①	②	③	④
染色体数				
染色单体数				
DNA 数				

活动二:结合有丝分裂的过程示意图,描述有丝分裂各时期特征(达成学习目标 2,对应评价任务 2)

1. 图 5-1-4 为弗莱明研究火蜥蜴胚胎有丝分裂所绘制图像。在小组内用自己的话描述你所看到的有丝分裂过程(提示:A～I 为连续的细胞分裂过程,J 为 G 局部放大示意图)。

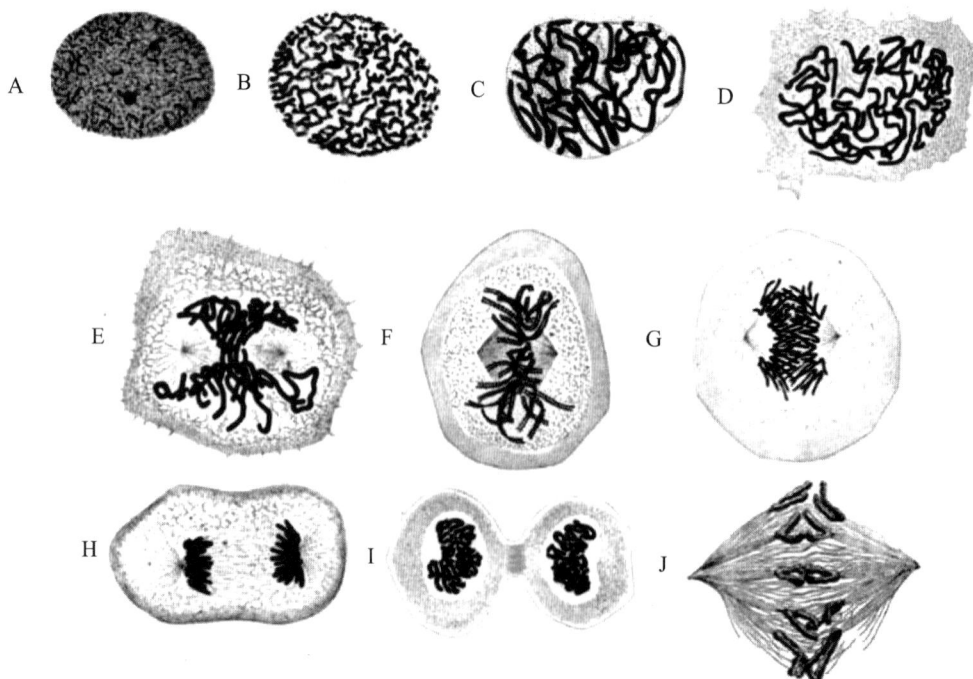

图 5-1-4

2. 有丝分裂是一个连续的细胞分裂过程,为了便于研究,整个过程被人为地划分为前期、中期、后期和末期。仔细研读课本 P108 图 5-4 以及正文部分,小组讨论各时期有丝分裂的主要特点并完成表 5-1-3。

表 5-1-3　动物细胞有丝分裂过程中的主要变化

	前期	中期	后期	末期
模式图				
各时期主要特征				

活动三:构建有丝分裂的模型(达成学习目标 3,对应评价任务 2、3、4)

1. 建构物理模型。

(1) 全班以 4 人为一个学习小组,用橡皮泥、铁丝线等模拟有丝分裂各时期染色体的主要变化。先用橡皮泥捏出一条染色体在各时期的典型形态,再捏出 4 条染色体在各时期的变化,并将它们摆在细胞模式图的相应位置模拟连续变化的过程。

(2) 模型制作完成后,请具有代表性的小组进行展示,其他小组进行点评,所有小组对本组模型进行完善。

2. 结合模型、阅读课本 P108～P109 部分内容,阐述有丝分裂的特征及意义。

———课后检测———

一、豆芽的生长

萌发的豆芽一天天快速地伸展,其细胞内部的染色体数目也随着细胞分裂不断变化,我们可以通过分析植物细胞普遍的有丝分裂规律来理解豆芽生发的生物学规律。图 5-1-5 为某豆芽细胞分裂模式图。

1. 在此生物的有丝分裂过程中,DNA、染色体和染色单体三者数量比是 2∶1∶2 的时期

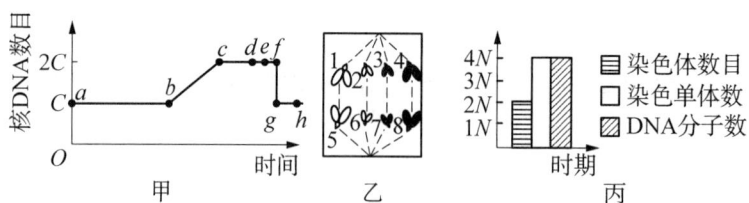

图 5-1-5

是 _____ 。

2. 图甲中含有同源染色体的区段是 _____ 。

3. 图乙所示细胞分裂时期的主要特征是 _____ 。

4. 图乙对应于图甲中的 _____ 段,图丙对应于图甲中的 _____ 段。

二、药物与细胞分裂

已知药物 X 对细胞增殖有促进作用,药物 D 可抑制药物 X 的作用。某同学将同一瓶小鼠皮肤细胞平均分为甲、乙、丙三组,分别置于培养液中培养,使用特殊方法使三组细胞保持同步分裂,培养过程中进行不同的处理(其中甲组未加药物)。

1. 培养过程中每隔一段时间测定各组细胞数,结果如图 5-1-6 所示,下列相关叙述不合理的是 ( )

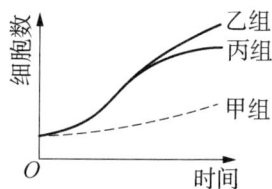

A. 乙组加入了药物 X 后再进行培养

B. 丙组先加入药物 X,培养一段时间后加入药物 D,继续培养

C. 乙组先加入药物 D,培养一段时间后加入药物 X,继续培养

图 5-1-6

D. 若药物 X 为蛋白质,则药物 D 可能改变了药物 X 的空间结构

2. 当甲组小鼠细胞进入有丝分裂前期时,测得染色体数为 a,则进入本轮有丝分裂后期时,染色体数和 DNA 数分别为 ( )

A. a 和 $2a$ B. $2a$ 和 $2a$

C. a 和 a D. a 和 $\dfrac{a}{2}$

3. 甲组小鼠一个细胞的细胞分裂状态示意图(仅画出部分染色体)如图 5-1-7 中的甲所示。若该小鼠皮肤细胞分裂全过程中染色体数目的变化曲线如图乙所示,那么图甲的分裂图像对应于图乙中的 ( )

A. ab 段

B. cd 段

C. ef 段

D. bc 段

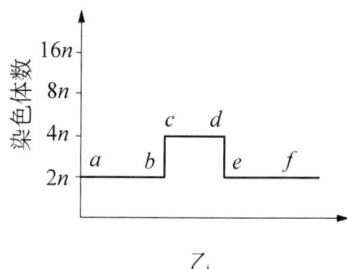

图 5-1-7

4. 甲组小鼠细胞在细胞周期进程中,当 DNA 分配至细胞两极时,细胞内染色体的形态和分布模式最可能是图 5-1-8 中的 ( )

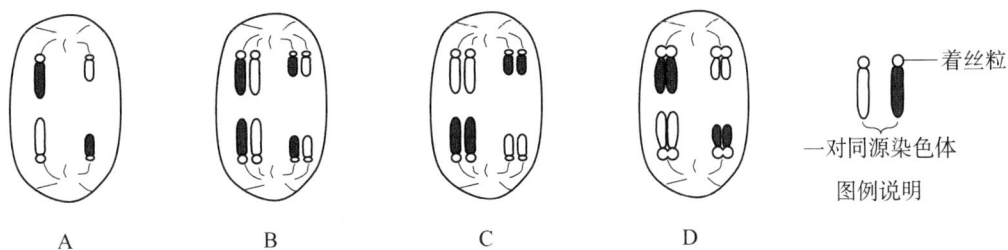

图 5-1-8

三、细胞分裂

通常,我们说的子宫肌瘤指的是子宫平滑肌瘤,是一种良性肿瘤(瘤细胞是一种增殖不受调控的细胞),金毓婷是治疗子宫肌瘤的常用药,现欲研究其作用原理,用不同浓度的金毓婷溶液处理人子宫肌瘤细胞,1 天后分析各浓度下不同 DNA 含量的细胞所占的比例,结果如图 5-1-9 甲;同时测定子宫肌瘤细胞的增殖抑制率和细胞凋亡的比例,结果如图 5-1-9 乙(细胞凋亡指细胞在基因控制下自主地有序地死亡)。

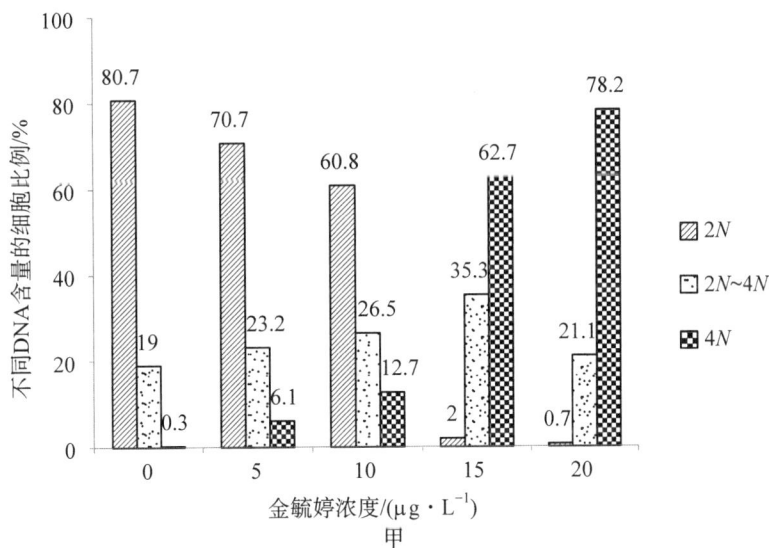

甲

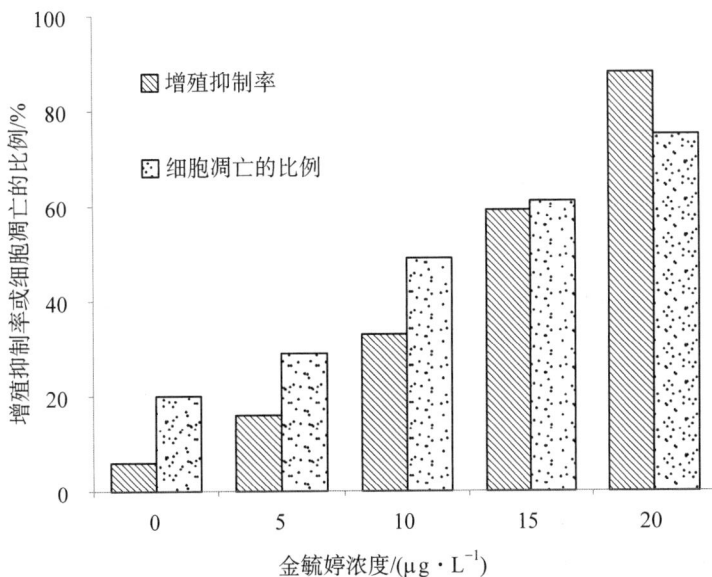

乙

图 5-1-9

1. 人体细胞的有丝分裂过程与洋葱细胞的不同之处主要有两个：一是前期纺锤体由_____形成，二是末期在细胞赤道面的位置没有出现_____。

2. 连续进行有丝分裂的细胞在分裂末期，染色体的行为是_____，其生理意义是_____。

3. 据题意，为使病人达到最好的治疗效果，金毓婷的给药浓度（不考虑其他情况）应为_____$\mu g \cdot L^{-1}$。

————— 课后反思 —————

1. 请自主梳理本节课的知识结构。（如思维导图或概念图的方式）

2. 还存在哪些疑惑或还需要解决的问题有哪些？（结合重难点和易错点）

第 2 课　　细胞通过分裂实现增殖（下）

内容出处

普通高中教科书必修 1 第 5 章第 1 节。

课标要求

1. 内容要求：（1）细胞会经历生长、增殖、分化、衰老和死亡等生命进程。（2）描述细胞通过不同的方式进行分裂，其中有丝分裂保证了遗传信息在亲代与子代中的一致性。

2. 学业要求：观察处于细胞周期不同阶段的细胞，结合有丝分裂模型，描述细胞增殖的主要特征。

学习目标

1. 通过阅读与分析，理解细胞周期的概念和间期的主要特征。

2. 举例说明细胞通过不同的方式进行分裂。

3. 了解细胞周期的相关知识在疾病和农业方面的应用，提高社会责任感。

评价任务

表 5 - 2 - 1

评 价 内 容	等第(在对应的等第内打√)			
	优秀	良好	合格	不合格
1. 阐述细胞周期的概念				
2. 分析不同细胞周期的数据,理解分裂间期在细胞周期中的占比和意义				
3. 举例说明细胞有多种分裂方式				
4. 了解细胞周期与特殊蛋白质的关系				
5. 课后检测和课后反思的完成情况				

学习过程

——— 学 习 建 议 ———

1. 本节课学习内容的地位和作用

本节课内容是必修 1 第 5 章第 1 节第 2 课时,本章学习细胞的生命进程,细胞通过分裂实现增殖是细胞的生命进程这条主线的起始部分,其中有丝分裂是细胞增殖的主要方式。学生将从有丝分裂各时期细胞特点出发,认识有丝分裂过程中物质和结构变化的意义,理解细胞周期的概念。通过对本节课的学习,能为学生后续学习细胞的分化、衰老和死亡等正常的生命活动奠定基础,帮助学生理解生命的神奇,进而更加珍爱生命。

2. 学习路径

如图 5 - 2 - 1。

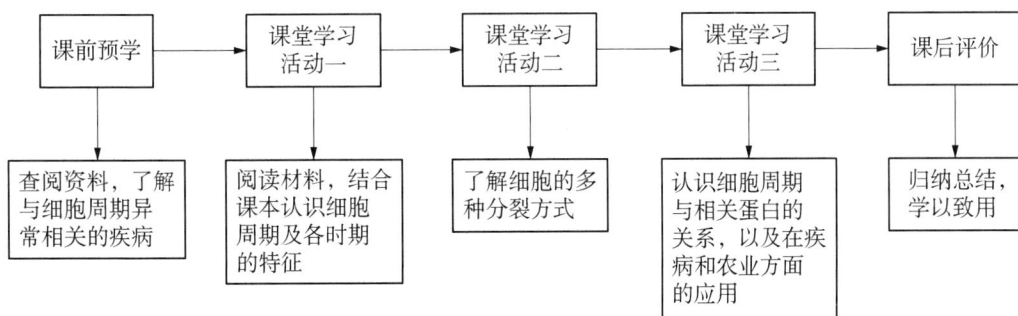

图 5 - 2 - 1

3. 学习重点和难点

本节课的重难点是细胞周期的概念与具体时期划分的特点和意义,认识分裂间期在细胞周期中的占比和意义。你可以采用下列方法突破重难点:阅读课本,结合资料和图形,认识细胞周期具体时期划分和功能,进而归纳细胞周期的概念;通过资料认识细胞周期各时期的意义。学生可以通过完成课堂学习中的任务和课后检测来判断自己对本节课的学习情况。

4. 评价标准

完成课堂学习活动一,说出细胞周期具体划分和各时期的功能。

完成课堂学习活动二,认识除有丝分裂外,细胞还有多种增殖方式。

完成课堂学习活动三,认识细胞周期与相关蛋白的关系,细胞周期顺利进行的意义。

—— 课前预学 ——

(时间:5分钟)

任务一:我们体内的细胞是通过什么方式产生新细胞的呢? 新生细胞与亲代细胞又是否带有相同的遗传信息呢?

任务二:通过信息检索,查找与细胞周期有关的疾病,了解其发病机制和可能的治疗方法并做好记录。

—— 课堂学习 ——

从受精卵到成年的生长发育过程中,人体的细胞会从约 10^{12} 个增加到约 10^{14} 个。进入成年期,即使个体不再生长,体内大部分细胞还会不断更新,如肠上皮细胞每天都有分裂,每秒钟我们体内会有数百万的新细胞产生。

活动一:学习细胞增殖与细胞周期(达成学习目标 1,对应评价任务 1、2)

1. 观看视频"受精卵的连续分裂",完成以下问题:

(1) 细胞在分裂之前,必须进行一定的物质准备,主要是合成了哪些物质呢?

(2) 由视频可知,细胞增殖主要可以分为哪两个过程?

(3) 细胞增殖的过程可以连续地重复进行,说明细胞增殖具有哪些特性?

2. 阅读课本 P111 第 2、3 自然段,描述细胞周期的概念。

(1) 什么是细胞周期?

（2）由图 5-2-2 可知，细胞周期分为哪两个阶段？间期又分为哪几个时期？在图中横线处填写间期各时期的功能。

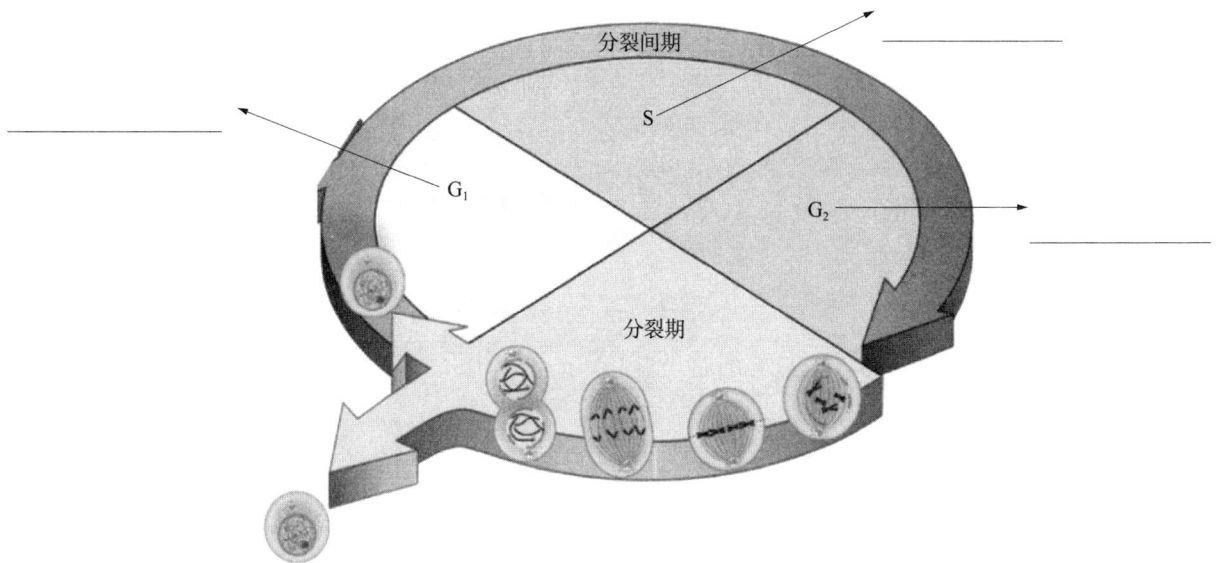

图 5-2-2

（3）根据课本 P111 内容及表 5-2-2 中的数据，比较间期和分裂期长短。

表 5-2-2　不同细胞的细胞周期持续时间/h

细胞类型	分裂间期	分裂期	细胞周期
蚕豆根尖分生区细胞	15.3	2.0	17.3
小鼠十二指肠上皮细胞	13.5	1.8	15.3
人的肝细胞	21	1	22
人的宫颈癌细胞	20.5	1.5	22

① 由表中数据可知，在细胞周期中占时间更长的是分裂间期还是分裂期？不同种类细胞的细胞周期长短是否有差异，若有差异主要来自分裂间期还是分裂期？

② 如果在显微镜下观察根尖分生区的细胞，请判断你看到的细胞大多数处于分裂期还是分裂间期？为什么？

活动二:阅读教材,认识细胞有多种分裂方式(达成学习目标 2,对应评价任务 3)

1. 真核生物细胞的分裂方式有哪几种?

2. 实验观察到某种细胞分裂过程比较简单,细胞核先延长,核的中部向内凹陷,缢裂成两个细胞核;接着整个细胞从中部缢裂成两部分,形成两个子细胞。因为在分裂过程中没有出现纺锤丝和染色体的变化,结合教材判断该种分裂方式是什么?

3. 高等多细胞生物体产生生殖细胞的主要方式是什么?

活动三:认识细胞周期与相关蛋白的关系,以及在疾病和农业方面的应用(达成学习目标 3,对应评价任务 4)

资料 1:检查点就像关卡,完成上一赛段的细胞才允许通过关卡,使细胞分裂受到严格调控。细胞癌变后,在营养物质充足时能够冲过各个检查点,进行不受控制的连续细胞分裂。

小组讨论:

1. 你觉得细胞可能会在细胞周期的哪些时间点设立检查点?

2. 阅读课本 P113 的"前沿视窗",与小组成员交流你课前查找的与细胞周期有关的疾病。

3. 请介绍一个与细胞周期有关的疾病,并说出其发病机制和可能的治疗方法。

资料 2:秋水仙素能抑制纺锤体的形成,导致 M 检查点(纺锤体检查点)无法通过,最终周期中的细胞都停在 M 检查点。只有通过 M 检查点,黏连蛋白才会在周期依赖的蛋白酶作用下分解,姐妹染色单体分离。

4. 根据资料 2,请推测在细胞分裂时使用秋水仙素会对细胞产生怎样的影响?

课后检测

一、重铬酸钾对大蒜根尖细胞分裂的影响

在生命的传承中,有丝分裂是生物体生长和繁殖的基础。某研究小组探究了不同浓度的重铬酸钾(K_2CrO_4)溶液对大蒜根尖分生组织细胞分裂的影响。

1. 研究小组的小王同学利用彩笔绘制大蒜根尖细胞有丝分裂各时期图像,绘制结果如表 5 - 2 - 3。请你观察小王同学的绘图,如果图中有错误或者缺少某些结构,请你用相应的彩笔绘制,使图形正确完整,同时完成表中相应内容的填写。

表 5 - 2 - 3

有丝分裂	间期	前期	中期	后期	末期
各时期图像					
修改内容及说明					
写出各时期特点					

2. (多选)利用光学显微镜对根尖分生区细胞进行观察,在绝大多数细胞中可以看到的结构有　　　　　　　　　　　　　　　　　　　　　　　　　　　　　　(　　)

A. 核仁　　　　　　B. 核膜　　　　　　C. 叶绿体　　　　　　D. 核糖体

3. 如图 5 - 2 - 3,研究小组能在该实验中观察到的细胞分裂图是　　　　　　(　　)

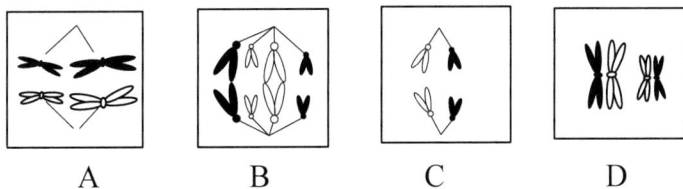

A　　　　　　　B　　　　　　　C　　　　　　　D

图 5 - 2 - 3

4. 研究小组发现不同浓度 K_2CrO_4 溶液对细胞有丝分裂的影响如图 5 - 2 - 4(细胞有丝

$$分裂指数 = \frac{分裂期的细胞总数}{总细胞数})。$$

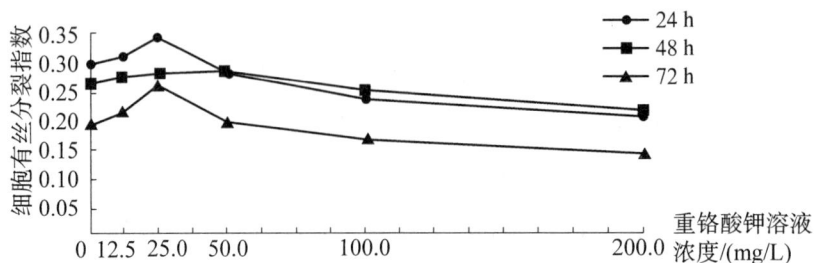

图 5-2-4

比较处理时间为 24 h 和 72 h,K_2CrO_4 溶液浓度对细胞有丝分裂指数影响的异同点有哪些?

二、细胞周期蛋白

2021 年 4 月 14 日发表在某期刊上的相关研究结果表明,细胞周期蛋白是驱动细胞分裂的细胞周期核心引擎的关键组成部分。研究证明,细胞周期蛋白依赖性激酶(CDK)在细胞顺利通过检查点中发挥着重要作用。CDK 可与细胞周期蛋白(Cyclin)形成 CDK/Cyclin 复合物,推动细胞跨越细胞周期各时期转换的检查点,且不同的 CDK/Cyclin 复合物在细胞周期不同时期的作用不同(如图 5-2-5)。

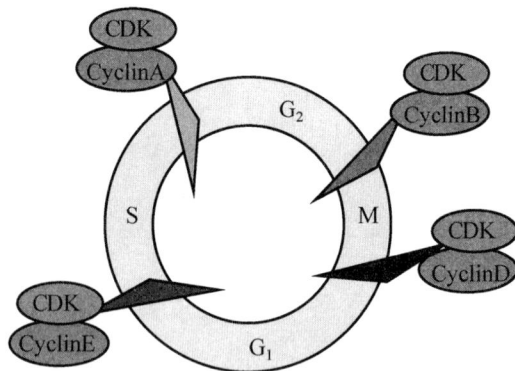

图 5-2-5

1. 以下关于细胞周期各个时期发生的生理过程的对应关系,错误的是 （ ）

A. G_1 期:合成与 DNA 复制有关的酶 B. S 期:DNA 的精确复制

C. G_2 期:合成组装纺锤体的蛋白质 D. M 期:同源染色体分离

2. 细胞由静止状态进入细胞周期时首先合成 （ ）

A. CyclinA B. CyclinB C. CyclinD D. CyclinE

3. (多选)CDK/CyclinB 能够促进细胞内发生的生理变化有 （ ）

A. DNA 解旋 B. 基因转录 C. 染色质螺旋化 D. 中心体倍增

E. 纺锤体形成 F. 核仁解体

4. (多选)若使更多细胞阻滞在 G_1/S 检查点,可采取的措施有 （ ）

A. 降低 CDK 的表达 B. 抑制 CyclinE 活性

C. 抑制胸腺嘧啶脱氧核苷酸的吸收 D. 抑制 CyclinA 活性

5. 科学家发现,细胞增殖方式不止一种,下列有关无丝分裂的叙述,不正确的是 (　　　)

A. 在动植物体高度分化的成熟组织中,以无丝分裂的方式实现细胞的增殖是普遍存在的

B. 在进行无丝分裂之前,遗传物质也要进行复制,但不能很好地实现平均分配

C. 蛙的红细胞增殖的方式是无丝分裂,人的红细胞增殖的方式也是无丝分裂

D. 在大多数被子植物的种子发育过程中,胚乳细胞的增殖是以无丝分裂方式进行的

6. 肿瘤细胞是可以无限分裂的细胞,科学家在多种肿瘤细胞中发现 CDK 的酶活性过度活跃,使细胞分裂失去控制进而引发癌症。请你结合 CDK 的作用机理,提出治疗癌症的可行办法?

三、细胞周期的表示方法

科学家用含 ^{32}P 的磷酸盐作为标记物浸泡蚕豆幼苗,追踪蚕豆根尖细胞分裂情况,得到蚕豆根尖分生区细胞连续分裂数据如图 5-2-6 所示。

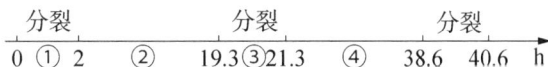

图 5-2-6

1. 细胞分裂具有周期性,请在数轴上画出一个细胞周期。

2. 蚕豆根尖细胞分裂时,分裂间期的时间为_____(填图中序号),分裂期的时间为_____(填图中序号)。

3. 下列有关细胞周期的说法,不正确的是 (　　　)

A. ②和④时期,细胞中可进行蛋白质合成、DNA 复制等

B. ①和③时期,细胞中可进行核分裂

C. 显微镜下看到的大部分细胞处于②或④时期

D. 蚕豆中各类细胞的遗传物质相同,所以它们的细胞周期长短基本一致

4. 图中④时期又可以进一步划分为_____。举例说明有丝分裂过程中有哪些结构保证了遗传物质在亲代和子代之间的准确传递?

———— 课后反思 ————

1. 请自主梳理本节课的知识结构。(如思维导图或概念图的方式)

2. 还存在哪些疑惑或还需要解决的问题有哪些?(结合重难点和易错点)

第3课　探究·实验5-1　观察植物根尖细胞有丝分裂

▶ 内容出处

普通高中教科书必修1第5章第1节。

▶ 课标要求

1. 内容要求:(1)细胞会经历生长、增殖、分化、衰老和死亡等生命进程。(2)描述细胞通过不同的方式进行分裂,其中有丝分裂保证了遗传信息在亲代和子代细胞中的一致性。

2. 素养水平:能够正确使用工具进行观察;提出生物学问题,在给出的多个方案中选取恰当的方案并实施;选用恰当的方法如实记录和分析实验结果;能与他人合作完成探究,以口头或书面的形式与他人展开交流。

▶ 学习目标

1. 制作洋葱根尖有丝分裂的临时装片,观察处于细胞周期不同阶段的植物细胞,提升临时装片制作和显微镜操作技能。

2. 通过观察和绘制有丝分裂示意图,提升观察能力和绘图能力,经历合作和展示过程,提升语言表达能力。

3. 通过统计高倍镜视野内有丝分裂各个时期的细胞个数,提升数据统计和实验结果分析能力。

▶ 评价任务

表5-3-1

评价内容	等第(在对应的等第内打√)			
	优秀	良好	合格	不合格
1. 制作植物有丝分裂的临时装片				
2. 观察有丝分裂各期细胞				
3. 会统计各分裂期细胞数目				

(续表)

评 价 内 容	等第(在对应的等第内打√)			
	优秀	良好	合格	不合格
4. 绘制有丝分裂各个时期的示意图				
5. 描述植物细胞有丝分裂各时期特征				
6. 课后检测和课后反思的完成情况				

学习过程

—— **学习建议** ——

1. 本节课学习内容的作用和地位

本节课的内容既与之前所学的有丝分裂保证遗传信息的准确传递呼应,又能通过显微镜观察植物根尖有丝分裂临时装片,让学生能更直观地理解有丝分裂各个时期的特点,为后续理解细胞周期的概念,认识不同细胞的细胞周期长短具有差异性的学习奠定细胞学基础。

2. 学习路径

如图5-3-1。

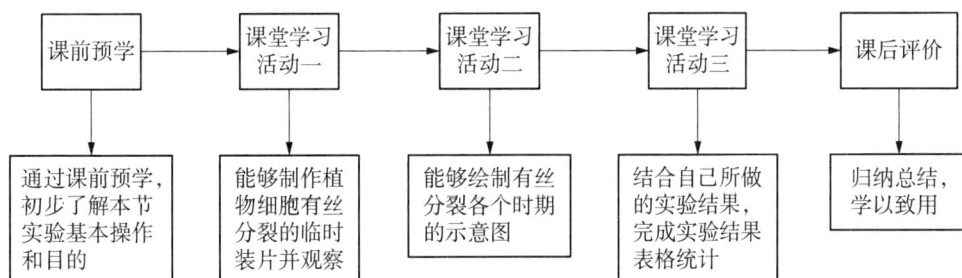

图5-3-1

3. 本节课学习的重难点

重点是植物根尖有丝分裂临时装片的制作以及运用显微镜进行观察,难点是观察有丝分裂临时装片,准确找出各个时期的细胞并统计个数。可采用以下方式突破重难点:可以通过合作交流和小组探究来改进植物根尖有丝分裂临时装片的制作,可以通过表格统计有丝分裂各个时期的细胞数并组间对比比例的差异,进而突破重难点。

4. 评价标准

通过完成小组展报、小组探究活动,写出实验探究报告来判断自己的学习掌握程度。

（时间：8 分钟）

任务：预习课本 P109 内容，了解"观察植物根尖细胞有丝分裂"的实验目标和原理。

1. 实验原理：植物根尖_____的细胞分裂比较旺盛，它们分别处于细胞分裂的不同时期。通过根尖压片实验，可以观察到植物细胞分裂各时期_____的特征。

2. 本实验所用的材料是什么？

3. 洋葱根尖有丝分裂临时装片制作的流程有哪些？

—课堂学习—

活动一：制作洋葱根尖有丝分裂临时装片并观察（达成学习目标 1，对应评价任务 1）

实验步骤：

1. 取材：取处理过的根尖组织，用刀片切去根尖透明部分，留白色部分约_____mm。

2. 染色：用镊子轻轻将根尖压扁，然后向根尖滴加 1 滴_____染液，染色 1～2 min。

3. 压片：
吸走染液后，向根尖滴加 1 滴_____，将其浸没。
取盖玻片，从一侧_____放下去，使材料位于盖玻片中部。
取两层吸水纸盖在盖玻片上，用拇指垂直向下压几下（注意：不能_____）。
移开吸水纸，从盖玻片一侧滴少许蒸馏水，用_____法使蒸馏水进入装片。

4. 镜检：先在_____下观察整个装片，初步分辨出正在分裂的细胞，找到有较多细胞处于分裂期的部位，然后换用_____观察。

活动二：绘出根尖有丝分裂各个时期示意图（达成学习目标 2，对应评价任务 2）

1. 画一画：对照课本 P110 图 5-6，分别找到视野中分裂间期和有丝分裂前、中、后、末共 5 个时期的典型细胞，请在图 5-3-2 所示的方框内绘出其中 1～2 个时期的示意图。

图 5-3-2

2. 展示自己所绘制的示意图,回答以下问题。

(1) 实验中观察的是同一细胞的连续变化过程,还是不同细胞分裂的不同时期? 为什么?

(2) 简单描述你所绘制的有丝分裂某时期示意图的特点,并说明原因。

活动三:统计视野中各个时期的细胞个数(达成学习目标3,对应评价任务3)

1. 选择能同时看到约50个细胞的不同视野,统计各时期的细胞数,完成表5-3-2。

表5-3-2

时期		特征描述	视野中各个时期的细胞个数			各个时期细胞总数	占细胞总数的比例/%
			视野1	视野2	视野3		
间期							
有丝分裂	前期						
	中期						
	后期						
	末期						

2. 结合上表,思考和讨论。

(1) 同一视野中,哪个时期的细胞最多,哪个时期最少? 说明了什么问题?

(2) 每个小组分别计算的比例和全班统计计算出的平均比例有差异吗? 若有差异该如何解释?

(3) 你认为选择哪个时期的细胞观察最清晰?

———— 课后检测 ————

一、有丝分裂的模型表示

有丝分裂是一个连续的过程,其实质是将染色体复制后平均分配到两个子细胞中,从而保证遗传信息的稳定性和连续性。紫色洋葱是生物学中常用的实验材料,图 5-3-3 为典型洋葱细胞结构示意图。

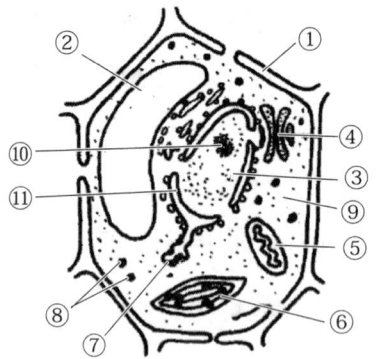

图 5-3-3

1. 若此细胞是洋葱根尖分生区细胞,则不该有的结构是_____(填图中标号),当结构⑪逐渐消失时,细胞已经完成了_____(填字母)。

  A. DNA 数目加倍

  B. 染色体数目加倍

  C. 中心体个数加倍

  D. 着丝粒数目加倍

2. 在观察根尖细胞有丝分裂的实验中,一同学的装片观察到材料边缘为浅蓝色,中间为白色。下列对这一现象的分析,正确的是 (   )

  A. 染色时间过长   B. 染色时间过短

  C. 解离不充分   D. 漂洗不彻底

3. 小萌同学做根尖有丝分裂实验,在显微镜中观察到的图像如图 5-3-4 所示,造成这种情况的原因可能是 (   )

  ① 取材位置不合适   ② 取材时间不合适   ③ 视野选择不合适   ④ 制片时压片力量不合适   ⑤ 染色时间不合适。

  A. ①②③   B. ②③④

  C. ①④⑤   D. ②③⑤

图 5-3-4

二、植物细胞分裂的观察与表示

图 5-3-5 是某同学实验时拍摄的某植物根尖分生区细胞分裂图,①~⑤表示不同分裂时期的细胞。$CuSO_4$ 溶液对蚕豆和大蒜这两种植物有丝分裂指数(有丝分裂指数 = $\dfrac{处于有丝分裂分裂期的细胞数}{细胞总数} \times 100\%$)的影响如图 5-3-6 所示。

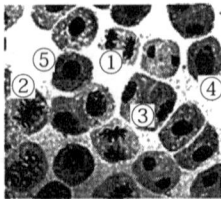

图 5-3-5

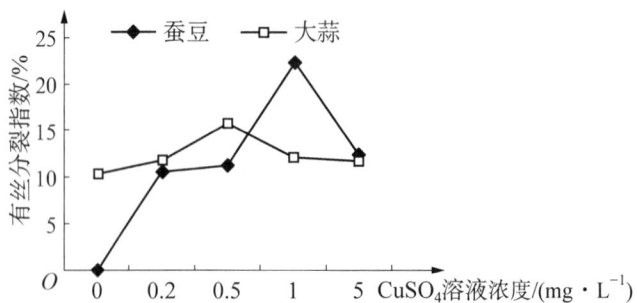

图 5-3-6

1. 某同学在观察植物根尖有丝分裂的实验的相关叙述,不正确的是 (   )

  A. 看到的大部分细胞都处于分裂间期

  B. 无法观察到细胞由前期到末期的连续过程

C. 先在低倍镜下找到目标,然后再换成高倍镜观察

D. 换成洋葱鳞茎表皮细胞也可观察到正在分裂的细胞

2. 图 5-3-5 中细胞②处于有丝分裂_____期,要使细胞②移至视野中央,应将装片向_____移动。

3. 细胞①中每条染色体上的 DNA 数为_____个,细胞①中染色体数与细胞②中染色体数的比例为_____。

4. 图 5-3-5 中细胞①~⑤按细胞周期顺序排列应为⑤→_____。

5. 为了获得图 5-3-6 所需的实验数据,需要观察和统计在蒸馏水和不同浓度 $CuSO_4$ 溶液中培养的根尖细胞中_____。

6. 图 5-3-6 中,随着 $CuSO_4$ 溶液浓度增大,蚕豆和大蒜根尖有丝分裂指数都是_____,说明在一定浓度内 $CuSO_4$ 溶液能_____植物根尖的有丝分裂,但是超过一定浓度将_____植物根尖的有丝分裂。(最后两空填"促进"或"抑制")

三、铬对大蒜根尖分生组织细胞分裂的影响

铬是植物生长所需的微量元素,但土壤中过量的铬将抑制植物的生长。某研究小组探究了不同浓度重铬酸钾(K_2CrO_4)对大蒜根尖分生组织细胞分裂的影响,设计如下探究过程。

1. 下列为制作大蒜根尖细胞分裂装片的步骤,流程正确的是　　　　　　(　　)

①压片后制成装片;②剪取根尖,放入解离液解离 8~12 min;③用龙胆紫溶液对根尖染色 3 min;④将根尖放入清水中漂洗 10 min。

　A. ②→③→④→①　　　　　　　　B. ②→④→③→①

　C. ④→②→③→①　　　　　　　　D. ④→②→①→③

2. (多选)利用光学显微镜对根尖分生区细胞进行观察,在绝大多数细胞中可以看到的结构有　　　　　　　　　　　　　　　　　　　　　　　(　　)

　A. 核仁　　　　　B. 核膜　　　　　C. 叶绿体　　　　　D. 核糖体

四、对比动物细胞有丝分裂与植物根尖细胞有丝分裂的不同,完成表 5-3-3。

表 5-3-3

	植物	动物
纺锤体形成方式(前期)		
细胞一分为二方式(末期)		

——课后反思——

1. 请自主梳理本节课的知识结构。(如思维导图或概念图的方式)

2. 还存在哪些疑惑或还需要解决的问题有哪些?(结合重难点和易错点)

第4课　细胞通过分化形成多细胞生物体

内容出处

普通高中教科书必修1第5章第2节。

课标要求

1. 内容要求:说明在个体发育过程中,细胞在形态、结构和功能方面发生特异性的分化,形成了复杂得多细胞生物体。

2. 学业要求:说出在个体发育过程中,细胞发生特异性分化;了解植物细胞具有全能性,动物干细胞具有有限的分化能力。

学习目标

1. 通过分析比较"人体内不同类型的细胞",说明复杂得多细胞生物体由细胞分化形成。

2. 通过分析讨论"胡萝卜经组织培养产生完整植株的过程",知道植物细胞具有全能性,能够举例说明细胞全能性在植物组织培养中的应用。

3. 通过比较"干细胞的分化特性示意图"和"造血干细胞分化示意图",知道动物干细胞具有细胞分裂和分化的能力,并了解不同细胞分化能力具有差异性。

4. 通过本节课的学习,能够举例说明细胞分化研究对促进农业和医学等领域发展的意义。

评价任务

表5-4-1

评价内容	等第(在对应的等第内打√)			
	优秀	良好	合格	不合格
1. 能够说明复杂得多细胞生物体由细胞分化形成				
2. 知道植物细胞具有全能性,能够举例说明细胞全能性在植物组织培养中的应用				
3. 知道动物干细胞具有细胞分裂和分化的能力,并了解不同细胞分化能力具有差异性				
4. 课后检测和课后反思的完成情况				

学习过程

— 学 习 建 议 —

1. 本节课学习内容的地位和作用

在前面学习了细胞的结构和细胞代谢之后,本章开始学习细胞的生命历程,其中细胞分化在多细胞生物的发育过程中,是形成组织、器官乃至系统的基础。通过对本节课的学习,学生将了解细胞分化主要因为细胞内蛋白质组成上的差异,反映出细胞间形态结构和功能的差异。细胞分化的能力具有差异性,通过学习植物组织培养技术,能够研究细胞分化对促进农业和医学等领域发展的意义。

2. 学习路径

如图 5-4-1。

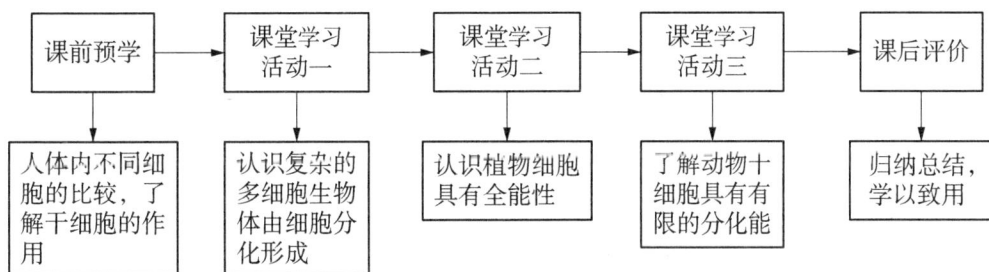

图 5-4-1

3. 学习重点和难点

本课时的重难点是能够说明复杂得多细胞生物体由细胞分化形成,知道植物细胞具有全能性,能够举例说明细胞全能性在植物组织培养中的应用,知道动物干细胞具有细胞分裂和分化的能力,并了解不同细胞分化能力具有差异性。通过各评价任务能够感悟细胞分化研究对促进农业和医学等发展的意义。另外,在各项课堂活动中,需要学生分小组完成探究实验、小组讨论、教材自学和观看视频等,一定要积极按照要求进行各项课堂活动。

4. 评价标准

可以通过评价任务和课后检测的完成来判断自己对学习目标的达成程度。

— 课 前 预 学 —

(时间:15分钟)

任务一:查阅课本中出现过的细胞,完成表 5-4-2。

表 5-4-2

人体内不同细胞的比较		
细胞类型	形态特征	功能
神经细胞		
红细胞		
肌细胞		
上皮细胞		
胰岛 β 细胞		

任务二:随着技术的发展和研究的深入,人们对干细胞的利用不断趋于完善和合理。请查阅资料,了解干细胞疗法在医学上有哪些新的发展和应用。

—— 课堂学习 ——

活动一:认识复杂得多细胞生物体由细胞分化形成(达成学习目标1,对应评价任务1)

资料1:同一来源的细胞逐渐发生形态结构和生理功能上的差异,这个过程称为细胞分化。

资料2:神经细胞、肌细胞和上皮细胞等稳定地表现出一定的形态特征,执行一定的生理功能,然后逐步走向衰老和死亡。自然状态下,细胞的分化过程通常是稳定和不可逆的。

资料3:细胞分化贯穿于生物个体发育的全过程,与细胞内遗传信息的表达有关。受精卵分化形成的各种细胞拥有与受精卵相同的遗传信息,但在不同类型细胞中,这些遗传信息的表达状况是不同的,导致细胞的形态、结构和功能产生差异化。

资料4:在红细胞中存在控制合成血红蛋白的基因、控制合成肌动蛋白的基因和控制胰岛素合成的基因,但是红细胞中只能合成血红蛋白,而不能合成其他两种蛋白质。

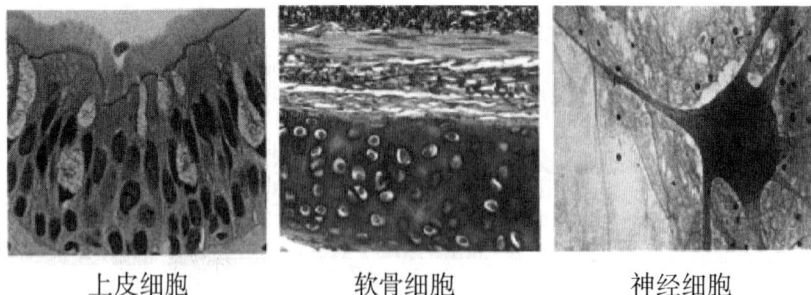

上皮细胞　　　　软骨细胞　　　　神经细胞

图 5-4-2

1. 图 5-4-2 为构成人体器官的三种组织细胞,这些细胞都源自早期胚胎中一群彼此相似的细胞。结合资料1和2,正常情况下,它们还能恢复成早期胚胎细胞吗? 就这三种组织来说,一种组织的细胞会不会转变成其他组织的细胞?

2. 结合资料3和4,分析各种类型的细胞中遗传信息是否有差异?

3. 结合资料3和4,分析由同一个受精卵不断分裂而成的多个细胞,为什么出现了形态和功能的差异?

活动二:认识植物细胞具有全能性(达成学习目标2,对应评价任务2)

资料5:1958年,美国科学家斯图尔德取胡萝卜韧皮部的一些细胞,放入含有植物激素、无机盐和糖类等物质的培养液中培养,结果这些细胞旺盛地分裂和生长,形成一个细胞团块,继而分化出根、茎和叶,移栽到花盆后,长成了一株新的植株,如图5-4-3所示。

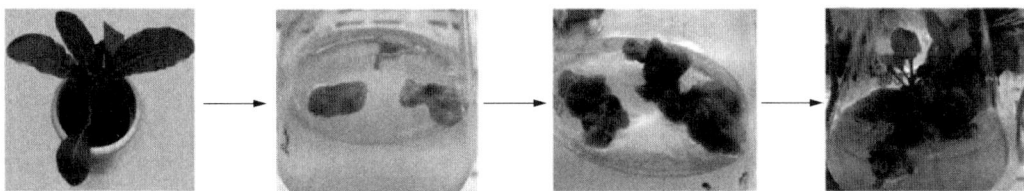

图5-4-3

资料6:植物细胞具有分化的全能性,在特定条件下可生长发育成为完整的植株。

1. 从资料5中可以得到什么结论?

2. 结合资料6分析,如果将胡萝卜韧皮部细胞换成其他已高度分化的植物细胞,在适宜的条件下,这些细胞也能形成新的植株吗?

活动三:了解动物干细胞具有有限的分化能力(达成学习目标3,对应评价任务3)

资料7:动物细胞在胚胎发育过程中逐渐失去了全能性,而且不同类型细胞的分化能力存在一定差异。人体内既存在红细胞、上皮细胞和神经细胞等不再具有分化能力的细胞,也存在着一类具有潜在自我更新与分化能力的干细胞。干细胞能分裂产生和自己完全相同的子细胞,也能分化为组成组织器官的其他类型细胞(图5-4-4)。

资料8:目前,干细胞已成为医学界的"万能细胞"。骨髓干细胞移植治疗白血病就是一种成熟的干细胞治疗方法。骨髓中的造血干细胞,只能分化为血液系统中的各种细胞,包括红细胞、白细胞和血小板等(图5-4-5)。当我们体内原有的红细胞死亡时,就由造血干细胞负责分化形成新的红细胞。

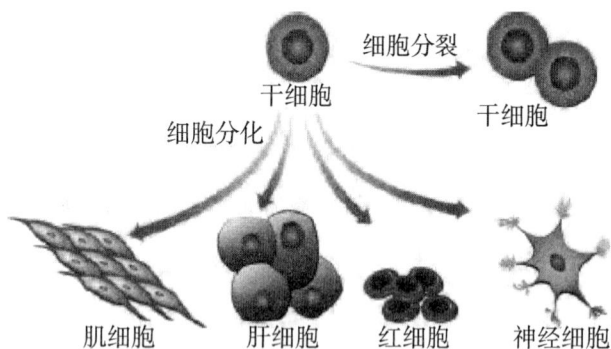

图5-4-4

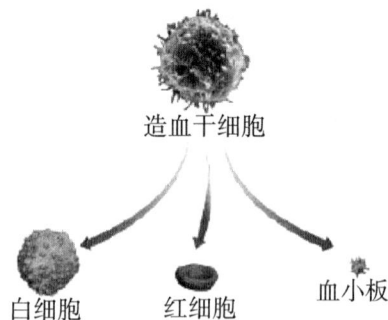

图5-4-5

1. 动物细胞是否具有全能性?干细胞的分化能力是无限的吗?

2. 干细胞已成为医学界的"万能细胞"。根据资料7和8分析,目前干细胞怎样应用于疾病治疗?

课后检测

一、细胞的生命历程

细胞分裂、分化、衰老和凋亡过程是生物界的普遍规律。图5-4-6为人体细胞的分裂、分化、衰老和凋亡过程的示意图,图中①~⑥为各个时期的细胞,a~c表示细胞所进行的生理过程。

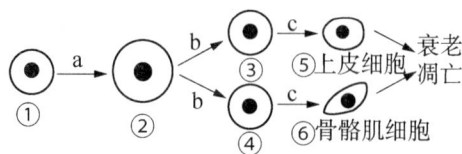

图5-4-6

1. 图中过程a、b、c分别表示细胞生长、_____、_____。

2. 同一来源的细胞逐渐发生形态结构和生理功能的差异,这个过程称为 (   )

A. 细胞全能性   B. 细胞生长   C. 细胞分化   D. 细胞衰老

3. 下列人体细胞中分化程度最低的是 (   )

A. 心肌细胞   B. 胰腺细胞   C. 造血干细胞   D. 胚胎干细胞

4. 与细胞①相比,细胞②的物质运输效率下降,原因是:细胞体积增大,细胞的表面积与体积的比值_____。过程b分裂产生的子细胞③和④与原来的母细胞②具有相同的特征,这是因为细胞③和④是由细胞②经_____产生的两个子细胞,子细胞与母细胞含有相同的_____,且两个子细胞还没有_____。

5. 下列细胞中,全能性最高的是 （ ）

A. 成熟的红细胞　　B. 神经细胞　　C. 受精卵　　D. 乳腺细胞

6. 细胞分化发生在 （ ）

A. 胚胎发育早期　　　　　　　　B. 胚胎发育时期

C. 生物体的整个生命进程中　　　D. 成熟时期

二、植物组织培养

美国科学家将分离得到的成熟的胡萝卜根的韧皮部细胞进行培养,由单个细胞发育成了完整的新植株(过程图解如图5-4-7)。

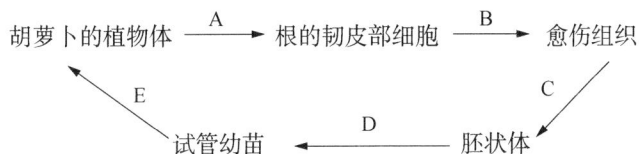

图 5-4-7

1. 这种生物技术叫做_____,依据的理论基础是_____。

2. B过程称为_____,C过程称为_____。

3. 胡萝卜韧皮部细胞能培养成完整植株,这说明植物细胞具有 （ ）

A. 专一性　　　　　　　　　B. 全能性

C. 恢复原状态的能力　　　　D. 进一步分化的能力

4. 要将胡萝卜韧皮部细胞培养成完整植株,不需要 （ ）

A. 具有完整细胞核的细胞　　B. 离体状态

C. 导入外源基因　　　　　　D. 一定的营养物质和激素

5. 图5-4-8为植物组织培养的基本过程,下列相关叙述错误的是 （ ）

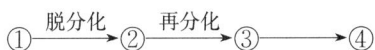

图 5-4-8

A. 植物组织培养所依据的原理是植物细胞的全能性

B. ②→③的再分化过程中,细胞增殖的方式为减数分裂

C. ③→④过程是形成完整植株的过程

D. ②表示愈伤组织

三、干细胞

人体细胞有几百万亿个,且种类很多,如果按脏器分,可分为肝细胞、心肌细胞、肾脏细胞、小肠上皮细胞等。按照细胞的形态分,可分为扁平细胞、柱状细胞、星形细胞等。人体这么多的细胞,其实都是由同一个细胞发育而来的,其形成过程如图5-4-9所示。

1. 图中分化能力最高的细胞是_____。

2. 关于图中细胞②的说法,不正确的是

（　）

A. 可能是一种成体内的干细胞

B. 可以分裂产生和自己完全相同的子细胞

C. 可以分化为皮肤细胞,代替死亡的皮肤表皮细胞

D. 可以分化成神经细胞

3. 临床上骨髓移植实质上是将②～⑤中的细胞_____移植到患者体内以分化出各种血细胞,该细胞称为_____。

4. 据图可知,皮肤细胞、肌细胞和白细胞的来源相同,但其细胞的形态结构和生理功能各不相同,根本原因是_____。

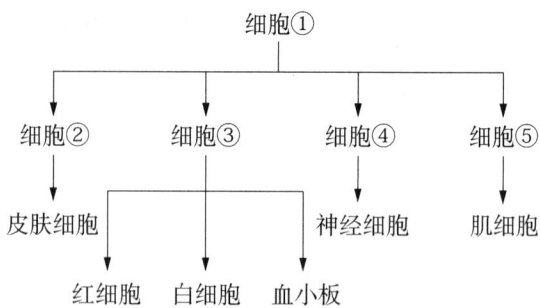

图 5-4-9

—— 课后反思 ——

1. 请自主梳理本节课的知识结构。（如思维导图或概念图的方式）

2. 还存在哪些疑惑或还需要解决的问题有哪些?（结合重难点和易错点）

第 5 课　　细胞衰老和死亡是自然的生理过程

内容出处

普通高中教科书必修 1 第 5 章第 3 节。

课标要求

1. 内容要求:(1) 细胞会经历生长、增殖、分化、衰老和死亡等生命进程。(2) 描述在正常情况下,细胞衰老和死亡是一种自然的生理过程。

2. 学业要求:举例说明细胞的分化、衰老、死亡等生命现象。

学习目标

1. 通过实例学习,说明细胞衰老和死亡是一种自然生理过程。

2. 通过案例分析,阐述细胞不同死亡方式的生理意义,建立科学的人生观和健康观。

评价任务

表 5-5-1

评 价 内 容	等第(在对应的等第内打√)			
	优秀	良好	合格	不合格
1. 举例说明不同细胞的寿命,并归纳人体不同组织细胞寿命的特点				
2. 阐明细胞衰老是正常的生理过程				
3. 探讨细胞不同死亡方式的生理意义				
4. 课后检测和课后反思的完成情况				

学习过程

学习建议

1. 本节课内容的地位和作用

本节课的内容是必修 1 第 5 章第 3 节,包括细胞存在衰老现象、细胞具有不同的死亡方式两部分。通过对本节课的学习,学生能了解细胞衰老的机理,认识细胞死亡的方式,既承接上一节所学内容,又为后面学习必修 2 奠定基础。

2. 学习路径

如图 5-5-1。

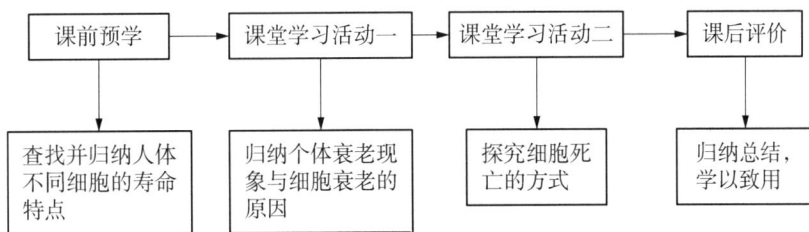

图 5-5-1

3. 学习重点和难点

本节课的重点是细胞的衰老是细胞生命进程中的自然规律,细胞的死亡是细胞客观存在的生理活动;难点是通过具体案例阐述细胞不同死亡方式的生理意义。学生可以先通过自主学习,查阅资料,认真阅读教材的内容,完成课前预学,初步认识到细胞衰老和死亡是一种自然的生理过程。然后通过完成课堂学习活动一,探讨生物衰老的现象,归纳出细胞衰老的本质原因,通过分析课堂学习活动二的案例,探究细胞死亡的方式并阐明细胞不同死亡方式的生理意义来突破难点。最后,可通过完成课堂学习的思考题和课后检测来判断自己对本节课的学习情况。

4. 评价标准

完成课前预学,归纳出不同细胞的寿命,初步掌握细胞寿命的差异化。

完成课堂学习活动一,归纳个体衰老的现象与细胞衰老的原因。

完成课堂学习活动二,探究细胞死亡的方式,并说出细胞不同死亡方式的意义。

---- 课前预学 ----

(时间:8分钟)

任务:个体是有生命周期的,细胞是不是也具有同样的生命周期? 你知道体内不同细胞的寿命长短吗? 请查阅资料,填写表 5-5-2。

表 5-5-2

细胞类型	细胞寿命
红细胞	
神经细胞	
肌细胞	
肝脏细胞	
上皮细胞	
……	

---- 课堂学习 ----

活动一:根据课前预学查找的资料,认识细胞具有一定的寿命(达成学习目标 1,对应评价任务 1)

根据"人体不同细胞的寿命表",思考讨论下列问题:

1. 与同学们交流相关信息,归纳人体不同组织细胞寿命的特点。

2. 人体内细胞死亡时,发生了哪些变化? 死亡细胞去了哪里?

活动二:阅读课本和下面的资料,归纳个体衰老的现象与细胞衰老的原因(达成学习目标 2,对应评价任务 2)

资料 1:成年人会随着年龄的增加而衰老,成年人衰老后皮肤会干燥发皱,头发发白,还会出现老年斑,活动能力显著下降,容易疲惫无力,对营养物质的吸收利用也不如年轻人。

资料 2:植物也存在细胞衰老的现象,整株植物的衰老和死亡是植物细胞衰老累积的结果。"憧憧云树秋,黄叶下山头"描述的便是秋天叶片细胞衰老后导致叶片变黄脱落的景致。

1. 成年人个体衰老的现象与细胞的衰老密切相关,请在表 5-5-3 中归纳人体出现上述衰老现象对应的细胞发生的变化。

表 5-5-3

个体衰老的现象	细胞发生的变化
皮肤干燥发皱	
头发发白	
老人斑	
无力	
吸收能力下降	

2. 资料 2 中,植物叶片发黄的原因是什么? 这种变化对细胞的代谢产生了怎样的影响呢?

3. 请归纳细胞衰老的原因。

活动三:阅读课本,了解细胞不同的死亡方式;分析相关案例,探究细胞死亡的方式(达成学习目标 2,对应评价任务 3)

1. 细胞死亡是细胞生命活动之一,是生物体清除衰老、损伤或病变细胞的一种自然生理过程,阅读课本 P120～121 回答下列问题:

(1) 什么是细胞程序性死亡?

(2) 什么是细胞坏死?

2. 小组讨论下列案例,分析细胞有哪些不同的死亡方式,这样的死亡方式对生物有怎样的意义。

(1) 蝌蚪发育为成体蛙时,尾部消失。

（2）小鼠胚胎发育中,形成五趾。

（3）个别严重糖尿病患者需要截肢。

3. 了解细胞自噬的现象

资料 3:细胞自噬是细胞组分降解与再利用的过程。细胞将没有功能或者衰老的内部结构包裹在膜泡中,运输至溶酶体或液泡进行回收、销毁。生物体面对饥饿或感染时,部分细胞会以细胞自噬的方式死亡,以应对恶劣环境。细胞自噬还和一些癌症、传染性疾病和神经退行性疾病的发生有关。因此,科学家也在针对细胞自噬开发相应的药物来治疗这些疾病。

（1）由资料 3 可知,细胞自噬主要与哪一种细胞器有关?

（2）在恶劣环境中,细胞自噬对于细胞自我更新有何重要作用?

—— 课后检测 ——

一、细胞增殖与分化

对多种相似或不同事物进行比较是一种重要的思维活动,它能探寻事物的异同、本质和特性。图 5-5-2 为对比某细胞增殖和分化的概念图,据图回答下列有关问题。

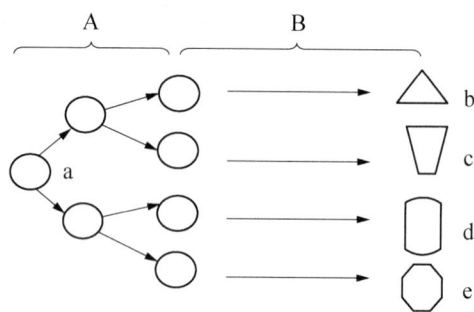

图 5-5-2

1. 图中 A 表示的过程是_____,B 表示的过程是_____。

2. 图中 b、c、d、e 具有相同的_____。若 e 能合成血红蛋白,则 b、c、d 都_____（填"不能"或"能"）合成,其根本原因是_____。

3. 若 a 为植物细胞,而 d 能在离体条件下培养成一个植物体,则说明 d 具有_____性。图中 a、b、c、d、e 这五个细胞相比较,_____细胞的全能性最大。

4.（多选）图中 e 细胞衰老后会以凋亡的方式消失,这些细胞消失的特点是　　　　（　　　）

A. 该过程是一种正常的生命现象,可以维持正常细胞数量的平衡

B. e 细胞特有的死亡方式

C. e 细胞的死亡意味着机体进入衰老状态

D. 由基因所决定的细胞自动结束生命的过程

二、程序性细胞死亡

2002 年诺贝尔生理学或医学奖分别授予了英国科学家悉尼·布雷内、美国科学家罗伯特·霍维茨和英国科学家约翰·苏尔斯顿,以表彰他们发现了在器官发育和"程序性细胞死亡"过程中的基因规则。"程序性细胞死亡"是细胞一种生理性、主动性的自觉"自杀"行为,这些细胞死得很有规律,似乎是按编好了的"程序"进行的,犹如秋天片片落叶的凋落,所以这种细胞死亡又称为"细胞凋亡"。在生物的个体发育过程中,细胞不但要恰当地产生,而且也要恰当地死亡。

1. (多选)细胞的衰老和死亡是一种正常的生命现象。下列属于衰老细胞特征的是

（　　）

A. 细胞内水分减少　　　　　　　　B. 细胞呼吸速率增强

C. 细胞的物质运输能力下降　　　　D. 细胞内所有酶的活性降低

2. 人在胚胎发育的初期具有尾,但在胚胎发育的后期已失去尾;在蝌蚪发育形成青蛙的过程中,尾也逐渐消失。从细胞水平看,这是由于＿＿＿＿＿＿＿＿＿＿＿＿＿＿＿＿＿。

3. 后来科学家研究发现,控制"程序性细胞死亡"的基因有两类:一是控制细胞死亡的基因,另一类是启动或促进细胞死亡的基因。这两类基因相互作用共同控制着细胞的正常死亡。你认为研究"细胞的程序性死亡"的机制对于治疗癌症有何意义?

三、细胞的生命历程

细胞会经历生长、增殖、衰老、死亡等生命历程。细胞的生命历程大都短暂,却对个体的生命有一份贡献。图 5-5-3 表示细胞内发生的这一系列重大生命活动,请据图回答下列问题。

1. A、B、C、D 四项生命活动中,在人幼年时期能够发生的是＿＿＿＿＿＿(填字母),对人体有积极意义的是＿＿＿＿＿＿(填字母)。

2. 人体成熟的红细胞是经过几个阶段发育而来的,各阶段细胞特征如表 5-5-4。

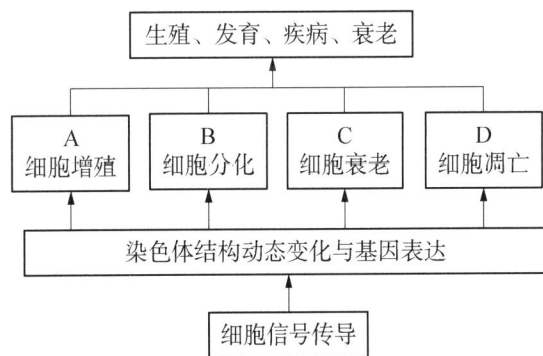

图 5-5-3

表 5-5-4

阶　段	1	2	3	4
细胞特征	无血红蛋白,有较强的分裂能力	核糖体丰富,开始合成血红蛋白,有分裂能力	核糖体等细胞器逐渐减少,分裂能力减弱	无细胞核、核糖体等细胞器,血红蛋白含量高,无分裂能力

(1) 阶段 1～4 是_____过程,细胞特征发生变化的根本原因是_____

_____。

(2) 依据资料分析,红细胞成熟过程核糖体增多的好处是_____。

在皮肤损伤修复和再生过程中,人体会分泌生长因子等激活休眠干细胞,使其增殖分化为功能细胞,加速死皮细胞的脱落,促进角质层细胞的更新。

3. 与"休眠细胞"相比,"功能细胞"内的水分含量_____,代谢速率_____。(填"增加""降低"或"不变")

4. (多选)角质层的衰老细胞会以凋亡的方式消失,推测这些细胞消失的特点是 (   )

A. 角质层细胞的死亡意味着机体进入衰老状态

B. 该过程是一种正常的生命现象,可以维持正常细胞数量的平衡

C. 由基因所决定的细胞自动结束生命的过程

D. 角质层衰老细胞特有的死亡方式

——课后反思——

1. 请自主梳理本节课的知识结构。(可采用思维导图或概念图的方式)

2. 还存在哪些疑惑或还需要解决的问题有哪些?(结合重难点和易错点)?

第 5 章 学业评价

一、线虫的生命历程

英、美的三位科学家因在器官发育及细胞程序性死亡的基因调控方面做出的贡献而获得了诺贝尔生理学或医学奖。他们发现线虫发育时共有 1090 个细胞产生,但经过程序性细胞死亡正好消灭 131 个细胞,结果构成了一个由 959 个体细胞组成的线虫。而且程序性死亡是一种主动的由基因决定的细胞自我破坏过程,是正常的细胞死亡。现在我们还知道,有关

线虫细胞死亡的绝大多数基因,在人的体细胞中也能找到。若人体内细胞不能进行正常的程序性死亡,则会患癌症等疾病。

1. 秀丽新小杆线虫发育过程中某阶段的体细胞有 1 090 个,而发育成熟后体细胞只有 959 个。体细胞减少的原因是　　　　　　　　　　　　　　　　　　　　　　　　（　　）

A. 细胞凋亡　　　　B. 细胞衰老　　　　C. 细胞癌变　　　　D. 细胞分裂

2. 由上面信息可知,线虫发育时 131 个细胞程序性死亡是受　　　　　　　控制的。

3. 你认为人的皮肤表皮细胞中具有调控程序性细胞死亡的基因吗? 原因是什么?

4. 按上述理论,你认为如何基于程序性死亡治疗癌症?

二、WDR26 蛋白对细胞增殖的影响

WDR26 蛋白在真核生物中广泛存在,该蛋白与调控细胞增殖的某信号途径密切相关。为探究 WDR26 蛋白对细胞增殖的影响,某团队以 HeLa 细胞(某种癌细胞)为材料进行研究,实验组为 WDR26 蛋白过量表达的 HeLa 细胞,对照组为 WDR26 蛋白正常表达的 HeLa 细胞,结果如下图。

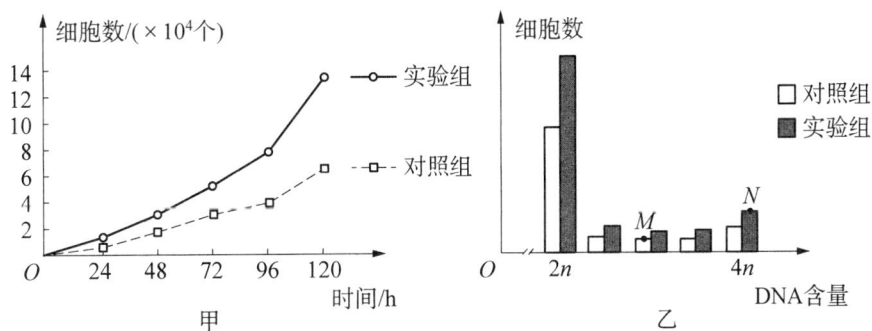

1. HeLa 细胞培养时所需气体主要有氧气和二氧化碳,其中二氧化碳的主要作用是维持培养液中　　　　　　　　　　　。

2. 实验组和对照组 HeLa 细胞的数量变化曲线如图甲所示。由图可得出的实验结论是 WDR26 蛋白能　　　　　　(填"促进"或"抑制")细胞增殖。

3. 流式细胞仪可根据细胞中 DNA 含量的不同对细胞计数。用流式细胞仪对实验组和对照组的 HeLa 细胞进行检测,结果如图乙所示。图中 M 点的 HeLa 细胞在细胞周期中所处的时期是　　　　　　。如果在实验组中加入 DNA 合成抑制剂,N 点所对应的细胞数量将　　　　　　(填"增多"或"减少")。

三、细胞周期的检验点

细胞周期可分为分裂间期和分裂期(M 期),根据 DNA 合成情况,分裂间期又分为 G_1

期、S期和G_2期。为了保证细胞周期的正常运转,细胞自身存在着一系列监控系统(检验点),对细胞周期的过程是否发生异常加以检测,部分检验点如图所示。只有当相应的过程正常完成,细胞周期才能进入下一个阶段运行。

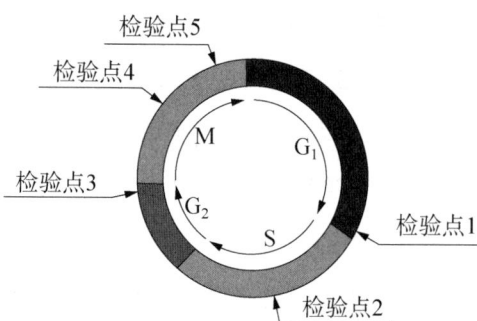

1. 与G_1期细胞相比,G_2期细胞中染色体及核DNA数量的变化是_____。

2. 细胞有丝分裂的重要意义在于通过_____,保持亲子代细胞之间的遗传稳定性。图中检验点1、2、3的作用在于检验DNA分子是否_____(填序号:①损伤和修复、②完成复制);检验发生分离的染色体是否正确到达细胞两极,从而决定胞质是否分裂的检验点是_____。

3. 细胞癌变与细胞周期调控异常有关,癌细胞的主要特征是_____。有些癌症采用放射性治疗效果较好,放疗前用药物使癌细胞同步化,治疗效果会更好。诱导细胞同步化的方法主要有两种:DNA合成阻断法、分裂中期阻断法。前者可用药物特异性抑制DNA合成,主要激活检验点_____,将癌细胞阻滞在S期;后者可用秋水仙素抑制_____的形成,主要激活检验点_____,使癌细胞停滞于中期。

四、生物实验中洋葱的妙用

紫色洋葱是生物学中常用的实验材料,它的叶分两种:管状叶伸展于空中,进行光合作用;鳞片叶层层包裹形成鳞茎,富含营养物质。下图表示用洋葱作为实验材料的两个实验操作流程。

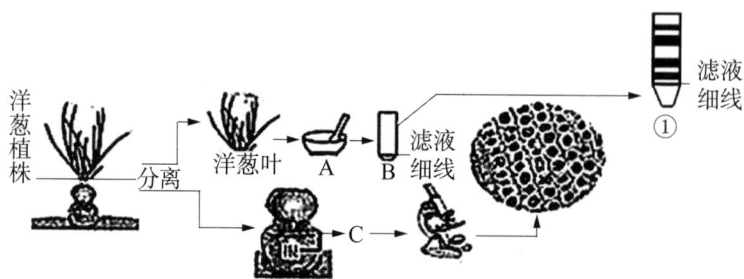

1. 过程A表示研磨提取洋葱叶肉细胞中的色素,研钵中加入无水乙醇的作用是_____,研磨后过滤时漏斗基部应放入_____进行过滤。

2. 层析法分离叶绿体中色素的原理是_____不同,随层析液在滤纸上扩散的速度不同。若选取的叶片符合实验要求,但是分离色素时出现了如图中①所示的现象,原因可能是研磨时没有添加_____,部分叶绿素被破坏。

3. 用洋葱根尖做有丝分裂实验时,过程C操作步骤包括解离、_____、染色、制片,寻找到的分生区细胞呈_____形,排列紧密。

4. 某同学探究相关因素对洋葱根尖细胞有丝分裂的影响,部分结果如下表。(注:有丝

$$分裂指数 = \frac{分裂期细胞数}{观察细胞总数} \times 100\%)$$

处　理	$CuSO_4$ 浓度/(mol/L)	0		0.05		0.10		0.20	
	取材时间/h	24	48	24	48	24	48	24	48
实验结果	有丝分裂指数/%	6.97	7.51	6.46	6.28	5.84	5.44	5.73	4.27

该实验的自变量有_____,根据实验结果分析,可以得到的结论有

_____。

五、间充质干细胞

经过几十年的发展,大量实验表明间充质干细胞(MSCs)对许多疾病具有潜在的治疗作用。近期在研究 MSCs 治疗新冠感染患者时发现,MSCs 移植到患者体内后具有归巢效应,可以快速达到肺部等受损部位并分泌相关细胞因子,调节炎症反应,阻止新冠感染的进程,此外还可以通过分化潜能更新受损细胞,改善器官功能。

1. 下图中体现了细胞自然的生理过程有_____,这些过程对维持正常细胞生命活动具有重要意义。

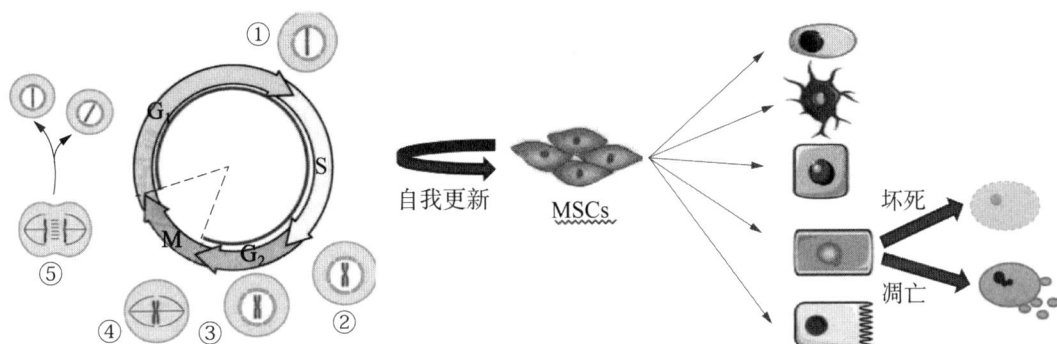

2. MSCs 移植到患者体内后,会进行自我更新,完成图中的过程①～⑤。

(1) 比较过程①～⑤的特点,在下表中用√表示"发生",用×表示"不发生"。

事件	过程①	过程②	过程③	过程④	过程⑤
存在纺锤丝和染色体					
存在核膜和核仁					
遗传物质加倍					

(2) 若细胞处于图中④时期时,下列说法正确的是　　　　　　　　　　(　　)

A. 此时期的染色体数目和形态最为清晰

B. 染色体整齐地排列在细胞板上

C. 在观察植物根尖细胞有丝分裂实验中该时期的细胞最多

D. 此时细胞中的染色体数：DNA 数＝1：1

（3）过程①～⑤中,发生了染色质螺旋折叠成染色体的变化,你认为细胞发生这样变化有什么意义?

3. MSC 可以通过分化潜能更新因新冠病毒侵染而受损的肺细胞,改变肺部功能。你认为用 MSC 可以培育出完整个体吗? 说明理由。

4.（多选)MSC 经过分裂和分化形成的肺细胞,最终也将走向细胞凋亡或细胞坏死,下列各种说法中正确的是   （   ）

A. 细胞凋亡只发生在胚胎发育过程中

B. 细胞坏死通常是遭受极端的外界因素刺激,是一个被动的过程

C. 细胞凋亡过程会分解成多个凋亡小体,这些凋亡小体会被吞噬细胞清除

D. 细胞坏死会释放内容物,可能影响周围健康的细胞